■ 言语科学与语文教学的理论和实践

言语结构学论稿

——立体与单线的神妙架构

阮　尉◎著
高宏宇◎编

中国言实出版社

图书在版编目（CIP）数据

言语结构学论稿：立体与单线的神妙架构 / 阮尉著；高宏宇编 . -- 北京：中国言实出版社，2019.8

ISBN 978-7-5171-2929-5

Ⅰ . ①言… Ⅱ . ①阮… ②高… Ⅲ . ①语言学－文集 ②语文教学－文集 Ⅳ . ① H0-53 ② H19-53

中国版本图书馆 CIP 数据核字（2019）第 182791 号

责任编辑：张　强
封面题字：朱介元
封面设计：新语文化

出版发行　中国言实出版社
　　地　址：北京市朝阳区北苑路 180 号加利大厦 5 号楼 105 室
　　邮　编：100101
　　编辑部：北京市海淀区北太平庄路甲 1 号
　　邮　编：100088
　　电　话：64924853（总编室）64924716（发行部）
　　网　址：www.zgyscbs.cn
　　E-mail：zgyscbs@263.net

经　　销　新华书店
印　　刷　四川科德彩色数码科技有限公司
版　　次　2020 年 6 月第 1 版　　2022 年 8 月第 2 次印刷
规　　格　710 毫米 ×1000 毫米　　1/16　　15.5 印张
字　　数　303 千字
定　　价　69.00 元　　ISBN 978-7-5171-2929-5

歷经卌載雨兼風
握霧拿雲氣自雄
更喜從游同跋涉
終成大器晚登峰
讀阮尉兄言语结構論稿
王尚文戊戌夏日

读阮尉兄《言语结构学论稿》作

王尚文

戊戌夏日

历经卌载雨兼风
握雾拿云气自雄
更喜从游同跋涉
终成大器晚登峰

【注】王尚文，浙江师范大学教授、硕士生导师，浙江省功勋教师，当代著名语文学家，语感论专家。

1984 年，受著者之邀，我国著名语言学家王德春教授为言语结构学理论研究班作学术报告

著者与王德春教授（右）（1984 年）

1985 年，著者在京拜访了吕叔湘、张志公等我国前辈语言学、语文学家，图为著者与张志公先生（左）

1982 年，著者就汉语普通话声母发音的清浊问题，与中国社会科学院语言研究所研究员兼实验语音研究室主任吴宗济先生（右）作探讨

著者与《国外语言学》杂志主编廖秋忠先生（左）（1984 年）

1988 年，著者在上海第二工业大学社科系开设“言语交际系统工程”课程。图为上海人民广播电台著名播音员、富有言语交际口语特色的蔚蓝老师（左）受邀为学生讲学

著者与“言语结构学理论研究班”部分学员（1984 年）

著者与本书编者高宏宇先生（左）（2001 年）

目 录

下编·实验篇（文析） 133

卷后语 229

卷前语

专家评论

编者按：著者于2002—2003年曾受浙江宁海知恩中学之邀，主持其为该校语文科所立的“言语结构学与语文教学科学化”课题研究工作，他所撰写的该课题的立题报告（见本书上编·理论篇《言语结构学与语文教学科学化》一文，第121页），从语文教学科学化的角度，反映了他的理论价值和理论贡献，送呈有关专家和业内贤达，受到充分的肯定和高度评价。以下为这些评论的原文，供参考。

一、王尚文[①]

拜读了阮尉先生起草的宁海知恩中学关于“言语结构学与语文教学科学化”立题报告，至为兴奋。我国语文教育虽然源远流长，积累了丰富的经验，但也都是“经验”而已。20世纪以来，前辈语文教育家将语文教学的研究推进到了一个新的层次，但仍未真正走上科学化的道路，以致语文教学长期在少慢差费的怪圈中徘徊不前。从事语文教学科学化的研究，意义极为重大。阮尉先生以其对于语文教育事业强烈的责任心、使命感和深厚的学养所起草的这一报告具有前瞻性、科学性和可行性。如能完成这项研究，在中国语文教育史上无疑将具有里程碑的意义，功德无量。

敝意以为，言语结构学尽管是语文教育科学化一块重要的理论基石，但毕竟还不是全部，似从更多的角度切入，以期把这个课题做得更加完善。

王尚文

2003年1月7日

① 王尚文，浙江师范大学教授、硕士生导师，浙江省功勋教师，当代著名语文学家，语感论专家。

二、王德春[①]、许威汉[②]

阮尉教授研究言语结构已有二十多年，理论上已自成体系，而且确能自圆其说。特别值得称道的是，多年来，他身体力行，把言语结构理论应用于语文教学实践，成效颇为显著。他那种把理论探索和实际教学密切结合的研究方法是至为可取的，而且已经积累了丰富的经验，取得了可喜的成绩。现在，他又以自己年逾古稀的病体，远出外地，与一所中学合作，准备立题继续开展系统的学术研究和科学的教学实验，他的这种精益求精的精神，很令人感动。拜读他的立题意向书，觉得切实可行，值得重视、支持，预期能对语文教学产生积极的影响。

王德春　许威汉

2003年1月8日

三、韩焕昌[③]

语文教学科学化，是我国教育界追求了上百年的重要目标，也是世界各国母语教育必须解决的重大课题。知恩中学选此立题研究，有胆有识，令人十分敬佩。

立题报告对语文教育的历史与现状、实践与理论，都有清醒的认识和深刻的反思，特别是对长期存在的语文学被语言学篡位的历史和将语言与言语混淆的认识误导以及大量与真正的语文素养无关的盲目训练，均有犀利的批判和独到的见解，这就为这项研究奠定了较高的学术起点，并给自己规定了比较明确的旨在造就真正的言语、语文素养的正确方向。

课题研究采取理论联系实际，“请进来，走出去”和“随时交流，及时总结”等形式，有利于培养教师队伍，早出科研成果。

看到王尚文教授和阮尉副教授为本课题联手担纲，令人振奋。王、阮两位教授都堪称学界德高望重的长者，均年高病多，却依然气宇轩昂。两位教授皆学有所长，如今他们都愿意将自己倾毕生心血取得的研究成果无私地奉献给本课题，这是难能可贵的。有了他们之间的沟通磨合，互补相长，有了他们与知恩中学全体课题组成员的精诚团结和通力合作，相信本课题的研究一定能取得令人瞩目的成就。

希望能在浙江宁海出现一所语文教改实验中学，进而成为全国语文教育的又一科研中心。

韩焕昌

2003年1月9日

---

① 王德春，国际知名语言学家，中国修辞学会原会长，上海外国语大学教授、博士生导师，上海交通大学兼职教授、博士生导师。

② 许威汉，知名古汉语专家，上海师范大学教授、博士生导师。

③ 韩焕昌，上海教育出版社资深编审、《语文学习》编辑、全国知名语文教育专家。

四、方仁工[①]

探讨语文教学科学化无疑有着重大意义，作为读者，或者说是广大语文教育工作者，甚至包括广大学生最想知道的是，怎样才能有效地（而不是无效地）、简便地（而不是繁杂地）提高语文水平。既然研究的是言语结构学与语文教学科学化，那就首先要将现在语文教学中出现的弊端及其来源，作较有说服力的分析，或者说进行“破”，并让人们觉得言之有理。在此基础上再将其对立的一方，或者说是正确的、科学的一方，树立起来，来个“针锋相对”，这样，是非黑白，当然就可以昭然若揭了。

作为一所学校进行试验，当然是可以的。最好能有操作过程的展现，包括小到对于一篇作品的两种不同教学的比较，然后扩展到课程体系的建立怎样办理，这样，将会有更大的说服力。

看来，语文教学科学化的问题，绝不是一种概念之争，只有把现行的一套不科学的语文教学观，批驳得体无完肤，它才有生命力。而当实践又加以证实之后，那就可以完全地立足了。这就为中国的语文教学做了一件功德无量的好事。

方仁工

2003年1月11日

五、于漪[②]

拜读了“言语结构学与语文教学科学化”立题报告，开阔了视野，深感老师们对言语结构学的钻研精神和钟情于中学语文教学的炽热情怀，令人敬佩。我对这方面的学术缺乏研究，提不出实质性意见，只能对当前语文教学发展趋势谈一点肤浅的看法，仅供批评、指正。

1. 这些年来，影响学生语文水平提高的因素甚多，有语文教学本身的、有社会的、家庭的、学校的。研究前调查研究的基础工作要做得扎实，分析要到位，这样研究的现实意义就强，立题的可能性就大。

2. 此次教育部课程改革强调以学生发展为本，教学方式有很大突破，语文教学目标强调全面提高学生语文素养，为适应社会需要，过去的“知识—传授”型和现行的“能力—训练”型模式要向“素养—养成”转型。它的价值追求、内容、目标、学习方式、评价体系与方式等均有较大变动。研究项目要有生命力，选择研究的切入点后，要全力贯彻教改精神。

3. 高中日后实行学分制，按板块组织教学内容，课时有限。这也该考虑。学理

① 方仁工，全国著名语文特级教师、原上海市中学语文教学研究会会长、华东师范大学兼职教授、上海市市北高级中学名誉校长、上海市作家协会会员。

② 于漪，全国著名语文特级教师、全国语言学会理事、全国中学语文教学研究会副理事长、上海市教委副主任、上海第二师范学校名誉校长、首都师范大学兼职教授、华东师范大学兼职教授。

研究与实践研究似可有分有合，学理研究当然可深一点，实践研究恐着力在充分发挥师生两个积极性，提高教学实效。

于　漪

2003年1月10日

六、叶子雄[①] 徐美贞[②]

语文教学中确实存在不少的问题，如何解决这些问题，是数十年来语文学界一直探讨的问题。现在，阮尉先生在《言语结构学与语文教学科学化》一文中提出的观点是颇有新意的，论证也有一定的说服力，给人以启迪，具有一定的现实意义。特别是阮尉先生在身体欠佳的情况下，这种孜孜不倦的钻研精神是值得我们学习的。我们希望并相信阮尉先生的研究在有关方面的大力支持下能获得成功。

叶子雄　徐美贞

2003年1月8日

① 叶子雄，全国财经院校语文研究会名誉会长、上海财经大学教授。

② 徐美贞，上海市晋元高级中学语文教研组组长、高级教师。

编者的话

本书作者是我们的老师。20 世纪 70 年代末至 80 年代初，我们在大学中文专业就读，他经“反右”“文化大革命”两度劫难后，从“牛棚”返回高校讲台。在听他古汉语课程的同时，我们还参加了他开设的“言语结构学理论研究班”和“文本言语结构讲析班”的单科课程班，对他的科研工作有所了解。

1983 年，在“两市一省（京沪粤）理论语言学学术研讨会”上，他向与会代表散发了他的一篇论文——《迎着现代科学的前浪，撑起言语研究的风帆》，以及另一篇与之辅配的应用性文章——《〈小石潭记〉新读》。不少与会者读后认为，其立论高卓大胆，观点相当新颖。与会者中，就有著名语言学家、上海外国语大学教授王德春。20 世纪 50 年代中期，王教授在《文汇报》的署名文章中发表的“要创建一门能科学地指导读写实践以有效提高语文水平的新学科”的主张，与作者观点投缘。1984 年，受作者之邀，王教授来给“言语结构学理论研究班”学员讲学，两位先生之间多年的学术交往，亦从此开始。

1986 年，王教授参与了作者高级职称的评审工作，他与其他评审专家均对作者提交的多篇论文给予了一致的高度评价。王教授还表示，如果日后作者出版论著愿为作序。不幸的是，当确定出版本书时，作者本人和王教授均已身患重病，王教授并于 2012 年春上因病辞世，而此时书稿编辑尚未完成，作序之事也只能徒留遗憾了。2010 年下半年，作者在拜访病中的王教授时，后者表示，20 多年前，他还不很确切地了解作者的“言语结构”为何物，没想到经几十年的鸿蒙初辟和锲而不舍，作者的研究已经达到相当的理论深度、学术规模及所具有的现实的应用价值。这是这位著名的语言学家对作者学术成就所留下的概要评价。

正如王德春教授所言，这本论著确具有若干难得的重要品质或说特点，是很值得介绍给当下的社会和读者的。

首先是创新性。这本著作，是作者毕生心血的结晶。他所选定的研究领域，所制定的研究路线，乃至于对研究成果的表述方式，包括对有关范畴、概念、术语的斟酌遴选，哪怕普通行文中的遣词构句，都力求“唯陈言之务去”，处处表现出他的别出心裁和独具匠心。读他的文章，你的思想若高度集中了，自会感到很有嚼头和乐趣，到处能感应到他的个人独特性。如他对语言与言语、言语与语文的区分及其关系的认知，对言语交际和文本系统属性及其组构规律的揭示，对语文教学“理论上浑浑噩噩，实践上踉踉跄跄”现状的描写，对名篇和名家观点的分析等，其见解，无不具有经深思熟虑、达入木三分的独创性特征。

其次是颠覆性。在这本论著中几乎到处能碰到向权威或专家的观点和向传统或时尚的说法大胆挑战的理论和见地。如他将语言与言语作为两个不同的认知区间，否定了把西方古典语文学看作是语言学的前科学阶段，把语言学当作语文学的科学阶段，因而语言学逻辑地成为语文学的科学形态，即成为语文教学的指导理论的古今中外语言学界和语文学界的所谓共识。他指出语文教学的知识系统中不应掺入语言学知识，不应将“工具性与人文性结合”说成是语文或语文教学的本质，且将其“工具性”的主要内涵指向汉语知识。他认为：“越俎代庖”的语言学应该“返本”，语言学代替语文学的教学思维应该结束，“科学错位”应复归原状；对被学界称为语言学当代发展的“语用学”，他指出“‘语用’这个新术语不合汉语构词法”；“生活中根本不存在运用语言的自觉需要及其事实”；“‘语用学’是一门移错花接错木造成的伪科学”。这些极富颠覆性的言论，初听很刺耳，不少学者完全不赞同。但不管你赞同与否，其新奇程度，其表述力度，其冲击力度，却让人不能不佩服他的理论勇气和理论魄力。

其三是前瞻性。这本论著所载的许多篇目，“病封”三十多年依然不失其新鲜感，其中一个很重要的原因就是其理论视角的前瞻性。如他提出要从结构入手，通过言语结构的分析，捕捉作者的思路，进而揣摩作者的原始的言语发放意识，从而打开人类的大脑黑箱和心理幽谷，揭晓它们运作变幻的过程的观点。“打开大脑黑箱”“心理幽谷”原是人类永远猜不透的“斯芬克司之谜”，即使举全人类之力，集中各学科的科学精英，也不见得能在短时期内破译。而作者却提出了如此前瞻性的课题，而且从其初步成果来看，似有新掘进的感觉。又如招致不少人反对的语文教学科学化的命题，是作者一生都在摸索的科学课题，且取得突破性进展。再如，在语文课堂上，语文知识已久付阙如。那么，究竟什么是语文知识？他明确且富有前瞻性地断言：整套言语结构学的知识必将取代原先的以现代汉语知识为核心的语文基础知识！

其四是思辨性。这本论著不论是前半部的理论编，还是后半部的文本分析编，处处闪现着思辨的火花。如在理论编中，对语言与言语、语言的结构与言语的结构的思辨，其精微程度都有过人之处。他认为西方语用学不是对索绪尔学说的继承和发展，而是对索绪尔的背叛和索绪尔已经达到的理论高度的后退。又如，对人们普遍认可的“一千个读者就有一千个哈姆雷特”的说法，他也有其独特的思辨。他首先对人们的阅读心理进行思辨，从而区分出各有其特殊需求的阅读类别，进而认定，上述说法一般仅适用于社会自然阅读，即无控制的自由阅读。而教学阅读是由教学大纲规定的、有明确目标的、在教师指导下的、须受严格控制的、在许多重要方面与社会自由阅读恰恰相反的一种特殊阅读活动。他的这些思辨为澄清语文教学中的一些糊涂观念，纠正某些不良教风，提供了可贵的理论根据。至于文本分析部分，从宏观乃至超宏观环节到微观乃至超微观环节所进行的精深思辨，犹如繁星闪烁，将吸引读者的灵敏眼球。

最后是其实践性。这本论著最值得称道的就是其实践性。它完全严格地遵循从实践中来，回到实践中去的原则，一贯强调观察和研究一切事物都得从结构入手，循着动态的解构和建构，深入到事物的背后和内里，捕捉到其灵魂。他认为，就语文和语文教学而论，就是要紧密结合文本分析和作文指导，从中抽象出可以举一反三、可以由个别推及一般的套路和规律。他始终没有离开过这条研究路线。收集在本书中的理论文稿和文本讲析文章，其中不少脱稿于他大病之前的20世纪80年代，对这些早已束之高阁的旧文稿，至多也只是在文字上作些微调，内容上未作也无须作任何变动，足见其紧贴实践的理论和见解是切实稳定的。在他看来，言语结构理论应该成为阅读方法论和写作理论的核心。

现在，阮尉先生已届耄耋之年，且久病缠身，在本书出版之际，我们想对阮尉先生提三点希望：一是养好身体，老当益壮，向社会贡献更多纯洁的精神食粮；二是若有余力，争取本书再版时将理论编的文稿加以整合加工，使之成为一本理论专著，并将本书未及选录的精彩的文本分析稿件，陆续整理出版，以飨读者；三是在坚持泥土气息的同时，若能争取与外界特别是与西方的语言理论接上轨，互相比较参照，做到知己知彼，这不仅能让自己，也有利于读者准确把握言语结构学这套理论和方法。

以上不成熟的意见和看法，仅供读者诸君和作者本人参考。

高宏宇　王毅进　李荣安　赵宗仁　沈志敏　黄耀明
2018年暑期

作者自述

编者按：以下这篇《言语结构学的理论和方法撮要》，系著者于2001年写作理论专著的纲要时所作的自述，它概要地反映了著者的科研过程和研究成果，对阅读本书有提纲挈领的作用。此稿为著者2013年的修订稿。

言语结构学的理论和方法撮要

阮　尉

小序

我的言语结构研究萌发于20世纪五六十年代，十年浩劫，被迫中断。“文化大革命”之后，得以继续。早在80年代初，即已建立了成套的理论、方法，并试将这套理论和方法应用到自然言语教习中去，以促成语文教学的科学化。随之，在语文教学上也形成了自己的一套颇为独特的观点和做法。然后我就在20世纪的80年代相继在包括我的母校华东师大在内的三所高等院校的中文系科开班设课，对象是大专院校的高年级学生和在职的中学语文教师。曾采用过“言语结构分析”“言语结构学”“思维·言语系统学”和“言语交际系统工程”等课名。学制有半年、一年、两年不等。周课时由最初的两节渐增至四节甚至八节。听讲学生数最多时曾两个班级爆满。学生普遍反映，学了十多年语文，读过小学、中学、大学，都从来没有听到如此新颖、能如此令人折服且如此管用的理论、方法以及对一些名篇的独特阐释和讲析，也从来没有做过能如此强有力地激发人的思辨、既形式特别而又终身受用的作业。应该说，这套理论和方法已经初步经受过课堂教学的检验。同时，还在两所高等院校选取若干名优秀生成立了常设性的言语结构研究机构，前后持续八年之久。研究班每周进行一到两次定题研讨，内容包括基本理论和文本分析，偶也有外界有关动态的交流。研究班还办了不定期油印刊物，取名“丫丫丛刊”（刊名系“言语”“语言”和“芽芽”的音节首音以及新芽的象形），用以发表研究班成员撰写的论文。除了开班设课办刊之外，二十多年来，我还把自己这套理论和方法大胆地运用于对上至研究生，下至小学生的读写辅导，场合是既有个别的，也有三五成组的，可以说，均屡试不爽。

这套研究成果，包括“丫丫丛刊”，还曾在我赴京时亲呈吕叔湘、张志公等前辈语文大师讨教，颇得好评，均鼓励我走出课堂，快些出书，推向社会。不幸的是从20世纪80年代后期起，我的健康状况急剧下滑，先后被戴上冠心病、糖尿病、高脂血症、高血压病等帽子，并在1989年住院治疗期间发生第一次脑梗，近两年，又连续发生第二次、第三次、第四次脑梗，于是著书出版事因力不从心而搁置下来。

近二三十年来，我是病魔缠身，朝不虑夕，百无聊赖，但是将自己耗毕生心血研究出来的成果应用到语文教学中去，并写成专著推向社会的愿望仍挥之不去。我依然在密切地关注着国内外言语研究和语文教改的动态。目睹了言语研究和语文教改的某些动向，我这个倾毕生精力热衷于言语研究和语文教学科学化探索的八旬老人，真是忧心如焚！“吾身听物化，化及事则休；当其未化时，焉能弃所谋？”古人尚且有这样的觉悟，我这个幸逢科教盛世的现代人怎能像愤世嫉俗的青藤狂人那样把自信的“笔底明珠闲抛闲掷”呢！出于历史的使命感、社会的责任感和生命的紧迫感，趁我一息尚存，自觉思维能力和组织口语表达的能力似乎还没有丧失殆尽，表述自己观点的欲望还相当强烈，甚至反而更为迫切的时候，理应在力所能及的范围内将自己数十年来的研究成果，主要观点以及零星文稿作一番较为全面的回忆和梳理。日后在独力撰写专著确已不可能时，也可凭这么一份整理清单争取外援或转传给后来者。

最近，经我本人和前言语结构研究班若干成员的仔细排查梳理，按我拟议中的《言语结构学》写作纲要，将我的至今仍葆有独创性的理论和方法撮要数列于下。

正文

（一）纵观人类科学发展的历史，可以从方法论上宏观地划分为“混沌感悟”“整体认知”“分析实验”三大阶段。近数十年来，科学史正逐步转向以“系统把握”为主要的方法论特征的笔者名之为“万类通灵谐适科学”的全新阶段。从某一角度说，这个新阶段确是对分析实验科学的反动，但又绝不是全面排斥，而应该说是继承、吸取、发展和转向。从某一个角度说，这个新阶段也确是向混沌感悟和整体认知的回归，但又绝不是简单倒退，而应该说是在积淀了整个科学史的经验教训和充分汲取了分析实验科学的丰硕成果之后的全新开拓。站在这样一个科学史观的高度，我们正在草创的言语结构学，应该是万类通灵谐适科学的先锋，是未来科学群落中最能显示人类的智能和情致，最富有灵性，又最具广泛的应用价值的文理共通的新型基础科学。

（二）“言语”这个概念，在汉语中由于其取名与“语言”极为近似，只是词素的换序，致很多人并不承认它有存在的价值。国内外都有许多知名的学者甚至断言，能与语言学分庭独立的言语学是没有必要、也不可能建构起来的。只要在传统语言学的知识框架上加入所谓“语用”的项目，至多也不过是将语用问题独立出来作为语言学的一个分支就行了。因此“言语”这个概念，至今仍未被我国理论语言学界和语文教学界的主流派承认和使用，而“语用学”则正作为语言学的一个现代分支学科在国内外大行其道。至于“言语学”，则阵痛了近一个世纪，依然难产。但是不管怎么说，自从以社会化群处为基本特征之一的人类刚一出现，就有了在人际之间进行言语交际以沟通彼此心灵的需要，从低级到高级，从口头到书面，这种以言语媒件[①]为中枢环节联系着言语发放和言语接收两端的言语交际过程，在人类交往中不知已实践过多少次，也不知已存在过多少年，它作为一个自组织系统，不断地在自行进化着，其中必然有许多取得高效、成功的经验和遭受低效、失败的教训。把这些经验教训加以总结和理论升华，就可以使已经习以为常地存在、运行、进化了亿万年之久的这一自组织系统转化成能为人们掌握和运用的意组织系统，这个意组织系统，就可以用“言语学”来命名。言语学一旦建立，就能用以释解言语交际中的各种现象，还能用以指导言语交际实践，使之正确、高效并不断优化。对自然言语规律的透彻研究和充分把握，除了能应用于对自然言语教习的指导，还能为人工智能的开发提供扎实的基础。国内外有些人工智能的探索者想跳过对人类自然言语规律的研究，仅止于对语言学知识和语言学方法的汲取，甚至倒过来，想把人工智能的研究成果移用到人类自然言语教习中来，即用于指导对自然文本的结构描写，指导自然文本的生成。自20世纪80年代以来，越来越受到包括我国有关学界在内的世界各国学界吹捧的美国修辞结构理论就是这一学术倾向的代表。在这一理论的倡导者和拥护者看来，这或许是“顺水推舟”，即顺人工智能研究之水，推动自然言语教习之舟往前行驶；但在我们看来，这是一条本末倒置的学术思路，可谓“倒行逆施”，其结果，对自然文本研究与人工智能研究，必将不是双赢而是双损。

（三）“自组织系统⇆意组织系统”是人类文明、科技不断进步的根本途径，也是本书立论的哲理基础，同时又是能促使读写能力逐步提高的最有效保证。

（四）关于语言和言语的区分，将从重新研究索绪尔着手，我们将对索绪尔本人的结构主义方法和索绪尔之后出现的后结构主义思潮进行独特的评价，包括对现正在国内外语言学界和高校中大行其道的语用学和话语语言学，我们都将作出中肯的评论。

（五）从结构入手，并循着结构理路深入事物的内部，是认知和把握任何事物的

① 媒件：指口头的话语和书面的文本。它们是连接着言语交际双方的介质，故称其为“媒件”。

通途捷径。这是在分析实验科学阶段屡建奇功并已为人类的全部认识成果所证实的有效途径，绝不能斥之为“结构主义”而简单地予以全盘否定。要确知语言和言语的区分，也不妨试从结构上加以考察。我们通过对语言结构和言语结构的精深对比，确认它们分属于两个不同的认识区间。它们都含有物性成分和意性成分，但言语的意性成分较之语言的意性成分大得无可比拟（注意：这一论断与索绪尔恰恰相反）。如果说语言学因处在物性科学和意性科学的边缘地带，而且它确在物性应用上更能显示其价值，以致有人好将它划归物性科学的话，那么言语学则以其意性成分占绝对优势而只能划归意性科学之类。我们还发现，语言和言语各有一套风马牛不相及的结构系统。以词、句为例，似乎在语言和言语中它们都是不可或缺的成分，但抽象地说，无实际具体语义的词、句，处在语言的结构系统中，而具体地看，任何一个带实际语义的词、句，则处在与语言结构系统完全不同且毫不相干的思维·言语结构系统之中。这些结论，粗看起来，似乎极为荒谬，但经精深思辨，不难承认其绝对正确，并远比索绪尔的区分观深刻、透明、彻底。

（六）“大脑黑箱”之“黑”，“心理幽谷”之“幽”，存在于联系和运动之中，体现在软件的机制。物性科学光停留在对大脑中硬件设备的调查清点，包括存在多少个神经元，多长的神经纤维乃至于通过对神经细胞的结构细解，非常有价值地发现，仅1000克质量的人脑中竟然存在着100亿亿个突触蛋白，还包括绘制出哪怕全部1000亿个神经元在孤立状态下的电活动图谱（不知到何年才能完成！），所有这些努力都不足以打开大脑黑箱的软件运动机制。欧洲的一些计算机专家热衷于在彻底摸清大脑黑箱的奥秘之前就着手利用超级计算机逐步构建模拟人脑，显然是徒劳的。美国修辞结构理论更异想天开地想把其本身都错误百出极不可靠的计算机的语篇描写和语篇生成的所谓经验推广应用到自然人的言语教习中去，那简直是本末倒置，倒行逆施的谬论！科学家们只有老老实实地首先摸透人类大脑的软件运动机制，使“黑箱、幽谷”亮堂起来，制造出第五代计算机，然后才能考虑人工智能的研发。看来，让物性科学或意性科学单枪匹马是很难使黑箱和幽谷亮堂起来的，当前，必须提倡物性科学与意性科学的协同作战，积极支持和鼓励万类通灵谐适科学快速成长。含有物性科学的积极因子的意性科学——我们的言语结构学可能会为逼近大脑的软件运动机制作出可观的贡献。

（七）我们认为语文即言语，语文课即书面言语课。语文素质即读写能力。从课位看，语文课（古称“读经讲经”）曾长期在学校教育中处单科包抄的地位，自癸卯学制确立了分科设课的教育课程体制以来，仍一直以其不可替代的基础功能而稳居首席课位。从课性看，我们认为它既不是什么知识课、工具课，也不是什么人文课，更不是什么“工具性与人文性的统一”，而应确定为能力课。其课职是培养以意识⇆言语的转换能力为核心的通用文才。其课容是以媒件文本为中枢的思维·言语（包括“意识⇆言语”）训练，而且主要是书面言语交际（即读、写）的训练，听、说，仅处在陪练的地位，不是目的，也不计入课容。其课貌是成篇诗文的读写。应该把现代汉语的知识与选文无关的文学史知识从语文基础知识的队列中开除出去（可另开选修课），应让言语结构学的知识成为语文基础知识的主体。

（八）从结构角度考察，我们看到在言语交际和语文教学的过程中，或者说要提高读写能力，存在着一个最根本的矛盾，就是立体型的意识结构⇆单线性的语流结构。这一根本矛盾的解决有赖于两种结构的快捷准确的转换。这个转换过程也正是大脑黑箱的操作奥秘。我们设计了一套发露这一矛盾转换规律和暗箱操作方法的发露器①，即我们精心构画的篇章立体·单线思路结构综合网纲。我们取本著作②的正题为“立体与单线的神妙架构”，也正基于这一根本认识。

（九）我们对言语交际过程中的等差率持辩证的看法，既承认存在等差率的必然性、绝对性，阐明其产生根源，又严正指出这种等差率是能伸缩的，有限度的，产生等差率的根源也是可认知的。还应该如实地看清，纵观历史，放眼人际，原有的异见差距，通过认真的、纯理性的对话交锋而终于舍异趋同的情况可谓比比皆是，而始终执异难容的情况则只能说是较为特殊的，且包含着暂未成熟的因素。这在科学教育界更是规律性的现象。应该说，人类认知的趋同性正是办教育、搞科研的基础和前提。语文教学亦应以尽可能缩小这一等差率为自己的职责。要完成这个职责，就得潜心研究并精心指导言语结构的分析。凭我们的这一辩证看法就能与承认并提倡、固化、扩大等差率的后结构主义或后现代主义的文本解读观明显地区别开来，也把理性阅读（或称“科学阅读”）、教学阅读（或称“学校阅读”）和自然阅读（或称“自由阅读”）区别开来了。若能以理性阅读的标准来要求教学阅读，那么肯定可将等差率缩小到最低限度。这与后结构主义、后现代主义所鼓吹的自然阅读，特别是与一种可谓阅读变态的别有用心的纯属主观臆测的“刻意阅读”（最典型的如历史上和文化大革命中的文字狱）的无穷大的等差率（以致可以漫无准绳地“指鹿为马”）恰成鲜明的对比（可悲的是在语文教学中，在各种教参中，我们却能常常看到这种“刻意阅读”的身影）。时下，常见一些大师精英们手握后结构主义、后现代主义的洋钵，身披见仁见智的传统袈裟，目罩多角度的斜白隐形眼镜，头戴培养发散性、求异性思维的冠冕，竭力提倡和鼓吹学子们面对明明具有严格的客观规定性的同一文本去刻意地瞎猜胡诌出各各不同的所谓“灵性诠释”“个性感悟”之类，人为地去扩大文本解读的等差率，这简直是对学子认知能力的愚弄和误导，也可以说是在进行不可

① 发露器：发，揭示；露，显示于外。发露，动词。用于此，指将意识与语流的立体与线型的矛盾及其转换规律显示于作者设计的“思路网纲”（见本书上编·理论篇第三篇《言语结构学讲授纲要》，第082页），作者称这一“思路网纲”的装置为发露器。

② 指2001年作者计划写作的理论专著，而非指本书。

知论和虚无主义的熏陶和宣扬。亦无异于在培殖异种，克隆另类，其后果必将是断送当代，毁弃传统！我们还认定，基于同样的道理，一个训练有素的作者的写作文本所可能引起的等差率，也肯定要比毫无章法、思路混乱的文本的等差率小得多。必须彻底而且要永远摒弃在等差率问题上的不可知论和虚无主义倾向。

（十）我们花大力气于对言语交际过程中的中枢环节——言语媒件的篇章级结构的有机系统分析，设置了“篇素”这一范畴，并将篇素分为内质篇素和表饰篇素两大类。还将各种篇素的组合概括为普遍存在而又极为简单的纯质结构和带饰结构两大类型。对纯质结构，我们又要求揭示其“系型”和“序式”。这样一套分析方法能比较有效地捉摸到原作的自在思路，更可以极大地有助于纠正时下文章分析中的无谱现象。随着学级的提高，对媒件文本的以篇章结构为主体的言语结构分析在语文教学中的地位和作用也日益重要。而对语文教师来说，不管其执教于哪一学级，言语结构的整套知识和分析能力都应该作为其基本功和基本素养来学习掌握。

（十一）我们以高度的概括力，把篇章的宏观结构以及篇章之下的各级局部的内析均限定为只有单刀两分、双刀三分和三刀四分三种切分方式，并为各次切分下来的各级部件确定名称，揭示功能。这样一种由宏至微、连续不断的“离经辨志”操练，是造就系统观念、结构观念和逻辑级次观念的基本功。同时也能使对文本的切分不再是任人随心所欲的乱斩，更有助于扭转时下老三段泛滥的弊端。

（十二）对流段的流动句法学分析，上能与篇章分析接轨，下能一以贯之地分析到微观环节乃至于句以下的词语、词素、音节等神经末稍，使得整篇文章的分析从大到小形成一个严密的有机系统，而又绝对不至于把一篇有机的文章机械地切分得支离破碎。唯有流动句法学的句移度观念和对句内部各句素的功能分析，如陈素、新素，展素、回素，主展素、从展素等，特别是培养对语流中各级语素的“刺耳度”（就口语交际的听觉接收而言）和“耀眼度”（就书面交际的视觉接收而言）强弱的辨分（就接收而言）和配置（就发放而言），才能对阅读理解和写作行文有实际的帮助。静止形式、机械割裂的语言学语法分析中的句本位观念和对句内各句成分的地位分析，即通常所说的主、谓、宾、定、状、补等，不仅丝毫无助于读写能力的提高，有时反而会有束缚思绪和误导理解的消极作用。

（十三）我们所建立的言语体式范畴（简称“言体”）以及我们根据各种体式的功能绘制的言语体式方阵图，还包括我们对各种言语体式的结构模式的描写，能大有助于也大方便于语文基本能力的造就。其科学性和作用都大大优于分类繁多、逻辑混乱的传统文体学知识。故我们要求淡化文体教学，大力开展言体训练。通常所用的“表达方式”或“表述方法”这些概念，由于带有很强的人为、技法的意味，并与文体概念纠缠不清，故不取。“言语体式”，则在言语交际中带有明显的必然性和自发性，少有自由度，应该说，主要不是技法选用的问题。

（十四）我们坚定地认为：办教育、开课程就是要用前人行之有效的经验和前人已经取得的对事物的静态质性的认知和动态规律的把握，对学生进行理性的传授和启悟，以提高学生各有关方面的素质。这要比让各人在实践中通过自悟而达到理性的彼岸快捷得多。这就是办学校、设课程、请教师的根本意义所在。故在语文教学上，我们强调教师要从结构入手，循着文章自在的结构理路，通过对篇章、言体、流段、语句等的有机分析，从而准确地把握文心、正确地领悟题旨，这就是理性的阅读训练。而理性的写作训练，则既要从阅读训练中观摩取法，又要独立地进行与阅读分析基本逆向的建构运思和另有一套规律的运笔行文。只有通过这样的理性的读写训练，才能有效和高效地提高学生的读写能力和语文素质，造就其通用文才。秉承这一教育理念，我们将对传统的"多读多写"的主张，对牧羊式教学的教改新动向，对"语文学习的外延与生活的外延相等"的口号，对新概念作文比赛的做法，对高考语文试卷中鸡零狗碎的阅读命题和随意性的作文命题，一一发表我们的看法。

（十五）我们反对"净文""范析"的提法。因为这种提法既不符合事实，也压制了学生独立思考能力的发挥和培养。我们认为，选文不必"全净"也难以"全净"。选些"脏"文毒草之类也无妨。毕竟它们也是书面言语，也是语文。分析不该称"范"，离"范"颇远的教参应该取消。找些"谬"析介绍给学生也无妨，毕竟也是一种分析、理解。照后结构主义的说法，原作者已死，原作本意已被缠在它身上的藤蔓掩埋；活着的全是绕树的藤蔓。我们不妨把活着的藤蔓当作独立的文本来阅读分析，倒可培养顺藤觅树的能力。"脏"文"谬"析恰可提高思辨能力和免疫力。我们主张让师生共同根据言语结构法则，对任何文本和文章讲析，多进行些自主的充分思考，应该提倡大胆怀疑，积极思辨，认真甄别、独立评判和敢出创见等品质。而且，光是空头的提倡，这些品质不会自动到来，我们要在读写教学中，随文、随时、随遇地经常鼓励、张扬和打造这些品质。这样，既可以使学子们面对当前充斥于课堂和教参中的无谱分析提高免疫力，同时也有助于将他们从无度发散的被愚弄、被误导的歧途中拉回到系统思维和科学精神的正道上来。

（十六）语文教学由于长期存在着语文观、语文学研究和语文课程论等诸多方面的理论浑噩，致在实践上始终难以摆脱高耗低效和踉跄不稳的怪圈。面对这样一门在理论和实践上都问题成堆，几已找不到方向和出路，以致近乎走投无路的语文课的教学，如果我们再没有在基本理论上作重大突破的勇气，再没有在基本实践上进行创造性探索的魄力，再没有为寻求它的科学化道路而采取风险投资的胆量，那么，我们就只能眼看着语文课的日趋式微，以致最后被开除"教籍"，从而给整个教育课程结构造成不可弥补的损伤和难以预料的危害。笔者本着对语文教学的一往情深，基于历史的使命感，社会的责任感和生命的紧迫感，在行将就木的前夕，不揣谫陋，畅所欲言，提出了以上许多奇谈怪论，既有征集同感同志者协助我完成建构言语结构学大业的用心，但也有藉以招徕异见者共同切磋以改进语文教学的诚意。“精诚所至，金石为开”，“人之将死，其言也善”，但愿我的这半块本朴的丑砖能换来智者高手们的一篓美玉，别无他求。

梳理于 2001 年 10 月 15 日
修订于 2002 年 5 月 29 日
初校于 2013 年 6 月 8 日
二校并增订于 2013 年 8 月 26 日同济医院病房

上编·理论篇

（本论）

编者按：下文写于1981年，可谓著者所立“言语结构学”的基本理论观点的初次亮相之作。经修订，于1983年4月提交在复旦大学召开的“两市一省（京沪粤）理论语言学学术研讨会”。现除个别术语为与后来的使用习惯统一而略有改动，基本为1983年稿原貌。

迎着现代科学的前浪　撑起言语研究的风帆

——言语结构学初探

阮　尉

第一部分：言语学在胎动　语言学当返本

自从洪堡特使用“言语”这个字眼到现在，已经一个半世纪了，索绪尔把“言语”作为与“语言”相对举的概念提出，至今亦有七十多年了；我国语言学界就“语言”和“言语”问题进行的大辩论，距今也快四分之一世纪了！如今，对言语的系统研究，仍未见影子，语言学依然兼挑着言语学的职能在包打天下！

不过可幸的是科学史已向人类提出了研究自身的特有功能这一重大课题；人类学正在大力探索人类言语机能的奥秘；心理学也在探究人的言语心理和儿童的言语习得过程；思维科学开始注意自然言语的逻辑；现代语言学的各个流派更从不同的角度把触须转向言语领域并力图指导人们的言语实践；文学研究领域似在孕育着一条崭新的研究途径，即用现代科学的方法（信息论、系统论、控制论），把从作家，经作品，到读者这一文学运动系统，跟从言语发放，经言语媒件，到言语接收这一言语交际过程结合起来，当作信息传导过程来加以考察；文章学，广义修辞学都想在考察成篇言语作品的基础上建立自己的理论系统；大、中、小学的语文教学则在迷途思返，开始怀疑将语言文字的知识和练习当作“语文双基”的正确性，迫切寻求新的指导理论和学科基础；特别值得注意的是，自然科学也已派出它们的先头部队，向着人类的言语领域挺进；信息系统论自然要把人类的言语现象看作自己最广阔、最丰富、最微妙、最有趣的研究对象；要赋予第五代机器人以人工智能和言语感应、言语对答能力的电子计算机专家们正越来越清晰地意识到，第五代机器人的诞生，必须以言语学家对言语规律的充分掌握为前提……透过这一系列国内外最新的学术动态，我们不难感觉到，一门以人类特有的言语功能为研究对象的崭新的边缘科学已经在科学史的母腹中胎动！

言语科学一旦诞生，人类所特有的神奇的言语现象将得到广泛的研究和科学的解释，儿童言语交际能力的养成和成人言语交际能力的提高，将由基本上属于必然王国性质的社会自发性传染，走向以理性教育和自觉学习为基本特征的自由王国，言语学将为各级学校的语文教学提供指导理论、知识序列和最佳方法。可以预见，言语学理论将把人类的言语质量和社会言语交际效能提到前所未有的高度！而这又将成为知识反馈的激素，间接地促使人类的文化科学以前所未有的速度和规模向越来越高的水平发展！

20 世纪，科学史正经历着一个由 17 世纪以来的近代科学向在 20 世纪开创的现代科学的伟大转折。开始于 17 世纪，到 19 世纪末、20 世纪初达到了顶峰的西方近代科学，确曾对人类科学史作出过重大的贡献。近代科学的长足发展，在很大程度上要归功于用实验手段对对象进行结构的分析和解剖这样一种成功的科学方法。20 世纪以来的现代科学则强调结构的综合、有机、整体的性质，纠正了近代科学所表现的简单机械的倾向，从而大大提高了结构考察在科学研究中的功能。由以分析性原则为特征的近代科学所造就的一些所谓经典科学，到了以综合性原则为特征的现代科学阶段，逐渐失去了其经典性质，科学的门系正在重新改组，一些新的基础科学冒出来了，边缘科学如雨后春笋，并大显神威，连横在自然科学和社会科学之间的鸿沟，也正在被填没。

我们中华民族向来是个文化之邦，我们的古典科学向以综合通融性和整体有机性著称于世，我们古代的许多杰出人物都是博学的通才和全才。多种知识技能有机地综合于一身，就易于迸发出特别灿烂的智慧的火花，中华文化的夺目异彩，恐怕正得力于此。西学东渐，既给古老的中华文化注入了新鲜的血液，沉重地打击了我国古典科学中唯心的玄学成分，但同时，近代科学也把其简单机械、只分不合、经典划一、门户森严的弊端带进了我国。如今要消除西方近代科学所带给我们的弊端，要恢复和发扬我国古典科学的辩证精神，要跟上世界现代科学的步伐，倒非易事了。站在历史的高度，回顾一下世界和我国科学发展的道路，就不难理解，以边缘性和综合性为显著特征的言语科学之所以那么难产，正是由于西方近代科学的影响还在禁锢着人们的头脑。

众所周知，语言学是近代科学门系中的佼佼者，它的历史功绩，是有目共睹的，因此，它当之无愧地取得了近代经典科学的地位。在经典科学坚如磐石，语言科学驰誉全球的近代科学全盛阶段，名不见经传的言语科学想脱颖而出，当然是困难的，连“言语”这个概念，因其与“语言”概念有着千丝万缕的联系，在生活词汇中，又从无区分的习惯，而均以“语言”兼称，故也不易得到语言学家们的认可。

综观科学发展的历史，我们可以发现人类对自身功能的研究比对身外之物的研究起步要晚得多。当人类对宇宙宏观和物质微观的研究都已取得丰硕成果的时候，对人类自身的哪怕是最最普通的习以为常的功能，竟都处在只“会”其然而不知其所以然的愚昧无知状态。大概也正是因为言语现象较之于作为符号体系的语言，跟人类的关系更直接、更原始，所以言语科学的成立也命中注定要晚于语言科学。

当语言科学登峰造极的时候，人们对言语的研究还处于零星散落、停步不前的状态。就是在这样的历史背景下，应该树碑志功的语言科学身不由己地误入言语领域，进行非法掳掠和擅权统治，导致了严重的“越界犯规”的历史性错误，以至于不仅使语言学知识体系本身变得严重不纯（详后），而且还由于被人们奉为“语文基础知识”，因而给以提高言语交际能力为根本使命的大中小学的语文教学带来了严重的干扰，从而铸成了一段长达一百多年，至今犹难以彻底矫正的可称为“科学错位”的历史。

随着这段“科学错位”的历史的推进，先是我国高等学校的“中文系”“语文系”一律被解释为“中国语言（文学系）”，为了求得语言类课程和文学类课程的平衡，这些系科于是相继开设了诸如普通语言学、语言学概论、现代汉语、古代汉语、汉语史、方言学等课程。而这些语言类课程除了对日后将从事语言研究和语言调查的学员有切实的用处之外，很难承认它们对一般文科人才的造就也是不可缺少的；而且语言类课程和文学类课程不管从整个系科所开设的诸课程的内在关系上看，还是从一般教师或学员个人的知识构成来看，相互之间始终显得那么格格不入，有时甚至处在简直可说有点势不两立的状态。正因为如此，大学里的许多文学教师都并不因自己对语言知识的贫乏而感到自己在知识构成上有什么缺陷或妨碍了他们的教学和科研，多数立志从文的学生则更把语言类课程当作多余的负担，怎么也提不起学习语言知识的自觉性和兴趣。接着，新中国成立以后，有关我们自己的母语——汉语的语言学知识以“语文基础知识”的身份逐步进驻中学，乃至小学的语文课。最近甚至有人进一步提出要用“语言教尔曹”来取代“文章教尔曹”这个语文教学的传统观念[①]，指望通过对纯语言文字知识的学习来提高中学生的语文水平，这显然是一项南其辕北其辙的改革方案。令人担忧的是语言学还在进一步向全社会扩散普及，不仅在职工业余语文课本和语文自修读物中充斥着大量有关语言知识的说教，而且还号召一切文化人和干部都来学点语法，于是乎，那些出类拔萃的作家、诗人、剧作家、编辑、记者、演说家、演员等，都得坐下来硬着头皮啃一啃有关自己母语的语言学著作——而实际上，汉语恰恰是他们早已掌握和运用到炉火纯青地步的母语！

① 文见《中国语文》1984 年第三期。

语言学不光对操母语的人们传授有关该语种的理性知识，还想用纯理性的语言知识去指导人们学习外语。语言学教了活人不算，还想用它的有限的机械的知识去教会狼孩、灵长类动物、乃至于机器人与正常的社会人对话！……所有这一切，都给人一个印象：语言学确实有点超乎所能了。试问，为什么要在各级学校和全社会普及语言学的知识？回答无非是想借此提高人们听说读写的能力。但观察一般人的学习结果，大都可说是“耗费甚巨，收效甚微”，甚至“越学越懵，越学越笨”。这是什么道理呢？很明显，这是对语言学越俎代庖的报应，这是“科学错位”所造成的悲剧！

理论来源于实践，是对实践经验的升华，正确的理论定能回过头来指导实践，以提高实践的功效。这确是放诸四海而皆准的真理。那么为什么唯独语言学的理论知识不能用来指导人们的语文学习和听说读写的实践呢？我们说，普遍真理，四海适用，这是正确的命题；而一海之理，用于四海，或拿甲海之理用于乙海，这就非出乱子不可。因为它在运用辩证唯物主义认识原理时，违背了形式逻辑的同一律。

语言学的理论知识是从语言调查和语言分析的大量实践中总结出来的正确理论，它当然能够反过来指导跟它相应的实践领域。譬如说我国已经并正继续大力开展的推广普通话（包括方言调查）、推行《汉语拼音方案》、简化汉字这三项工作，就得用语言学理论来指导。

但是，语文教学的实践，人们听、说、读、写能力的提高，就不能用语言学理论来指导。根据心理学的调查和实验，现代儿童的母语能力早在四岁前就已经基本上具备，而且全世界各民族的任何一个儿童的母语能力的习得，全都不靠理性的语言知识指导的，而都是通过社会的自然传染实现的。我们从世界各国的第二语言的教学所走过的一段弯路中也可得到一个启示，只要你的目的不在于了解有关那个语种的理性知识，不是对那个语种进行理性的结构分析，而是想学会使用那个语种来进行交际，那么，从语言知识入手，或者环绕着那个知识体系进行教学，则是一种少慢差费的途径，而用提供交际环境，创造社会自然传染的条件这种方法，则见效快，质量高，用处大。可见，语言知识教学和母语交际能力（或者说语文水平）的提高，完全是两条道上跑的车。用语言学的理论知识去指导听说读写实践能力的培养和提高，只会增加学习负担，而实则于事无补，与儿童言语成长的自然过程根本违逆。

那么有没有另外的理论知识可用来指导语文能力的提高呢？有。不过这个理论只能从听说读写的实践中去总结。经过这样的总结、升华而产生的理论，就绝不再是语言学理论了，而该用“言语学”来命名。光就语言范畴来说，人们在自发的言语交际实践中自悟出来的“语言法则”，事实上恐也不是传统语言学意义上的规范语言法则，而将是有待我们去发现的、偏于言语学意义的一种模糊语言法则。何况言语远不只是对语言的运用，故言语学的深广度也远不只是规范的或模糊的语言学所能比拟的。

我国惯用的“语文”这个概念，确切地说究竟指什么，似乎还没有统一的认识。有说指“语言”和“文字”的，也有说指“语言”和“文学”的，也还有说是指“语言”和“文章”的，（后来又出现指“语言”和“文化”，乃至时下仍流行着“工具性”加“人文性”之说。其实“工具性”与“语言”无异，“人文性”则是“文化”的特指内涵。总之，对“语文”的错误观念，在阮尉先生后来的讲课和论文中，就常以“一语四文”说或“一语五文”说加以概括——编者注）似乎前面的那个“语”字就非要说成“语言”不可，但是，我认为，如果把语文课的教养目的明确地定为提高听、说、读、写的能力，亦即理解和表达的能力，那么语文课的性质就完全是言语交际课。听、说的能力，就是指口头言语交际的能力；读、写的能力就是指书面言语交际的能力。听和读的能力，是言语接收的能力，亦即言语理解的能力；说、写则是言语发放的能力，亦即言语表达的能力。如果要将“语文”二字拆解的话，那么“语”就只能指口头言语，“文”就是指书面言语。按这样理解，语言知识是不在其中的。

我国传统的语文教学向来以成篇言语作品的综合阅读和成篇文章的写作练习为主，从来不讲成套的语言学知识，从来不搞语言单项训练。被近代语言学家掠为古代汉语知识的构成部分的我国传统的“小学”知识，实际上是为适应传统语文教学专事培养和提高强化的书面言语的读写能力这一特定需要而产生的属于语文学范畴的知识，它是经学的附庸，是密切地为讲经和读经服务的，那时的经学家无不精通小学，那时的小学家也无不兼通经学，这样的小学知识才是货真价实的语文基础知识的组成部分，而根本不是近代意义上的语言学知识。如果我们观察一下人们语文能力的成长过程就可以发现，在学前期，孩子不识字，就在自然状态的实实在在的口语交际实践中学，从牙牙学语，直到能够滔滔不绝地谈话；到了学龄期，随着识字量的不断增多，其早已熟练的口头交际能力逐步自然地转化为书面交际的能力，并进而悟出书面言语与口头言语的风格区别；到了学满出校，踏进社会，人们依然继续通过口头言语的听说实践和书面言语的读写实践来进一步提高自己的言语交际能力，其中特别优秀的，就可以成长为口若悬河的演说家，或成长为下笔千言的文学家。综观言语成长过程的这三个阶段，始终未见有关语言的理性知识起过什么促进作用，可以看到的始终起作用的成长激素（不包括人的先天言语机制）只有两条，一为模仿性的实践锻炼，一为对言语交际规律的理性自悟。先是前者的作用大于后者，随着年龄的增长，各种知识的增多，言语积累的增厚和思维能力的增强，后者的作用越来越大，前者的作用渐趋消失。这就是养成和提高听、说、读、写能力的自在规律。应该说，我国传统的语文教学，除了情有可原的忽视对口头言语的听说训练之外，在提高对书面言语的读写能力方面基本上是和这自在规律相适应的。

现代的教育家想用更先进的自觉的理性教育手段去最大限度地缩短人们言语交际能力的成长过程，这无疑是完全正确的，必要的。问题在于顺手拣来的语言学知识，它根本不是对言语交际规律的反映，所以想依靠语言学知识来提高人们的听说读写能力，这就无异于缘木求鱼，白费精力不讨好。

真正能够指导听说读写实践的理论，真正能充当语文基础知识的知识，只能是我们想用“言语学”命名的这么一套有待总结整理的理论知识！

这门言语学的理论，首先应该反映最佳言语交际过程的规律。这就得先对言语交际过程进行深入细致的考察，看看言语发放一方是如何将言语意识发放为言语信息以便让对方感知的，而言语接收一方又是如何将对方发来的言语信息接收过来并转为领悟意识的，在这整个过程中，发方的交际意图是如何实现的，最佳的交际效果是如何取得的，收方又是如何捕捉发方的交际意图并最充分、最准确地接收和把握对方发过来的信息的。只有经过这样的考察，最佳言语交际的规律才能总结出来。

这门言语学的理论，还得反映出最佳言语媒件、亦即优秀言语作品的文本组织结构规律。这就得先对言语作品海洋进行全面广泛的考察，看看所有言语作品普遍存在的组织系统是怎样的，再看看能否将它们分分类别，找出各类言语体式的基本模式、基本套路和常见的条件变体。只有经过这样的考察，各种言语媒件的最佳文本结构规律才能总结出来。

我们深信，随着现代科学的日益发展，随着学术研究的日益加深，语言和言语的区别，语言学和言语学的分工，必将为大家所认清。“无可奈何花落去，似曾相识燕归来”。大、中、小学的语文教学，人们的语文自修，一个人的“通用文才”的造就，终将抛弃语言学理论，而接受言语学的理论！一个多世纪来严重干扰语文教学的由语言学越俎代庖所造成的科学错位的历史终将结束。

第二部分：语言的结构和言语的结构

作为普通词语，在古今汉语中“语”“言”“语言”“言语”确是没有严格区分的。但随着理论语言学的发展，已经有越来越多的语言学家接受了将“语言”和“言语”作为科学概念加以严格区分的观点。尽管目前具体的区分界说尚未统一，不光是对“言语”这个概念的外延和内涵，众说纷纭，就是对“语言”的具体含义，要取得一致的认识，也有待于进一步展开充分的讨论，但是凡持区分观点者，至少都已意识到，有这么两种近似的对象，是能够区分得开的，而且这种区分不管在理论上还是对实践来说都可能是有益的，甚至是必要的。

本文不想卷入概念术语的讨论，而想换一个角度，即从结构上考察一下这么两个对象，一个对象是指以言语媒件（即言语作品）为中心环节，包括听、说、读、写等终端环节的整个言语交际过程，另一个对象则是指人们借以识断语种及其历史或区域变体的根据。我们姑且借用洪堡特、索绪尔用过的现成术语“言语”和“语言”来分别称谓前后这两个对象，看看经过结构考察之后，在理论语言学中，究竟有没有将它们区分开来的必要和可能，更看看有没有必要和可能建立一门言语结构学，专门用来研究言语交际过程的运行规律和言语媒件的组织法则。

我们分别用“语言”和“言语”来命名的这两个对象显然有一定的联系，但它们之间显然也存在着实质的区别。就像任何事物之间的区别性特征都会在结构对比上有所反映一样，语言和言语的区别也一定会投射到它们的结构上来。

或许有人会说，语言的结构也好，言语的结构也好，都只能是对言语海洋进行结构考察的所得，它们是二而一也，有什么可分？其实，对同一对象，抱着不同的目的，从不同的角度进行考察，就可以理出不同的结构。这时，实际的考察对象已随考察目的和考察角度的变换而转移，平时所说的“观察点”或“注意力”的转移，实即考察对象的转移。

传统语言学为了在结构形式上抽象出一个语种有别于其他语种的特点，必得先对各语种内部的结构作全面的整理。可见语言结构的研究是环绕着一个个语种进行的，外及诸语种之间的形式结构的比较，内及同一语种的诸历史变体或诸方言变体之间在形式结构上的对应性变异。所谓“语言结构”，一般就是指那些足以显示语种特征的、小至由音位组成的音节，大到由词语组成的句子这么一个范围内的各级语言单位的结构系统。至于一般语法著作都要涉及复句甚至句群结构的问题，实际上复句和句群内部的关系都是逻辑关系，而且总带有意念运动的性质。复句、句群都是运动着的语流的流动片段，只有把它们放在整个流程中考察，才能描写出它们内部各分句之间的关系以及各分句所处的地位。所以复句、句群内部的结构关系总是因文而异的，而不会随语种而变：可见研究一个语种的语法规律要去涉及复句和句群甚至段落篇章，这些都是完全多余的，也是与研究语言结构的目的不相符合的。

语言结构所反映的是在特定时间、特定地区的一个特定语种（或语种变体）在形式结构方面的特点。因此，它总带有鲜明的民族性、时间性和地区性。而由于语言是全民的共同交际工具，所以语言结构总又带有全民性，而不容许有使用者个人或某一社会集团的言语风格进入。

而言语科学则旨在对人类所特具的神奇的言语机能作理性的认识和掌握，总结实现最佳交际效能的规律，以便回过头来指导常人的自发状态的言语交际实践，用简捷的理性启悟代替曲折艰难的理性自悟，从而提高言语交际的质量和效能；其中也包括为提高学龄期儿童的口头言语交际（听、说）和书面言语交际（读、写）的能力而对之进行理性指导，为他们设置一套成系列的最佳言语交际的训练程序；其中还包括让幼托保育员和年轻的父母懂得言语成长的自然规律，以便对自己的学前期的孩子进行自觉的言语教习，从而有可能使本来的以比较纯粹的社会自然传染方式实现的儿童言语习得过程缩短。言语科学的这一总的研究宗旨也就是言语结构的研究目的。言语结构学只是从结构的角度，通过结构考察去认识言语交际的实质，把握言语交际的规律。

与言语结构学的这一研究目的相适应，言语结构学的考察对象是全人类共同的言语交际过程，即从言语发放者一端到言语接收者一端的信息传动过程。在这一过程中，言语媒件处在居中关键地位。而言语媒件又不是一个简单、孤立、静止的信息细胞，而是一个前有“来龙”，后有“去脉”，自身又是一个复杂而有机的运动流体（语流），所以言语媒件的结构网络和结构法则，将是言语结构学的重要组成部分。因为整个言语是一个有机的运动着的流体，所以我们称之为“全程语流有机体”，构成全程语流运动的最小运动细胞，我们称之为“流素”的，是句子（主要是指单句和复句中的单分句。各种复句都可当作“复流素”纳入运动语流分析的范围）。可见，作为语言结构考察的重点和终点的句子，在言语结构考察中恰恰是运动语流的起点。

作为整个言语结构网络的组成环节，对句子内部的结构以及句以下各级成分的结构，包括词语结构，音节结构，乃至于更细小的汉语的声调调频结构、声母发音的成——持——除阻结构和拖韵音流结构等，也将作为言语的超微观结构进入言语结构的内容体系，但在言语结构领域，它们是当作流程调节手段和风格显象手段被置于特定的交际场合和语流环境之中加以考察的。

综上可见，有关言语交际过程和言语媒件的结构系统，丝毫也不会涉及具体的语种或语种变体的结构特点。与用静止描写法整理出来的语言结构所具有的民族性、时间性和地区性相反，言语结构所反映的是全人类言语交际的共同规律，基本上不存在民族性、时间性和地区性，即使有民族风格、时代特征和地区色彩，那也是次要的，局部的，点点滴滴的，微弱的。而另一方面，语言结构舍弃任何社会集团和个人的言语特点，专注于全社会约定俗成的、全民普遍采用的共同结构模式；而在言语结构中，则全民共同遵守的语言结构法则是被当作基础和前提排除在自己的考察领域之外的，社会集团和个人的言语风格，乃至于具体到某一言语交际过程，某一特定的言语媒件，倒都是自己须予考察的课题。可见与语言结构一般不容许有集团、个人的灵活性相反，言语结构偏偏容忍并提倡集团或个人的言语灵活性。同理，专注于全民共同结构模式的语言结构是基本上不区分口头言语和书面言语，尤其是各种不同的言语体式的不同的结构规律的；而言语结构则十分重视对这些不同结构规律之间的区别性特征的研究。

研究语言结构的目的，不仅决定了语言结构研究的对象和范围，同时也规定着语言结构研究的方法和途径。对语言结构研究者来说，任何生动活泼、通情达理的言语作品，都只是一堆静止孤立的、有待分析整理的原始材料，语言结构学就是用静止描写的方法来研究这些材料的。关于语言结构的研究途径，我们可用“抽素成库，不及其余；板式整编，排斥活变”这么十六个字来描写。所谓“抽素成库，不及其余”，就是说它把语流肢解为各级语素（在这里，“语素”泛指构成语流的各级成分），如音素、音节、词素、词儿、词组、句素等，然后将分布在各具体语流，亦即分散在言语海洋当中的同级语素与其有机环境割裂开来（“不及其余”），单独抽取出来（“抽素”），再集中起来构成一个特定的语素库（“成库”）。所谓“板式整编，排斥活变”，就是说它将所收集的各级库存语素机械死板地（“板式”）进行分类整编。在分类整编中，对各级复合语素，则可根据其内部直接成分之间的组合关系，概括出若干种结构类型及其结构法则。而对那些在特定环境下的条件变体和其他例外现象，则一概作为“活变”加以排除，或以附则补充，不将它们编入正则。

言语结构学的研究目的也决定了其研究的方法和途径与语言结构学迥异。语言结构研究的方法论特征是静止、孤立、机械、割裂；而言语结构研究的方法论特征恰恰是运动的、联系的、有机的、完整的，这是因为作为言语结构考察的对象的言语交际过程本身就是运动的过程，作为考察重点的言语媒件本身也是一个运动的流体。言语结构学在考察某一交际过程时，不把这个过程当作一个偶然发生的孤立的过程，而是要把这个过程置于特定的交际背景之下，既要顾及其前因（“来龙”），还要虑及其后果（“去脉”）。言语结构学在对某一言语媒件进行结构考察的时候，也不把这个媒件当作一个绝对孤立、自足、平衡的结构体，而总是要联系媒件发放一端和媒件接收一端所提供的规定条件，即把任何言语媒件都置于特定的交际场合之中来加以考察。言语结构学把任何交际过程和任何全程语流（包括成篇的文章）都看作一个相对完整（不是绝对自足）的有机体。在一个有机体中有一个有机的灵魂和中心，对这一完整有机体进行内析所得的结构单位和部件，都是一个有机结构网络中的有机结构环节或有机组成部分，它们都处在有机整体的有机结构系列的严密规定之中，不允许有随意的离心环节和出格部件。

至于研究途径，从全程语流（篇）到“流素”（句）的结构，因与语种特征关系不大，传统语言结构学不予关心，言语结构学应该根据自己特定的研究目的和方法，开辟一条崭新的研究途径；就是对句以下各级复合语素的内部结构的研究，除了在目的方法上与语言结构学不同外，具体的研究途径，也与语言结构学所循的“抽素成库，不及其余；板式整编，排斥活变”的十六个字截然相反，我们把它仿编成另外十六个字，即“境中看素，注重语流；灵活多变，抓住条件”。

所谓“境中看素，注重语流”，就是说言语结构学也要把语流肢解成各级语素。但它不把任何一个语素从它所处的具体言语环境中抽取出来作孤立的分析，而是要看它在特定语境中的地位和功能。言语结构学把称作“流素”的句子看作是最小的流动细胞，它在本质上是没有自主的个性的。与静态语法分析中的句本位原则不同，与语言学所说的句子是独立完整的表义单位不同，属于言语结构学范畴的流动句法学认为，一个句子的结构和句义只有在语流有机体之中，在语流运动过程当中，才是可识的、明确的；一旦离开了特定的语流，对之作孤立、静止的考察，那么任何句子的结构和句意就会变得不确定。被语言学看作既有词汇意义，又有语法属性的，能够自由运用的语言的最小单位“词”，在言语结构学看来，它仅处在有机结构网络的神经末梢的位置。流动句法学认为词语在句子中的地位和功能（不是指语言学意义上的“词性”和充当什么“句成分”），光是它所处的那个句子自身是无权决定的，而得决定于全程语流，起码也要顾及流段（相当于通常所说的“句群”）对它的规定，言语结构学认为处在特定语流中的词的具体义素内涵、多义词的义项选断，兼类词的词性判别，无不与语流整体有关；这是由于神经末梢是通过神经网络，受神经中枢牵动的，还由于作为流素的句子在语流中也没有独立自主的个性。

所谓“灵活多变，抓住条件”，这是为了与语言结构研究途径中的“板式整编，排斥活变”的原则相区分而特予强调的。以描写语种特点为目的的语言结构研究，要抓具有普遍性的一般规律，这是无可非议的；而言语结构研究则要对为言语交际功能的实现作出了特有贡献的任何言语现象作出切实的分析和讲解，既然活变现象也是言语语流的有机组件，而且往往有其非同一般的独特作用，那么就不能弃之不问，而恰恰应该把研究这些具有独特作用的活变现象看作是自己的分内职责，要从抓活变条件着手，研究出活变用法的规律。传统语法学中的词性活用、代词、省略、倒装等现象，实际上都该是言语活变现象，词性活用是“性变”，代词是“代变”，省略是“省变”，倒装是“序变”，所有这些活变现象都是因语流的特定需要而出现，有语境条件的保证而得以存在的。这些活变现象只有分别经过“还其本性，明其所代，补其所省，复其原序”，然后才可纳入传统语法分析的范畴。

为了便于显示语种的结构特点，大多具体语言学的著作，习惯于分语音、词汇、语法三个方面来描写该语种的结构特点。其知识序列一般都循着从小到大的原则来编排。先是描写语音结构，从最小的音素开始。继而描写词汇，从单词素开始。最后才描写语法结构，从词类开始，中经词组，以句法殿末；如前所述，一般还要延伸到复句和句群。这是具体语言学著作最通常的编排体例。

而为要显示言语结构的有机性、完整性、联系性、运动性的特点和“有合有分，以合为主；从大到小，以大制小”的研究原则，言语结构学的理论系列和知识编排体例，亦将与语言结构学的通常体例相反。言语结构学将首先讨论言语交际过程中的结构问题，然后再专门讨论言语媒件中的结构问题，在讨论言语媒件的结构问题时，先讨论普遍存在于所有言语媒件中的言语结构网络的问题。然后再行讨论各体式的言语结构规律。在讨论言语结构网络时，仍然遵循从大环节到小环节的程序。

综上可见，语言学研究语言结构和言语结构学研究言语结构，由于目的迥然不同，所以它们着意考察的对象和重点实际上也不是同一的，如果硬是说它们都是对言语海洋的考察，那么，至少考察的角度是不同的。值得注意的是，客观存在的语言结构和言语结构本身的属性从某种意义上说倒是恰恰相反的。从以上比较中，我们还可看到，由于目的不同，哪怕是对同一言语成分，如句以下各级成分的结构考察，在方法和途径上，语言结构学和言语结构学也是完全对立的。

从以上的辨析中，我们还可以得到启发：语言有语言的结构，言语有言语的结构，这是客观存在的，其间的明显区别也是客观存在的。近代科学靠机械割分的方法，基本上摸清了语言的结构面貌，而对言语结构的全面的系统的研究，则有赖于有机综合的现代科学的方法，这是比起研究和发现语言结构来要复杂得多、困难得多的课题。只有把言语的结构面貌摸透，才能发现言语的特质和规律，然后，才能去指导人们的言语实践。研究言语的结构确是一个大有作为的广阔天地！

第三部分：言语结构学理论要略

言语科学，是研究人类专备特有的言语功能的，而人类这一神奇功能则是在综合了许许多多本来各不相关的素质和条件的前提下才得以实现的。这里有收发两端非常复杂精巧的生理机制，又有传导过程的物理性能；这里既有社会约定性，又有个人独特性；这里有技术操作，也有艺术创造；这里有理念运筹，也有情愫脉动；这里既可以是纯言语信息的单线流转，又可以是掺拌辅配以身姿神色或图案符号的膨体运行。再说，人类既具备了这一奇特功能，就把它当作万灵宝物，随身携带，随时动用，简直可以说到了“无所不用其极”的地步！人类靠了它，大脑越来越发达，本领越来越高强；而同时，就在这样百无禁忌、毫无休止的使用过程中，它也使自己的性能变得愈益完备，功效变得更加神奇。相互了解的双方的现场交际用它；随着传导工具的多样化，互不相识的双方，又有时空之隔，也可以用它联系；甚至我们不仅能从早已尸骨乌有的远祖那儿接收信息，我们还能发放信息给假想的宇宙人；真空忌气，而它则可寄身于光波而入内漫步，暗室避光，而它又可融体于声浪而入内疾驰；综上可见，言语确是神通广大的怪物，若论性能之完备，功效之神奇，世间万物，恐无有可与伦比者！

考察言语的成因，可以发现许多因子的综合作用，通览言语的功能可以发现有无边的法道综合于它一身。可见言语是一种多机制多功能的综合体，它是世界上综合性最强的怪物。但是，言语的性能毕竟是人赋予的，言语的功用也是在人驾驭下才得以发挥的。所以人最了解言语，人也一定有能力研究言语的特性和规律。尽管像其他研究人类自身功能的科学起步较晚一样，人类对言语的系统研究，似乎至今尚未作为一个中心课题提到科研的日程上来，但零星的研究早已开始，并正在不断取得成果。可以相信，随着现代科学的发展，人们对言语这一怪物的研究兴趣将越来越浓，空前集中的言语研究中心，空前庞大的言语研究队伍，将在世界各国出现。“江山代有才人出，各领风骚数百年。”曾经在近代经典科学——语言学研究中出现的兴旺景象，将转到言语研究中来，并将更加壮观。随着言语研究的逐步拓宽加深，言语科学将成为一个成员济济规模宏大的科学系族，言语科学的研究成果将用很快的速度空前广泛地普及到全社会，敏捷的社会反馈将刺激言语研究突飞猛进。经过全面深透的研究，总有一天，言语这个怪物，将被人们用言语本身描绘得通体透明，其浑身解数，都将被清点条列，于是其“怪物”“神奇”之类的帽子将被摘掉，人们将能高度自觉地、得心应手地驾驭它、使用它，它也将更为俯首帖耳地为人类服务，从而更充分地发挥其作用。

言语科学既然将是一个庞大的科学系族，那么其中将有一些基本成员，也会有许多分支学科，诸如口语交际学，书面交际学，电传交际学、言语生理学、言语心理学、言语社会学、言语鉴赏学、言语体式分类学、文体学、写作学、修辞学、言语风格学、篇章组织学、流段（句群）结构学、流动句法学、言语韵律学、情境语义学、言语病理学、模糊语言学（包括模糊语音学、模糊训诂学、模糊语法学、模糊文字学）等。而本着辩证唯物主义的认识论原理，基于近代科学和现代科学的启示，吸收人类认识、实践的全部经验，我们可以了解到，任何事物的存在都必须取一定的结构方式，结构是一切事物存在的普遍形式。与客观事物之间的类聚性和联系性相适应，事物的结构方式也是类别化的；与客观事物的无限多样性相适应，事物的结构也是无限多样的。一事物区别于它事物的任何特征总要投射到其内在结构或外在结构上来。正因为如此，所以从结构入手是认识对象的通途捷径。结构考察是科学研究的有效方法和建立科学体系的基本根据，结构拆装是变革世界的必经工序。现在我们要研究言语，也就得从结构入手，重结构考察，对言语现象进行逐步逐层的分合拆装，这该是言语研究的基本功夫。在从结构的角度对一般言语现象进行分合考察的基础上建立起来的学问，我们称之为“言语结构学”。言语结构学当是言语学系族中涉面最广，作用最大的基础科学。

言语结构学对言语结构的研究，强调有合有分，以合为主；从大到小，以大制小。坚决反对只分不合，以分为的；从小到大，由小聚大。这就使它在方法论上与近代科学和经典语言学对结构所作的简单的连续分割和机械的层层组合法划清了界限。言语结构学的整套结构考察原则，跟著名的比利时布鲁赛尔学派领袖、一九七七年度诺贝尔奖金获得者、美国全国科学院外籍通讯院士普利高津（I. Prigogine）的耗散结构理论，真可谓异曲同工（该理论认为："一个远离平衡的开放系统，在外界条件的变化达到一定的阈值时，可能从原有的混浊无序的混乱状态，转变为一种在时间上、空间上或功能上的有序状态，形成远离平衡情况下的新的有序结构"）；跟现代系统论所强调的整体有机性原则、相互联系原则、有序性原则和动态原则等，则可以说不谋而合。言语结构学的全套理论是在辩证唯物主义世界观的指导下建立的，它在方法论上完全符合唯物辩证法的精神，同时也正确地吸收和继承了我国古典科学注重有机关系、追求整体协调的优良传统。如果说语言学是由西方近代科学哺育出来的一门风云科学，它对语言结构的精密分析最典型地反映了近代实验科学的一切特点，那么言语结构学则是迎着现代科学的前浪，最早冲破传统语言学的藩篱的未来言语学系族中的先锋科学。

整套言语结构学的理论体系将由两个方面、三个重心和一个关键组成。两个方面是指对言语交际过程的结构考察和对言语媒件的结构考察。三个重心是指关于言语交际过程中的两次结构转换的理论、关于言语媒件的结构网络的理论和关于各种言语体式的结构模式的理论。一个关键是指关于成篇的全程语流有机体的"立体·单线综合结构"理论。

关于言语交际过程的结构考察，将在分别考察了言语发放过程和言语接收过程之后确定。在一个能够正常实现交际效能的言语交际的全过程中，发放一方和接收一方均经历过两回信息结构的转换过程。就发放一方说，第一次结构转换是随着言语意识的产生而出现的耗散结构的形式，即从一个开放的、不平衡的、无序的信息储存库（俗称"生活积累"）中筛选出若干信息，组成一个新的有序结构。一般来说，这个有序的耗散结构基本上是立体型的，同时是比较粗糙的。第二次结构转换则是随着信息发放过程的最终完成而出现的将粗糙的、立体型的言语意识结构转换成严谨的、单线性的言语语流的过程。就接收一方说，第一次结构转换是按照耗散结构原理，通过对线性语流信息的开放性的、不平衡的、无序的、不稳定状态的零星领悟意识的逐步积累，最终整理出一个与发放一方的言语意识大体近似的精密的（不再是粗糙的）立体型结构的领悟意识。第二次结构转换则是循着耗散结构原理的逆程序，将封闭的、平衡的、有序的单线性语流信息和立体型的领悟意识，自由地放入开放的、不平衡的、无序的信息储存仓库。经过对言语交际过程的这样的结构考察，我们可以获得一个科学的认识，即言语交际过程的效能的好坏，就取决于收发双方的历次结构转换过程。这一认识对听说读写的实践，包括对作家的文学创作，都具有莫大的理论阐释和理论指导价值。文艺理论上争论不休的形象思维问题，也将从对信息发放一方的两次结构转换过程的考察中得到启发，而变得容易理解了。

关于言语媒件的结构考察是言语结构学的另一重要的研究方面。这里包括对普遍存在于一切成篇言语作品中的结构现象的考察，我们称之为“媒件结构通论”，这一考察使我们整理出了成体系的言语结构网络。还包括对媒件的分体式专论（详见对言语结构理论的三大重心的介绍）。

言语结构学理论三大重心中的第一个重心，就是指的存在于言语交际全过程中的四次结构转换过程中的当中两次过程，即发放一方将基本上是立体型的、比较粗糙的言语意识，转换成单线性的言语语流的过程，还有接收一方将单线性的言语语流转换成立体型的领悟意识的过程。这是决定听说能力和读写能力的关键环节。前一环节的转换质量和转换速度，标志着一个人的表达能力的高下，后一环节的转换质量和转换速度，则标志着一个人的理解能力的强弱。言语结构学认为，媒件语流有三重属性，第一重属性是纯外在的信号，这是由发放一方的生物能转化过来的定质定量的物理形态，口头语流是声波，书面语流则是光波，这种物理形态又经过接受一方的耳目感应,重新转化为生物能。第二重属性是指外在信号所载负的表面语义。值得注意的是这个表面语义载负并不是言语发放一方赋予的，而是外在信号与接收一方的固有语义常识自然沟通的结果，它带有极大的主观随意性，没有确定的质量标准。第三重属性则是深层意识，这才是言语发放一方所赋予的，本来有确定的质量标准，但经能量转化和结构形式的由立体转为线性，再经过接收一方的智能反馈，包括耳目对信息的接收和中枢神经的反射以及接收一方纯主观的心理感应，这个深层意识的原有质量标准就会发生一定幅度的变异。这种变异可能出现在量的丰富程度上面，也可能存在于质的准确程度上面。对言语的深层意识，收发双方存在着等差率，这是必然的。但可以通过提高发放一方从立体意识转为线性语流这一环节的结构转换能力和提高接收一方从线性语流转为立体型的领悟意识这一环节的结构转换能力这两个途径来缩小这个等差率。我们还可以从对言语媒件的三重性的认识中得到一个重要的启示，即：要提高言语交际的效能，收发双方除了必须严格把握外在信号的绝对准确率之外，发方应将主要精力用于对深层意识的表露，收方则应将主要精力用于对深层意识的捕捉，而切忌满足于对表层语义载负的主观的肤浅了解。立体型的语流深层意识是由很丰富的立体构件组成的，其中质、量、系、序、法五项可算必要的构件，质的统一性、量的规定性、系列的科学性（包括周延性），程序的合理性和方法的佳慧化（包括艺术性），这五项内容也就是构成深层立体意识的五个必要方面。对这五个方面，发放者要作有意识的安排，接收者要自觉地求索。对这五个方面的周密考虑能够大大提高说写的质量和听读的收益，从而也就能大大提高整个言语交际的效能。

第二个重心是关于言语媒件的结构网络的理论。言语结构学认为普遍存在于成篇言语作品中的结构网络，是由两条结构主脉构成的，其一为以篇素为细限的属于

“立体 · 单线综合结构”性质的篇章级结构；另一为以流素为细限的属于线性结构性质的流程结构。这是两条各自为政的脉道[①]，在结构运行中，它们则既可以步调一致（较常），也可以互有龃龉（较少），而最终，它们则共同服从于交际意图这一中心枢纽。在这个结构网络中，还有两条结构细脉，它们是由流程主脉分蘖出来的分细脉和脉梢，一为以句素为细限的语句级结构，一为以词素为细限的词语级结构，它们都是线性结构的微观领域。言语结构学对语句级结构的研究，是流动句法学的组成部分。流动句法学要求言语发放者在构句的时候，把句素中的新素，特别是新展素，尤其是新主展素放在特别引人注目的地位，即使之具备尽可能强烈的“耀眼度”（就书面交际而论）或“刺耳度”（就口头交际而论）；而让旧素、回素和从展素处在次要的、从属的地位，特别是旧素则应视条件许可，尽可能采用代变和省变之类表述方式。流动句法学也相应地要求言语接收者在接收言语信息时，要善于抓新素、展素、特别是主展素，“目治”阅读时，要提高善于捕捉“耀眼度”特强的语素的目光鉴别灵敏度，“耳治”听讲时，要提高善于抓住“刺耳度”特强的语素的听闻鉴别灵敏度；而不要平均用力，更不要把从属的、次要的句素，甚至旧素误认作主展素，以致迷失了方向，不得要领。流动句法学认为，句素中的主展素是语流运动的生命，它决定着语流的主流向。流动句法学的句素功能分类法和句子的流动结构分析法，较之语言学的句成分设置和语言学的静态析句法（不管是成分分析法还是层次分析法），更能有效地指导人们的言语实践。言语结构学对词语级结构的研究，可为情境语义学和认知语义学研究提供成系统的结构根据，而情境语义学和认知语义学对阅读理解的指导作用已是语言词汇学和孤立的词义分析所不能比拟的了。在这个媒件结构网络中，还有两个装饰性的结构环节，一个是综合音律结构，一个是综合书面结构。前者是对言语乐化手段的结构分析，包括平仄声调的谐和，节奏协韵的旋律，双声叠韵连绵词和重言的运用，排比联句的文势效果等。后者是对书面言语的书面辅助手段的结构分析，包括题区款式，行文行款，标点使用，落款格式以及可能出现的其他符号和图案的安置等的结构提示。对书面言语作品来说，这两项装饰性结构环节都值得注意，而对口头言语作品来说，当然只涉及前者。

第三个重心是关于各种言语体式的结构模式的理论。在这一重心里，首先将区分“言语体式”与“文学样式”“文章体裁”“风格语体”等近似概念，指出言语体式是与言语现象共始终的永恒性概念。言语体式理论认为：只要有言语，就有言语的体式，不管是长文还是短话，哪怕是三言两语，都是取一定的言语体式而存在的。语言结构学可分析其结构句型，言语结构学则要辨其结构体式。即使是最简单的一个独词句，语言结构学已无从分析其内部结构，言语结构学还是能从其所处的语境

① 脉道：作者认为，文本的篇章结构和语流结构，有各自的流程（排列次序），是可以区分的脉络通道。

验明其言语体式。“出口成章”是一种技能，“出口成体”则可说是言语的自然规律。言语体式是随交际意图而生，也随交际意图而异的。言语体式的类别是早就客观存在的，对客观存在的言语体式的发现并对之进行分类，这是言语体式学的研究使命。对言语体式的根本分类法，应该是功能标准分类法，言语结构学则可以从结构的角度去描写按功能标准区分出来的各种言语体式的结构特点。将各种言语体式的带有规律性的结构特征加以整理，即可获得各种言语体式的结构模式。言语体式之对于全程语流或成篇言语作品，有如结构预制件之对于整体建筑物。任何短小的或冗长的言语作品，都是由具一定体式的单一的或若干个言语片断有机地组合而成的。言语结构学认为，掌握各种言语体式的结构模式，进行识体辨体训练，是提高言语交际能力，包括提高读写能力的基本功。上文讨论立体型言语深层意识时，作为立体构件之一的“法”，首先是指表述的体式，此外当然还可能含有其他手法技巧。下文将要在讨论篇章级结构理论时谈到要树立五个观念的问题，其中的“体式观念”，就是指在分析各级篇素（详后）时，要同时识别该篇素的表述体式。可见言语体式的理论在言语结构学的理论中是贯彻始终的，占有重要的地位。

言语结构学理论体系中的一个关键理论是关于成篇语流有机体的“立体・单线综合结构”的理论，也就是篇章级结构理论。在这里，我们设立了“篇素”(包括复篇素和单篇素)这个重要概念。在对成篇言语作品进行篇章级的“立体·单线综合结构”研究时，确定以篇素为细限是很必要的，作者（发方）有了这个概念，就可能防止文章内容的贫弱或杂芜，读者有了这个概念，就易于抓住文章的结构脉络。对于篇素，我们还可以按其功能分为内质篇素和表饰篇素。我们还发现，普遍存在于言语作品的大大小小各个环节上的由功能不同的两种成分（篇章级称篇素，以下则各为流素、句素、词素、音素等）所组成的结构的基本类型也是非常简单的，即一为带饰结构，内有三部格和四部格两种基本套路，另一为纯质结构，内含系型和序式两大基本要求。区分功能上完全不同的内质、表饰两种成分和由这两种成分组配而成的带饰和纯质两大结构类型，对读写实践有非常重要的指导作用。篇章级结构理论要求将全文所含篇素整理成一个系列，这一包含全文所有篇素的结构系列，应该既能够揭示出包括质、量、系、序、法等各个方面的立体型的深层意识，又能够反映出线性的全程语流的思路结构。所以这么一个篇素系列，也就是所谓“立体・单线综合结构”。言语结构学要求，不管是发方在进行篇章级“立体・单线综合结构”构思，还是收方在进行篇章级“立体・单线综合结构”分析，都要明确树立五个观念，即有机观念、体式观念、级次观念、关系观念和程序观念。用这五个观念去指导习作构思和阅读分析，能够卓有成效地提高写作构思的质量和阅读分析的能力，同时还能对思维进行严格的训练，以加强思维的逻辑性，提高锐敏度。看到不少的作品赏析文章只能向读者提供作者的赏析结果，而没有传授赏析的过程和方法；更看到语文教学中普遍流行的在深度上止于表面载负，在方法上有机械割裂倾向，在功能上只能为应试教育服务的诸如“段落大意”“篇章结构”“习作提纲”之类东西，深感普及言语结构学关于篇章级结构的理论是何等的必要和亟须。我们的实验性教学已经强有力地证明，这套理论确能很快地、大幅度地提高语文教学和作品赏析的质量。

以上就是言语结构学理论的要目简纲。限于时间、精力和篇幅，致行文缺少阐发，更无例释，日后有机会，将对言语结构学的各条理论原理，作翔实的专题论述。

1981年稿

1985年修订

校定于2013年中秋节

希望人们不要把它看作一种意见，而要看作是一项事业，并相信我们在这里所作的不是为某一宗派或理论奠定基础，而是为人类的福祉和尊严……

——引自弗兰西斯·培根《伟大的复兴》序言

言语结构学导论

——关于创建言语结构学的科学依据、创建过程、创建必要性、可能性以及现实紧迫性的若干理论思考

阮　尉

【题记】

《导论》应该是预备课，它应该与其说是阐述一门科学本身，不如说是指出人们需要做什么事情来尽可能地实现这门科学。

导论的任务不是一上来就是提供现成的结论，而是启发人们去思考；不是阐述一门业已形成的学科，而是去发掘和创造这门科学。

——康德（《未来形而上学导论》）

第一章　科学史在向言语学招手

第一节　一个严峻的问题

在 1995 年末举行的中国修辞学会年会暨国际学术研讨会上，该学会会长，我国资深专家张静教授在会议开幕词中，向与会者尖锐地提出了一个严峻的问题：“为什么索绪尔提出语言与言语分开的理论之后，至今没有人写过言语学或普通言语学教程？”言下之意显然是说言语研究的成果难产得有点出奇，这里面似乎还蕴涵着对言语研究前景的忧虑，乃至是对言语研究这一课题的科学性的根本怀疑。

众所周知，如果接受索绪尔将语言与言语分开的理论，那么修辞学显然属于言

语学的领域，那么修辞学会的研究使命也显然是探索言语的规律。事实上，在中国修辞学会历届年会上，明确标示出以言语研究为命题的论文也不少。如今，这个专事探索言语规律的我国最权威的学术团体的最高领导，竟然在最新的一次年会上暨国际学术研讨会的开幕词中提出这么一个严峻的问题，其口气之重，其用意之深，其影响之大，足以自喻！这一问，不啻向世人告示：言语研究可以休矣！

确实，20 世纪初叶，力主将语言和言语截然区分的索绪尔的著作《普通语言学教程》即已出版，而今，已是世纪之末，怎么未见一部可与这部现代语言学的代表论著媲美或至少相当的现代言语学的代表论著问世呢？——张静教授的责难并不是没有历史根据的，而是以全世界近百年来对言语的试探性研究实践的可悲业绩为基础的。

1.1 难产？死胎？假胎？

其实，早于索绪尔 80 年，在德国天才的语言学家兼政治家威廉·洪堡特（Wilhelm. Von Humboldt，1767—1835）的笔下，即已出现过与“语言”有别的“言语”这个字眼。这位被丹麦语言学家叶斯柏逊誉为“语言学领域里最伟大的思想家之一”，并为举世所公认的普通语言学奠基人，早在其 19 世纪 30 年代后期出版的为《论爪哇岛上的卡维语》一书所写的长达 350 页的导论，亦即他的代表作——《论人类语言结构的差异及其对人类精神发展的影响》一文中，即已持有“语言是无数单个的言语活动的综合投影”的观点[①]。

如果说洪堡特的“言语”一词因未作充分阐释而尚不足以引起语言学界的重视的话，那么经过索绪尔重新提出，并将它与“语言”作对比研究和充分思辨之后，各国语言学界及有关的学术界都已广泛地承认了言语现象的存在，并对它产生了浓厚的研究兴趣，以致形成了这么一种世纪性的局面：“在语言学研究中区分语言和言语，是 20 世纪现代语言学理论和方法论中极为重要的中心问题之一。”[②] 法国心理学家 H. 德拉科劳瓦（H. Delacroix）早在 30 年代即已在索绪尔的基础上进一步区分言语活动（Langage）、语言（langue）、言说（Parker）和言语（Parole）。英国的埃及学者卡尔狄诺（H. Gardiner）在 1933 年于罗马召开的国际语言学大会上作了《论语言和言语的区别》的专题报告。在讨论该专题报告时，著名的丹麦语言学家叶斯柏逊称赞这一区分很有意义，唯恐难以贯彻；德国语言学家奥多（E. Otto）也称赞这一区分（以上资料摘引自方光焘《漫谈语言和言语问题》，见同上）。苏联和我国的语言学家都曾就这一区分问题专门开展连续多年的集中大讨论，其中，有不少文章还就要不要和能不能创建分庭独立于语言学的言语科学的问题进行了激烈的争辩。言语现象，客观存在；“言语”概念，早已问世；言语研究，位居中心——那么究竟为

① 转引自徐志民《欧美语言学简史》，学林出版社 1990 年 3 月版第 55—56 页。

② 方光焘《漫谈语言和言语问题》，见《江海学刊》1962 年 10 月号。

什么至今还看不到一本能得到学术界首肯的像像样样的言语学著作问世呢？坐等数十上百年，未见胎儿下地来，难免让人起疑：莫非言语学这个胎儿已成死胎，甚或一开始就是个没有生命、不会发育的假胎？

1.2 一些“敏感的悬而未决的老问题”

曾记得，张静教授在提出上述严峻问题的同时，还提出了一连串有关的问题，据说“都是些敏感的悬而未决的老问题”。视其“悬”“老”，正需细察，或许从这些内容能发现言语学研究进展迟缓的症结所在。

张教授在转述了人家的主张——“有人说修辞学除了研究语言因素，还要研究非语言因素，因而修辞学应当属于言语或言语交际学”之后，立即问道：“非语言因素包括哪些东西？跟语言的辅助成分是什么关系？语言和言语是一般和个别的关系还是两种不同的东西？言语学或言语交际学与狭义的语用学又是什么关系？”最后提出的就是本节一开始就引用的那个严峻的问题。

读着这一连串的问题，均似曾相识，不由得想起四十多年前在我国语言学界所开展的那场持续三年之久的关于语言言语问题的广泛、细致、深入、激烈的大辩论。细察这一连串的问题，又似有点陌生，特别是其中的某些提法让人感到费解。四十多年前的那场大辩论，虽然有点公说公有理，婆说婆有理的味道，最终在没有形成共识的状态下不了了之，但确实也涌现出一些思路清晰、论证严密、立论独特、见地深刻的好文章。张教授所提的一些所谓“悬而未决的老问题”，在四十多年前涌现的那些好文章中似乎已经给予颇具说服力的解决，并未“悬”着。如果从新的角度或按新的要求重新提出，当然也未尝不可，但如果没有什么新意，搬出一些已经解决的老问题来责难，那就难免有故步自封或守旧倒退之嫌了。

1.3 所谓“超语言的剩余部分”

譬如在讨论言语问题时出现什么“非语言因素”和“语言的辅助成分”之类的提法。苏联心理学家鲁宾斯坦在其《论语言、言语和思维的问题》一文[①]中言简意赅地指出：“言语本身完全是语言的（虽然还不是语言学的）现象”。确实，既为言语，那么可以说它浑身都是语言的因素或成分。所谓“非语言因素”，只能是指语言手段之外的因素，如眼色、表情、身姿、手势、服饰以及其他用以补语言手段之不足的非语言的轻重各异的财物之类，这些非语言因素确常常被用来与语言相辅佐，起着交际作用。所谓“语言的辅助成分”，亦得辨清是“语言内”的还是“语言外”的，若谓是“语言内”的，无非是指音节中的韵头韵尾、构词中的词头词尾或前后缀、语句中的虚词和定状补成分之类，他们在语言中分别与韵腹、词根、实词、主谓宾成分比较，

① 见《语言学译丛》1959年第一期。

被置于辅助的地位,但它们堂堂正正地属于不可或缺的语言成分。若谓“语言外”的,那么大体就是指的上述“非语言因素”。

在20世纪五六十年代之交，我国语言学界开展语言和言语问题大讨论的时候，有许多持有对立观点的语言学家都喜欢引用苏联语言学家A. H.斯米尔尼茨基在其著名论文《语言存在的客观性》[①]中提出的“超语言的剩余部分”这个术语。斯米尔尼茨基说:“在言语（近似德·索绪尔的Langage）中，除了语言本身以外，主要的还有某种剩余部分”，于是，许多人就把斯米尔尼茨基的这句话转化成一个公式:“言语=语言+超语言的剩余部分”或“语言=言语-超语言的剩余部分”。于是乎，言语与语言的区别似乎就在于成分的加减。张静教授的所谓“非语言因素”和“超语言的辅助成分”是不是就是斯米尔尼茨基的“超语言的剩余部分”的翻版呢?

其实,在我们看来,言语与语言的区别根本不在于成分的加减(详见本文第二章),也不在于什么“超语言的剩余部分”的有无。

我们对斯米尔尼茨基所创制的“超语言的剩余部分”这个术语也不敢恭维。我们认为在纯言语（既无其他非语言手段参与或辅佐的交际过程）中，是根本不存在什么“超语言的剩余部分”的,斯米尔尼茨基所列举的三类所谓“超语言的剩余部分”,无一不是属于语言范畴的正常的语言现象。

被列入（甲）类的个人在使用语言时发音上的特点和对个别单词的意义的个人理解，我们认为，只要能完成交际使命的，那是音位、义位、法位所据以建立的位内差异，这不仅是容许的，而且是不可避免的正常的语言现象。如果差异达到了超位的程度,导致误解或不能理解,那么就语言来说,已属不规范（指宽式规范）的性质;就言语来说，成为交际的障碍，同样是不合格的言语。言语怎么能够由这些在语言上不规范、在交际中也不能完成使命的不合格的成分构成呢?

被列入（乙）类的一些言语乐化手段，诸如拟声、双声、叠韵、调平仄、诗词的韵律等，哪一项能够超脱语言中的音节的结构法则？那一项不是在运用通过对语言中语音的分析所获得的、对构成音节的声、韵、调等音素的把握和调配?

被列入（丙）类的所谓表达某一生活领域中的思想的某些言语作品，说它整个儿超出语言范围之外，而语言是一视同仁地为人类活动的各个领域服务的。这（丙）类由于表达或译文不甚清楚，致产生了一些歧解。有人理解为指言语作品，有人理解为指思想内容和意识形态,也有人理解为指言语作品的表达形式。我们认为这（丙）类所指的是为全民使用的共同语所不能容纳的一些行话、帮话、黑话之类，大都是一些词汇现象。如果我们的理解没有错的话，那么这类行业话，阶级同行语本来就属于特异语言现象，根据普通语言学对这类特异现象的研究，认定它们只能是全民共同语的变异，而不是独立的语种，因为其音素、音节构成、基本词汇和语法构造

① 见《语言学论文选译》第五辑，中国科学院语言研究所编，中华书局1958年4月版。

都只能是与全民语言无大差别的，只有一部分普通词汇和反映行帮特异生活内容和行帮思想意识的行帮词汇与全民语言词汇有较大差别。行话、帮话、黑话之类的言语作品就是使用这种特异语言现象产生的。这本身就是一种历来受语言学关注的语言现象，怎么能说它是什么“超语言的剩余部分”呢？至多也只能说它含有“超全民共同语的成分”。又怎么能将这些“超全民共同语的成分”看作言语的特征呢？更怎么能将它的有无作为鉴别言语与非言语的根据呢？即使按通常的理解，若把这（丙）类说成“有些言语作品”，那么不管指表达何种生活领域中的何种思想的哪些言语作品，只要它是用纯语言手段表述的纯言语作品，它就只能“完全是语言的现象”，不可能有什么“超语言的剩余部分”。若把这（丙）类说成是“言语作品的内容”，即思想意识，那么既然这种思想意识已经外化为言语，也就不可能有什么“超语言的剩余部分”。若把这（丙）类说成是“言语作品的形式”，那就更加不会有“超语言的剩余部分”。

如果硬要在言语中寻找“超语言的剩余部分”，我们倒可以把所有言语成分都看作“超语言的剩余部分”，因为绝大多数人在进行言语交际时，从吐字读音到选词构句，几乎无一是自觉地在运用语言的组织法则的。他们中有许多人根本不知道语言法则为何物，即使那些深知语言组织法则的人，在语流如注的正常交际场合，也根本不去追究自己和对方出口或下笔的言辞是否符合语言的组织法则。他们唯一考虑的是如何使自己的表情达意处于最佳状态或如何准确捕捉对方的言下之意，必要时，他们甚至会毫无顾忌地动用或关注其他非语言手段。还是索绪尔说得好：“语言不是说话者的一种功能，它是个人被动地记录下来的产物；它从来不需要什么深思熟虑……”[①]。在另一处，他说得更精彩：“语言的实践不需要深思熟虑，说话者很大程度上并不意识到语言的规律……即使意识到，我们也不应该忘记，语言事实差不多不致引起批评，因为任何民族一般都满意于它所接受的语言。”[②]据此，我们可以说，在言语中根本就不存在语言的影子，或者说，言语里面全都是“超语言的部分”。

当然，我们这样来解释“超语言”这三个字，作为这个术语的创制人的斯米尔尼茨基教授是不可能认可的，因为这种解释与他创制这一术语的本意毫无共同之处。如果循着斯米尔尼茨基创制这一术语的原本思路去寻找言语中的“超语言的剩余部分”，确也不见得一无所获，但绝不是他本人列举的三类。譬如口头言语中的音高、音强、音长、语速的特异处置和连续语流中的超句停顿，又譬如书面言语中的超句标点，落段行款和在版面编排上的特异处置，这些东西倒确实是言语中的“超语言的剩余部分”。若把这些东西说成言语中的“非语言因素”，也未尝不可。若说成“语言的辅助成分”，则嫌欠妥，因为它们原本就不是用来为语言服务的，也不是以“语

① 《普通语言学教程》，商务印书馆 1980 年 11 月版，第 35 页，以下简称《教程》。

② 同上，第 109 页。

言的附加物”的身份出现在言语场上的，而完全是与语言无涉的言语手段。

1.4 既是世界性的，又是世纪性的纠葛和羁绊

此外，张教授所提出的诸如“语言和言语是一般和个别的关系还是两种不同的东西”“言语学或言语交际学与狭义的语用学又是什么关系”之类的问题，在语言和言语问题大讨论中都曾涉及过，记得王维贤教授的《言语三论》[①]曾就这些问题作过较为精深的思辨，虽然对他的某些具体论述我们觉得还不够到位，或不够确切，或不够充分，但是至少他已经相当有力地否定了把语言与言语的关系仅仅归结为一般与个别的关系的论点，也明确地表达了狭义的语用研究不能代替言语研究的思想。由于这些问题我们将在本文第二章中进行充分的论述，所以这里就不再展开了。

苏联学者 Ф. В. 拉扎列夫和 М. К. 特里伏诺娃合著的《认识结构和科学革命》（1980 年）中有一段精辟的忠告可能对我们摆脱这种纠葛和羁绊有启发："现代科学的特点是：它对自己的初始概念和初始假定，即对自己的基础给予特别的注意。”[②]该书的译者前言还有更透彻的阐释："所谓科学革命，实质上绝不是以新的科学知识对原有理论进行补充，或在使原有理论及它的概念体系精确化，而是从根本上改变原有理论体系的基本概念和这些概念赖以作为基础或出发点的那些初始的抽象，即假定和公理等”[③]。

正因为“言语”这个概念最初就是在语言学的著作中出现的（方光焘先生在其发表在《江海学刊》1962 年 10 月号上的《漫谈语言和言语问题》一文中说，新中国成立以后首先使用“言语”这个译名的是心理学者，语言学者只不过沿用了这一译名），纵然是力主将“语言”和“言语”当作“两种绝对不同的东西”加以严格区分的索绪尔[④]的心目中是不是真的准确地透彻地解决了这两个不同东西的划界问题，还有待深究细察（详见本文第二章），后来，在世界各国参与语言和言语问题讨论的，除了少数心理学家和哲学家外，绝大多数都是语言学者，所以在“语言”和“言语”之间出现和存在“剪不断，理还乱”的千丝万缕的纠葛就不足为怪了。

而言语研究要成为一门独立的科学，其基础和出发点就是对“言语”的认识。一旦对“言语”的初始抽象、初始假定和初始公理受到其脱胎之前的原有的语言学理论和概念体系的牵制和干扰，同时还要受到参与讨论和研究的语言学者们的原有思维定式的影响和局限，那么正是这种牵制、干扰、影响、局限注定了言语研究的先天不足和后天失调。言语科学步履维艰，以致从世纪初走到世纪末还在原地踏步，

① 见《杭州大学学报》（人文社科版）1962 年第 1 期。

② 中译本，中国社会科学出版社，1985 年 6 月版，第 44 页。

③ 同上，第 1 页。

④《教程》，第 42 页。

甚至反而露出怯场退堂的神色，是不是与言语科学本身的这种先天不足后天失调有点关系呢？也就是说，时至今日还未见“有人写过言语学或普通言语学教程”是不是正是由于受到语言学的羁绊和语言学者思维定势的限制？

如果我们能严格遵循索绪尔的“两条路（按：指语言研究和言语研究——笔者）不能同时走，我们必须有所选择；他们应该分开走[①]”的恳切告诫，彻底摆脱语言学的羁绊，把言语当作一个全新的认识区间进行独立研究，情形会不会好一点呢？进展会不会快一点呢？

我们承认张静在国际研讨会上的严峻发难是有历史眼光的，经过世界各国语言学者将近一个世纪的不间断的讨论、研究，一本像样的言语学或普通言语学教程还未出世，出现这一世界性的，也是世纪性的怪现象，难免让不少原曾热衷于言语研究的人们沉不住气了，以致打起了退堂鼓：现代科学研究的近百年的历史已经判定——言语与语言，二而一也，似能分却又分不清。言语学与语言学，二而一也，似能离，却也离不开。言语研究可以休矣！还是让语言学“对原有理论进行补充，或者使原有理论及它的概念体系精确化”些算了，让语言学除了研究其固有的范畴——语言的本质、语言的结构和语言的历史之外，再多用点力气研究语言的运用这一新领域吧！这么一来，持续了近一个世纪的语言与言语问题的争论不就可以平息了吗？

1.5 沉住气！铁下心！

不过，且慢！历史并不是单纯的时间概念，而且首先不是指时间的跨度。黑格尔把历史看作合乎规律的上升过程，唯物史观也以历史泛指一切事物的发展过程，也就是说，历史意味着质的飞跃，阶段的演进。用历史的眼光看时间，一个世纪既可以显得非常漫长，也可以说非常短暂，主要看这一个世纪的历史容量。语言学的历史从公元前 4 世纪柏拉图的希腊语法开始，经过近两千年的演进，历经语义学、拉丁语法、理性主义、经验主义、历史比较语言学等许多大的阶段，到 20 世纪初叶，演进到结构语言学阶段，即史称现代语言学的阶段。语言学史进入结构语言学或现代语言学阶段的标志就是号称结构语言学的鼻祖、现代语言学的开创者和 20 世纪语言学之父的德·索绪尔的《普通语言学教程》。“言语”这个概念的确立和“言语”与“语言”的截然区分，正是出现在漫长语言学史中的这部刚出世还不满百岁的现代语言学的奠基性的著作中，这难道是偶然的吗？

负责整理和出版《普通语言学教程》的索绪尔的学生沙·薛施蔼在该书第一版序言中曾回忆和估计道：“缺少‘言语的语言学’这一部分是比较容易感觉到的。他（指索绪尔）曾向第三度讲课的听众许过愿，这方面的研究在以后的讲课中无疑会占有一个光荣的地位。但诺言没有能够实现，原因是大家都很清楚的”。这就是说，这位

① 《教程》第 42 页。

天才的语言学大师，如果不是只活到56岁就英年早逝，他定会投注他的睿智于言语领域的开拓性探索，并定会取得骄人的硕果。一位创一代新风的语言学大师，在晚年，竟然感悟到言语研究的重要，并许诺要亲自投身进去，大师的这一志愿能给我们后代以怎样的启示呢？

在索绪尔区分了“语言”和“言语”之后，关于“语言”和“言语”的区分问题一直成为语言学界关注和讨论的中心之一，世界各国的许多一流的语言学家、心理学家和哲学家都曾积极投入到这一讨论中去，这难道还不足以引起我们的重视吗？

尽管对“言语”的定义至今尚未取得共识，尽管有分量的言语学专著、能基本反映言语规律的言语学理论框架尚未出世，但“言语”这个有别于“语言”的新词已不胫而走，已经越来越广泛地被使用，不仅在语言学、心理学、哲学、文艺理论、计算机科学的论著中频频出现，近来，还在有关文学和语文教学的论著中不断露面，这难道还不能证明“言语”这个概念的生命力吗？

现代科学，刚露端倪，来日方长，“言语”这个概念是被现代科学的前浪冲出水面并推到我们面前来的，如果我们把目光放远些，穿过世纪的屏障，探视一下下个世纪，情形将如何？届时，言语学的胎儿会不会时来运转，日长夜大，终于能呱呱坠地呢？如果我们把目光放得再远些，上溯下延，扫视一下能通古今之变，能以往知来的整部科学史，情形又将如何？言语学会不会踏着科学史的轨迹，作为一朵迟开的奇葩，彪炳于未来的属于综合边缘研究的崭新成果的万类通灵谐适科学（其中包括人类心灵科学）的百花苑中呢？

让我们沉住气，拭目以待！让我们铁下心，孜孜以求！

从20世纪末科学领域呈现的诸多景象来推测，我们可以满怀信心地断言：即将到来的21世纪将具有多重同步的内涵，即除了表示公元纪年的固有含义外，恐怕还兼有一个意思——在宇宙自然史、人类社会史，特别是在科学发展史其中包括言语研究史上，都将开创出一个划时代的新纪元！

第二节　一条依稀可见的科学史轨迹

“疑今者察之古，不知来者视之往”（《管子 · 形势》）。查究一下科学史的轨迹，或许有助于理解言语学姗姗来迟的原因。

2.1 人类文明史中头等重要的课题

人类一旦致力于对自己在科学研究方面所走过的全部历程进行系统的回顾和总

结，从而整理出一部确能显示人类科学发展轨迹，进而能给人以“通古今之变”的启迪的完整的科学史，那么，可以说，我们人类的文明确已达到高度发展的水平。英国皇家学会会员、著名科学史家李约瑟（Joseph Needham）在其系列专著《中国科学技术史》的序言中，开宗明义第一句就是“科学史是人类文明史中一个头等重要的组成部分”。这个“头等”二字用得确不为过。不过，要真正对人类科学探究的实践进行全史程、全地域、全方位（即全科目）的考察，然后梳理出一部能让人“以往知来”的名副其实的科学史，绝非轻而易举之事。20 世纪 20 年代，已有波兰、苏联的一些学者开始关注科学学的研究，这被视为科学史研究的前兆。到 30 年代，波兰学者奥索夫斯卡（Maria Ossowska）和奥索夫斯基（Stanislav Ossowski）夫妇俩的著名论文《科学的科学》问世（1935 年）；紧接着，当时还在哈佛大学攻读博士学位、后来成为哥伦比亚大学教授的美国社会学家默顿（Robert King Merton ）完成了《17 世纪英国的科学、技术与社会》的博士论文；特别是英国固体物理学家贝尔纳（Jonh Desmand Bernal）的后来被称为科学学的奠基性著作的《科学的社会功能》出版(1939 年),人类文明史上这个“头等”高度的阶段才被认为已正式到来。到 60 年代，这方面的论著渐增，许多国家、地区乃至国际性的以“科学史”或“科学学”命名的学术机构和学术会议相继出现，堪称已蔚成气候。

正在经历着十年浩劫的我国科学界，也如梦初醒，急起直追，赶在“文化大革命”结束前夕（1975 年）以“内部”方式翻译出版了李约瑟这位外国学者早在 20 多年前已在剑桥大学出版社公开出版的专门研究我们这个国家的科学技术史的大型专著《中国科学技术史》，并在“文化大革命”刚一结束的 70 年代末赶紧补苴罅漏，也开始了这一落后于世界近半个世纪的“头等重要”的课题的研究。

2.2 有缺陷的科学史研究

不过，从 20 世纪二三十年代开始的关于科学史的研究，是由对科学学的研究热带出来并一直被当作它的一个分支课题来展开的，而科学学的研究热又是在 20 世纪出现了生物化学、生物物理学等交叉学科，从而使得整个自然科学本身日趋专业化和专门化的形势下形成的。这就是说，科学史的研究是由在科学技术方面处于世界遥遥领先地位的西方先进国家出现了一批边缘科学、交叉科学和综合科学这一最现代化的自然科学发展趋势的启示下产生的。

又由于发轫自文艺复兴的欧洲近代科学的辉煌成就确实影响着当今人类生活的几乎一切方面，因而西方科学家们也就理所当然地把它当作科学史的主要考察对象。充其量，再倒溯上去，跳过由于受与科学对立的神学统治、致在自然科学方面几乎没有什么建树的史称“黑暗时代”的中世纪，欧洲近代科学自然寻源到公元前 4—5 世纪以亚里士多德——柏拉图——苏格拉底为代表的古希腊文明，甚至一直可以倒溯到以数的人性化为线索，去探求宇宙（包括自然和社会）和谐的关键的毕达哥拉斯学派，至多再旁及保存了古希腊文明的阿拉伯国家。

这样一种从西方现代自然科学浪潮中获得启迪和灵感，认古希腊文明为科学的总源头，置古希腊之前和大体与古希腊时代不相上下的人类其他文明史迹以及古希腊之后长达千百年的中世纪阶段欧洲之外的人类的科学创造活动于不顾，仅取只有三四百年短暂历史的欧洲近代科学技术的成就为主要考察对象的科学史研究，显然不具备“全史程、全地域、全方位”的条件。它虽然多少能反映出现当代和未来科学的发展走向，也对近代科学所崇尚的机械唯析方法有一定的反思，但是，这样的科学史研究不可避免地带有些根本性的弱点：首先，对以整化思维为基本特征的古代的特别是东方的科学文明未予重视；其次，对哲学、人文、社会科学，包括原发性宗教中的科学含金量有所忽视，同时也轻视了哲学、社会科学与自然科学之间的相互影响；再次，对近代科学重视有加，对近代科学所使用的唯析方法的弊端清算得不够彻底；最后，对现代科学的走向只是有所发现，有所反映，而未能在看清科学全史的发展轨迹的基础上，以理性的推导来有力地论证这一走向的必然性。要靠这样有缺陷的科学史收到能“通古今之变”“以往知来”的效果当然是困难的。言语学在科学史上本来就名不见经传，要想从这样的科学史中寻找言语学姗姗来迟的原因，更是徒劳的。

要真正地整理出一套人类的科学史，从而让人摸到一条清晰的科学史轨迹，并能预断未来科学的发展趋势，进而论证言语学必将在21世纪登堂入室、大放异彩，恐怕得具备三个条件：第一，建立恰当的科学质性观；第二，全面充分地占有有关史料；第三，在方法论上，要改变光作消极反映和单纯归纳的陋习，而应该让哲学的演绎参与其中。

2.2.1 关于科学质性观

关于建立恰当的科学质性观，也就是先要确定究竟什么东西算是人类的科学活动、科学研究及其成果——科学。应该将所有符合这一性质的活动、探索及其成果，包括暂无可观成果，但却有潜在的科学价值的研究课题都毫不遗漏地列入科学史的考察对象，而把不合乎这一性质的成分摒弃掉。这个性质要定得恰当。过于宽泛，会使轨迹模糊；过于严紧，致造成重大遗漏，又会使科学史的轨迹难以连贯和圆合。

关于科学的质性，《现代汉语词典》的定义是“反映自然、社会、思维等的客观规律的分科的知识体系”。这是最有代表性的表述，其他繁简不一的表达均与此大同小异。从这类定义的表述中，至少可以提出两个带根本性的、在划定科学史的考察范围时极有现实性的问题：一个是内容的类属问题或者说是外延中的划类问题；一个是内容的质量要求问题，或者说是内涵的标尺问题。

（1）分科说质疑

所谓内容类属问题，首先要搞清的是拿“分科知识体系”作为判别所有科学在其内容归属上的总根据，这是否合适？有必要指出，我们现在观念中的分科，只是一个历史的概念，而且基本上是一个近代的概念，它成型于近代，恐怕基本上也只能正寝于近代。人类的全程科学史怎能仅据近代数百年中形成的分科观念将古代的混沌、整化研究和现当代的以及未来将大显神威的边缘综合研究排除在科学知识体系的范围之外呢？

更何况即使仅就近代的科学实践而论，近代的科学分类法也难以将业已分化出来的2000多门学科都确切地划归到几个基本类别中去而做到包罗无遗，更不去说近代的科学分类法本身还有三分法和五分法之争以及五分法中还有类目和序列之争。

就拿近代科学中在唯析方法的运用上处于领先地位甚至可以说对其他科学有示范作用的语言学来说，究竟属于自然科学还是社会科学，本来就有争论。总不能因其归属难定就不承认它是科学吧？

又如如何对待技术和技术科学的问题也是一个分类归属中的棘手问题。

“技术”这种界乎或者说两属于操作技能和经验知识的东西，虽然实际上起源于古代的生产实践，但据《简明不列颠百科全书》所载，它最早被当作一个概念提出还是在近代17世纪的英国，当时的含义也仅指各种应用技艺。直到20世纪初，也只是扩大到涉及工具、机器及其使用方法和过程，远没有取得科学的资格。只是到了20世纪的后半叶，鉴于人们越来越意识到技术的巨大能量有时竟能位居人类所处的宇宙、自然、社会和技术四大环境因素之首，才开始被定义为“人类改变或控制客观环境的手段或活动”。即使这样，技术依然是一种“手段”或“活动”，还没有被戴上以成体系的知识为标志的科学的桂冠。当然，鉴于人们日益认识到一些作用广泛、能量巨大的技术已经渐渐与工匠农作的经验性积累离异，而与有着深厚的数理底蕴的预测、指导性的科学联姻，它们或以科学为坚实基础，或直接成为科学的应用（如有悠久传统的工程学科、农业学科和一些最先进的、能量特别巨大的空间计算机和自动化等现代科学），才被拥进了“技术科学”的殿堂。

可见，置技术科学于科学的基本类目当中，是有着严格的限制的，甚至还是一个大可争议的问题，不仅自然、社会、思维三大分科类别中没有它的位置，即使是前述的第一种最有影响的五大分科体系（自然科学、社会科学、思维科学、数学、哲学）也把它排除在外。

至于至今尚处在胎动待产期中的言语学，待它落地之后能不能在现行的科学分类体系中找到适当的位置，那就更难说了。

(2) 反映规律说质疑

所谓内涵标尺问题，首先就是能不能把反映客观规律作为科学的标尺问题。

初看起来，这似乎是一个不成问题的问题，深究下去，这却是一个大成问题的问题。

如果我们对这个问题作肯定的回答，那么接踵而来的就将是如何鉴别其所发现或反映的究竟是不是“客观规律”的问题。或许我们可以斩钉截铁地回答：让实践去检验和鉴别。但须知，实践是一个无止境的过程，它永远是一种不完全的归纳，再一致的实践结果也难防什么时候跳出个“例外”。马克思主义承认有绝对真理，但我们永远只能用现实诸多相对真理去逼近它，任何人任何时候都没有资格宣称自己已经掌握了绝对真理。对真正的“客观规律”，我们恐怕也只能作如是观。我们只能说任何属于科学性质的活动、考察和研究，主观上都旨在认识事物在相对静止状态下的本质，并探求其在绝对运动中的规律；我们还可以说，科学探索的任何积极成果总是在一定程度上逼近事物的本质和规律。但是如果把发现或反映客观规律定作取得科学资格的必要条件甚至前提，那么势将把许多一时甚或在相当长时期内难以作出中肯评判的研究屏除在科学的行列之外。

(3) 逻辑主义不可取

其次，在讨论科学的内涵标尺问题时，还必须对现代哲学中最有影响的逻辑主义学派的观点给予毫不含糊的否定。这一学派的代表人物奥地利出生的英国哲学家波普尔（Karl Popper,1902—）的科学史观是:“旧理论不断被证伪而为新理论所代替”。按照这种逻辑，只有最新的理论可暂时被确认为正确的科学，一切被它取代的在它之前的探索和研究成果都只能被判为伪科学,而被从科学史册上开除出去。准此原则，那么科学史的研究很可能陷入科学虚无主义的泥坑。

我国晚清思想家兼史学家魏源（1794—1875）说得好:“执古以绳今，是为诬今；执今以律古，是为诬古。”（《默觚 · 治篇五》）；《简明不列颠百科全书》在“科学史”条文下也有一句比逻辑主义科学史观高明得多的话：“科学思想是环境的产物，研究不同时代的科学思想，应避免从现代的观点出发，而需力求确切以当时的概念体系为背景”。

(4) 科学进化论不足信

再次，在讨论科学的内涵标尺问题时，我们还须对科学进化论的糊涂观念作必要的澄清。有必要指出，进化论的观点远不是放诸四海而皆准的。一般来说，一个纯粹的自组织系统，的确会在运动中不断进化、渐趋完善。但是一个纯粹由人们意识支配的和由人为因素构成的意组织系统，或者一个掺入了意组织成分的自组织系统，那么，进化和退化，完善和破败的可能性都是机会均等地存在的。

很难说如今的参与诸多人为因素的宇宙系统、地球的自然环境系统一定都是今优于昔。众所周知，臭氧层变薄、荒漠化、生态失衡、环境污染等问题正在给人类带来深重的忧虑。

而以意组织系统为主，同时又保存有相当大量（显然在日趋减少）的自组织成分的社会的衍变，本着对人类的聪明和良知的信任，基于对正常实践自会不断成熟和优化的认同，从宏观上、总体上说，我们可以肯定它是沿着不断进步、不断上升的近乎螺旋式的行程（绝不是直线式的）在发展的，但这并不排斥在微观上，就某些具体的历史程段来说，可能会处于停滞不前甚至倒退复古的状态。

至于科学事业，这完全是一个纯而又纯的意组织世界。每一门科学、每一种科学著作，都是一个意组织系统，对任何一个时期的任何一个科学成果的评价，这又是一个纯而又纯的意组织系统。由于意组织系统带有极大的主观随意性，所以，要评价某个意组织系统的是非优劣，将是特别困难的。即使是对同题研究的先后两部科学著作，要评价它们孰伯孰仲，也是不容易的，而且只能是相对的。在这里搬用逻辑主义或进化论来裁断今是昨非或后正前误都是欠郑重的。

在语言学界和语文学界普遍盛行着一种说法，即把古代的语文学说成是语言学的非科学前身，语言学是古代语文学的科学发展。其实，这是很荒谬的。因为语文学和语言学根本就不是同题研究，怎么能把语言学说成是语文学的科学化呢（对此下一章将有专题论辩）！

事实上，古代存留下来的一些科学之谜，历经数千年，直到科学技术高度发达的现代，竟都未能破译，这就充分说明，现代人的聪明才智不见得就超过古代人。

在人文科学方面，特别是哲学方面，情况更是如此。也就是说，自从自然科学从科学的母体中分立出来以后，它的衍化过程与哲学社会科学，特别是其中的人文学科的衍化进程不见得是同步的。在自然科学领域，今非昔比的大踏步进展是明显的，但在哲学社会科学特别是人文科学方面，今昔对比的情况就相当复杂，绝不可一概而论。

（5）可否将科学的内涵尺度放宽些

在否定了“反映规律说”、逻辑主义和科学进化论之后，关于科学的内涵标尺问题，也谈谈我们的看法。我们认为人类在度过了漫长的蛮荒时期之后，生产力的发展带来了社会分工，有一部分社会成员已有条件摆脱原始的、粗重的体力劳动，试图用抽象的思维去认识某些事物乃至所有事物在相对静止状态下的属性，并发现其在绝对运动状态中的变化规律。应该承认，凡是摆脱了体力劳动，又不是停留在劳作经验的传授，而是运用抽象思维确在进行旨在认识事物的本质和发现事物的衍变规律的诚实探索，那么不管其探索所得的丰歉，也不管其研究方法和探索途径的正误优劣，更不管其认识结论的深度和准确度，都应该属于科学活动。对这类活动的任何形式的记录、表述和流传，都应该承认是科学，都应该载入科学史册。

准乎此，考察自然的是科学，研究社会的也是科学，探索人的生命现象的当然也该是科学；析化实验是科学，整体把握也是科学，在分析的基础上综合当然更该是科学；西医是科学，中医是科学，甚至神秘的气功理论，哪怕是巫医也不见得就没有一点科学；唯物的哲学是科学，唯心的哲学也不能粗暴地加以扼杀；辩证的方法是科学研究的方法，形而上学也不见得就不是科学的研究方法；归纳推理、演绎推理、类比推理、关系推理，都是抽象思维用于科学研究的有效推理。

准乎此，我国先秦以孔子为代表的儒家，以老庄为代表的道家，以墨翟为代表的墨家，以惠施、公孙龙为代表的名家，以申不害、商鞅、韩非为代表的法家，乃至以邹衍为代表的阴阳家以及其他诸子百家，无不都是哲学、社会科学的流派。

准乎此，即使是与科学对立的宗教，特别是那些原始性宗教，与其把它们看作科学的对立面，倒不如如实地将它们看作人类在幼年期的科学尝试，而且应该看到在许多宗教中都会有连我们现代科学家都无法否定的一些属于哲学、社会学、伦理学、心理学、医学、天文学等科学的闪光成分。

尤其有必要提醒我们现代人注意的是，对科研成果的评价，不宜操之过急，现炒现卖、趁热打铁等方法和原则最容易制造科学错案。在中外历史上不乏其例的，正是一些天才的科学家、一些超前的科学结论，在其所在的当代却受到歧视、打击，甚至其提出者惨遭杀害。

在这里引用一下全世界诺贝尔奖获奖者在《巴黎宣言》中说的一句意味深长的话是很有必要的。1988 年 1 月，全世界 75 位诺贝尔奖获得者在巴黎聚会，会议最后发出了一份宣言，其中说道:“如果人类要在 21 世纪生存下去，就必须回到 2500 年前，去吸取孔夫子的智慧”。人们可以从这句话中得到的启悟是多方面的，我们想在这里强调的只是对科学的时间效用的认识问题。当代科学门类中一些最杰出的科学家们居然要从公元前的上古时代的哲人那儿寻找智慧，以求得人类在未来新世纪的生存，那么我们有什么权力对往昔的科学成果作武断性的证伪呢？

无独有偶,《简明不列颠百科全书》(中国大百科全书出版社 1985 年 10 月版)“科学史条”一开始就断言：“科学史一直是关于知识不断积累以及科学战胜无知和迷信的成功的历程的记述”，然后紧接着又加上一句“但是”以表示自己对上述断语的怀疑：“不过近年来科学发展面临的道德问题、外部力量的影响和干预、不可控制的技术进步的危险性等问题要求对科学发展重新评价”，可见要对科学和科学发展作出评价，要正确描述科学史的轨迹可绝非易事。

总之，要确立恰当的科学质性观，不外乎解决好科学与非科学的外延划界问题和对各种科学成果的内涵的价值评估问题，而当前的科学史研究恰恰没有解决好这两个问题。在划界问题上，一方面受唯析主义观念的支配，同时仅立足于自然科学，以致未把该属界内的大量科学现象、科学活动和科学成果划到自己的考察范围之内，从而犯了以偏概全的错误；而另一方面，当把技术科学收进科学史的考察范围时，又缺少严格而又明确的限制，致易犯扩大化的毛病。在评估问题上，由于不恰当地强调了“反映规律”说以及对进化论和逻辑主义的迷信和滥用，持论过于绝对化，致使科学史研究陷入科学虚无主义的尴尬境地而不自觉。

2.2.2 关于史料

要真正科学地整理出一套人类的科学史，从而让人摸到一条清晰的科学史轨迹，除了首先应建立恰当的科学质性观，还必须尽可能全面、充分地占有史料，亦即对人类的科学实践进行全史程、全地域、全方位的考察，切忌一叶蔽目。

（1）全史程

所谓“全史程”，就是说科学史的研究必须在全面考察了所有凡有文字符号记录，或有完整的著述表述，或有成型的实物流传的经由思维探索出来的纯意组织系统，及在所有科学研究的基础上进行。它应该上起人类摆脱蛮荒时期之后的可谓科学探索的萌发期的探索成果，下讫当代的一些影响科学发展前景的潜科学、未来科学的研究成果。对照这样的要求，现行的科学史的研究所考察的对象显然太狭窄了。

在上溯科学的源头时，如果仅止于古希腊文明时代的亚里士多德——柏拉图——苏格拉底，那么比苏格拉底早一千多年的代表爱琴海地区的克里特文化的米诺斯国王的神秘的地下迷宫，比地下迷宫更早两千多年的以苏美尔、巴比伦为代表的史称两河流域（幼发拉底河和底格里斯河）的文化，比两河流域文明再早过一二千年的著名的东北非古埃及文明，都将被排斥在科学史的考察范围之外。

至于被二千三百多年前古希腊哲人柏拉图描写过，且已为近二三十年来的考古发现发掘所证明的在柏拉图之前九千年即已存在的，早已沉没于大西洋底的大西洲的文明，那就更不会得到当前的科学史家们的垂顾了。可是仅据 1979 年美法两国调查队对大西洋百慕大三角的考察，却已惊人地发现，这里竟有一座比古埃及最大的金字塔还要大的金字塔。考古学家们推断其建筑年代，恐怕比古埃及的金字塔还要早出五六千年！

相信考古发现还将继续向我们提供我们迄今为止尚一无所知的人类远古祖先所创造的科学文明的崭新信息，其中或许还有比大西洲文明更早的文明。

至于未来的科学文明，那将更加辉煌璀璨，人类的认识和创造潜能将得到越来越充分的开发，以往在格物明智方面的误区将得到矫正，盲区将得到逐步的扫除，在开拓创造方面，将有一批综合性很强的新学科和新活体应运而生。

我们的科学史家应该像19世纪中期的俄国化学家门捷列夫所绘制的元素周期表能为尚未发现的化学元素留下位置那样，为至今尚未发现但却可能存在过的文明古迹留出可容纳的空间，并为未来科学文明的灿烂前景绘下一张颇有预见性的草图，就像马克思主义的社会发展史学说已为未来的共产主义社会绘制出极有吸引力的蓝图一样。

综上可见，现行的科学史研究离“全史程”考察的要求实在太远了。

我们相信，在一部能包容古往今来的全史程中的一切科学现象的科学史册里，一定能找到言语学的身影。

（2）全地域

所谓“全地域”，即是说人类科学史的研究应该汇总全地球各个地区在科学研究方面的状况和成就。

我们并不否认，就近现代而论，欧美地区在科学技术方面处于领先地位，科学成就众多且卓越，对全人类的影响特大。我们也注意到世界各个地区在文明发展过程中除各有自己的道路、进程和特点之外，还有一些似乎蕴含着规律性程序的非同源共振甚至同步现象。如各个地区的早期文明首先表现在农业、历法、手工业、建筑、远航、征战、宗教、哲学等方面。又如人类文明早发的几个地域，都大体同时各自创制了由图案花纹衍化而成的各种文字。还如几乎各个文明早发地区都出现过语录体的哲学著作和史诗性的长篇诗歌。甚至，在中国的孔子提倡中庸之道认为“过犹不及”之后仅一个多世纪，从被誉为“古代世界的黑格尔”和“最博学的人物”（恩格斯语）的古希腊哲学家亚里士多德的嘴里竟也讲出“过度和不足乃是恶行的特性而中庸则是美德的特性”这种与孔子思想如出一辙的话语。这类非同源的共振同步现象似乎能为只抓典型不及其余的撰史者提供偷工减料的理由，但是我们认为，一部认真负责、严肃踏实的人类科学史，应该对一切非同源的科学史迹进行尽可能广泛、充分的搜集和考察。

特别是对公认的世界文明的四个摇篮，即地处尼罗河畔的古埃及、地处两河流域的苏美尔和巴比伦、地处印度河和恒河流域的古印度以及地处黄河、长江流域的我们中华民族，应该做到无一遗漏。至于中世纪的漫长岁月，在欧洲，由于封建神学的深重统治，人的创造精神受到压抑，故而科学技术方面很少有什么进展，但是世界其他地区的科学状况不见得都与欧洲一个样，如我国在这个时期就有一些科学含金量较高的技术发明，应该让它们在科学史上占有光荣的地位。

（3）全方位

所谓“全方位”，即是说人类科学史的研究应该以对所有科学门类的全面考察为前提。

随着人类认识能力和科研水平的提高，科学门类越来越多，越来越细，特别是社会科学和自然科学似乎成了互相完全割裂的两大科学门类。但是，事实上，任何一个科学门类，都或多或少地受到社会制度和社会意识形态的滋润和制约，尤其要受到哲学思潮的深刻影响。人类科学史的研究不仅要个别地考察每一门科学从产生、发展到成熟、成就的历史过程，而且还得对各门科学的发展过程进行比较研究和关系研究，特别要注意哲学社会科学与自然科学之间的相互影响，从而获得一些综合的认识，以便为描写科学史的轨迹提供尽可能全面、充分的根据。

现行的科学史研究却将哲学、社会科学的演进状况完全排除在科学史的研究领域之外，想光是通过自然科学领域的孤立考察就编撰出一部科学史来，其实这样编出来的科学史即使称为自然科学史也还是比较浅陋的，很难反映出科学发展的规律。

2.2.3 关于研究方法

此外，任何历史的研究要能达到发现规律、“通古今之变”的境界，除了必须以在内涵上确立合适的科学质性观为前提，以在外延上占有全史程、全地域和全方位的史料为基础之外，还得讲求研究的方法，即除了尽可能广泛地搜集合格的史料进行归纳之外，还得在很大的程度上借助于演绎的方法。这不光是因为对发现规律具有相当重要价值的史前和未来的材料无法到手，也不光是因为即使有印迹留存在世界上，只要下功夫完全可稽可考的史料也是无法穷尽的，而且更为重要的是因为一个历史工作者，他所掌握的史料再多再完全，如果不善于进行演绎的和辨证的思考，那么只能成为史料的奴隶，甚至面对众多的史料都无法进行科学的梳理，更难产生规律性的感悟。

韩愈说：“人不通古今，马牛而襟裾”（《符读书城南》），班固说：“唯有道者能以往知来”（《汉书·京房传》）。只有不完全归纳而无演绎的科学史研究，其离能“通古今之变”“以往知来”的“道者”不亦远乎？

历史研究中的方法论问题，不仅在社会发展史的研究中至为重要，应该说，自然史、科学史的研究也概莫能外。

笔者对科学史并没有什么研究，连搜集科学史料的工作也没有做过，单凭平时无意中积存的极为有限印象，本着对古代道士陈抟按《易》意绘制的无极图中所包含的深邃而丰富的哲理的信仰，主要致力于演绎的和辩证的思考，不仅对时下科学史研究感到多有缺陷，而且还似乎依稀可见尽管很粗疏但自以为能“通古今之变”、能“以往知来”的人类科学史的发展轨迹，现不揣浅陋，表列如下，以就教于方家和读者。

历史阶段	时代精神	研究方法	科学门类
远古发蒙时期	信仰神秘力量 甘受宿命主宰	天命、混沌	宗教玄学经义泛滥
古代文明时期	崇尚天人合一 迷信物我相通 *	整化、彻悟	人文意性科学早发
近现代文明时期	主张个性解放 鼓吹人定胜天	分析、实验	自然物性科学登峰
未来文明时期	重视生态平衡 要求回归自然	边缘、综合	万类通灵谐适科学兴起

*“天人合一”“物我相通”之类提法虽出于我国和东方，但其实，西方古代也出现过类似的神秘主义哲学。如公元3—5世纪以阿蒙尼阿斯·萨卡斯及其学生普罗提诺为代表的新柏拉图派和中世纪颇为盛行的神智学，就竭力鼓吹过与我国的“天人合一”有如异曲同工的“神人合一”。又如从古希腊米利都派即已萌芽的物活论，亦即万物有生论，则与我国古代的物我通灵说更有许多极其相似的观点。这些或许都是科学史上带有某种规律性的自发的学术共振现象。

第三节　言语学姗姗来迟的原因探秘

3.1 方与圆之间

所谓“阴阳鱼”，是被道教用作自己的标志的太极图中两个相对的图案的俗称。传说这个图案源于唐五代末北宋初道士陈抟承《易》意绘制的无极图。在长方形的科学史轨迹表中怎能看到圆形的太极图中的一对图案呢？又怎能看到这一对死的图案在科学史的长河中“游动”呢？这一对阴阳鱼的游动更与言语学姗姗来迟的原因有什么关系呢？

关于无极图、太极图，从名称、来源、作者，到图形释义，各种说法甚多，我们无意在这里作比较评说。作为道教的标志的太极图的象征意义，笔者简单地理解为：外圆堪称太极圈，是宇宙万物的始和终，表示无限的、无穷的、永恒的运动。内面俗称阴阳鱼，是宇宙万物的众意象，表示一切的事物都在阴阳的矛盾、冲突、谐和、平衡中运动变化。由外圆和内面的意象图案所提供的表示万物的始、终及其中程涨落衍进的这两大信息，可以说是对一切运动过程的最普遍、最生动的概括。

方形的科学史轨迹表所提供的也正是关于整个科学史的始、终和中程变迁这两个方面的基本信息。方和圆只是表述方式不同，其所要传达的关于人类科学史的乃至永恒运动的宇宙和万物的肇始、归宿和演变过程的信息，则可以是完全共同的，这一点，与马克思主义的唯物辩证法也是相通的。

3.2 “始终合一”凡悟

《礼记·大学》说：“物有本末，事有始终”。《老子》二章说：“有无相生”，亦即其始也，“有”生于“无”；其终也，“无”生于“有”。可见宇宙之始和终均归于“无”。所谓“无”，即指太虚，与佛教所尊崇的最高修养——空灵，如出一辙，亦可谓未分天地阴阳、混沌为一的元气。故苏轼说：“始终得其正，天下合于一”（《后正统论三首·辩论》）。粗言之，“太极”“太虚”“太乙”“太一”“无极”“无无”“元气”，这些都是对老子所说的“道生一”的不同角度的表述。周敦颐在其《太极图说》中说得最为简明透彻：“原始反终，故知生死之说。大哉易也，斯其至矣”。对周敦颐《太极图说》中说的“无极而太极”句，朱熹说得很明白“上天之载，无声无臭，而实造化之枢纽，品汇之根柢也”。故曰：“‘无极而太极’，非‘太极之外复有无极也’。”朱熹的理解与周敦颐把“无极”界定为“道体之本原”，以及对这个“本原”所作的描写——“宇宙本体无味无臭，无声无色，无始无终，而吾心寂然无思，万善未发，亦是无极也”——基本上是一致的。《老子·二十八》说的“常德不忒，复归于无极”；《庄子·逍遥游》说的“犹河汉而无极也”；《淮南子·泰族训》所说的“达乎无上，至乎无下，运乎无极，翔乎无形”；以及《荀子·修身》说的“将以穷无穷，逐无极与？”都用到“无极”的提法，尤以《列子·汤问》说得最为充分：“然无极之外，复无无极。无尽之中，复无无尽。无极复无无极，无尽复无无尽。朕以是知无极无尽也。”在这些用法中，“无极”与“无穷”“无尽”都是相同的可替换词语，既可指抽象的境界，也可指具体的时空，因其无声无色无臭无味无始无终无形而虚得让人无从感知；又因其无无归的元气而让人感到无所不在。

谓宇宙之始也，西汉王充说：“元气未分，混沌为一”（《论衡·谈天》）；班固则说：“太极之源，两仪始分”。先哲们的诸般表述都超不出宇宙万物之始均经过先无后有、先合后分、先一后二这一最基本的过程。

谓宇宙之终也，《诗经》中的“靡不有初，鲜克有终”（《诗·大雅·荡》），显然是抨击昏王无道，不是谈的自然哲理。唯最近报载：英国著名物理学家斯蒂芬·霍金与其合作者、英国剑桥大学数学物理教授图罗克对宇宙的起源和归宿问题，提出了一个最新的解释，即根据“开放暴胀”理论，认为宇宙最初的模样像一个豌豆大小的物体，悬浮于一片没有时间的真空里，在“大爆炸”前的瞬间，经历了被称为“暴胀”的极其快速的膨胀过程。根据“开放暴胀”理论，他们推断，宇宙将无限地膨胀下去，而不是像一些天文学家所认为的，膨胀到一定的程度后会在引力的作用下收缩。但是，一些专家认为，霍金的新理论，完全是按照物理学定律纯理论推算的结果，它是否揭示了宇宙的本质还有待于实际观测的考验。报道还透露："暴胀"理论权威之一、俄罗斯物理学家林德对霍金等的理论提出了批评。林德称，"宇宙自始至终存在，试图发现一个起点和所谓的终点是没有意义的"[①]。

对霍金与林德之争，孰是孰非，我们不敢妄评，但我们注意到，以相对论和量子力学为标志的、以对亚原子领域的研究为主要突破口的现代物理学已发现，就亚原子领域的实际来看，牛顿以来的经典物理学的理论的真理性和经典物理学的实验观测的可靠性都已越来越可怀疑，倒是古代东方神秘主义的一些主要靠思考和感悟得出的哲理性结论更切合宇宙万物，也包括亚原子领域的实际。

按东方神秘主义的哲学观，终与始应该是一个螺旋式的循回。不仅周敦颐《太极图说》所说的"原始反终，故知生死之说"和苏轼所说的"始终得其正，天下合于一"，与《易·系辞下》中的"天下同归而殊涂（途）"的观点完全一致，而且相传《周易》之前的古《易》中即有"归藏"之说（意为万物莫不归藏于以纯坤为首的大地——笔者识）;《列子·汤问》中还有"归墟"之说（谓"渤海之东，不知几亿万里，有大壑焉，实惟无底之谷，其下无底，名曰"归墟"，意指众水之所归——笔者识）；此外还有早在先秦《左传》中即已出现的"归真返璞"之类的提法，实质上都是"殊途同归"的翻版。

《红楼梦》第22回里说的"赤条条来去无牵挂"，说的也正是始终两个端面的通常境况，即都是空、无、"合于一"也；与此类似的关于人生的理解，如《晏子春秋》外篇七之二所说的"生之有死，天之分也"；李白也说过"苍天变化谁料得，万事反复何所无"(《杜鹃行》)，也反映出诸多事程的始终反复交替的规律性现象。我们所熟知的马克思主义的社会发展史观中也有始于原始共产主义、终于高级共产主义的螺旋式上升反复的过程。

根据我们的凡悟俗解，道教太极图的外圈，我们称之为"太极圈"的，正表示着无限、无穷、永恒循环运动的宇宙和万物的始和终，佛教的空灵图，也正是去除了复杂的众相衍化，而仅表肇始和终归的理念的图案。可见，按东方古代的哲理，始和终是相通的。

我们所绘制的科学史的轨迹表中，"远古发蒙时期"和"未来文明时期"，正可分别标志科学史的"始"和"终"两个程段。试对比这两个程段的时代精神、研究方法和科学门类，恰恰都有相通合一的关系。回顾我们人类对自己所处的客观世界的认识，确曾经历过这样一个有趣的过程，即由简朴，经复杂，而再达简洁；由粗糙，经精细，而再达粗放；由浅陋，经深刻，而再达浅显；由迷蒙，经透彻，而再达模糊。

① 见《文汇报》1998年2月25日第三版"科技快讯栏"记者毛磊的报道《霍金提出新的理论——宇宙有始而无终》。

也就是说，在初始阶段，这种认识是简朴、粗糙、浅陋、迷蒙的，这相当于史迹表中的远古发蒙时期（就研究方法而论，还包括部分古代文明时期）。中途经历过相当复杂、精细、深刻、透彻的阶段，史迹表中的近现代文明时期是这个阶段的典型（这个阶段可以延续到20世纪经典物理学家们向亚原子粒子领域发起冲刺的时候）。最终达到简洁、粗放、浅显、模糊的境界，则是指有量子理论和相对论的问世发端的当代和未来文明时期（这个时期现在还刚刚开始）。初始阶段的认识——简朴、粗糙、浅陋、迷蒙与终了阶段的认识——简洁、粗放、浅显、模糊，何其相似乃尔！

3.2.1 人类掌握（认知）世界的方式及其衍进

科学起源于并始终环绕着人类以其自己的智慧、运用思维的机制（包括直感体悟和逻辑推理）、对自己所处的、包括自身在内的整个客观世界的把握。马克思在《政治经济学批判导言》中所说的人把握世界的各种方式，这个“把握”包括内省知悟和外化反映两个方面。所谓“实务”的方式，当是指未摆脱直接劳动型的体验。这种体验不管是对单一的事物，还是经泛化之后对一群事物，一概属于最原始、最单纯、最浅薄，却又是最切实、最直接、最可靠的认识。其最高成果也仅限于若干经验和操作技能，与以抽象的知识体系为特征的科学有质的区别，但往往又最能经得起科学的验证。

所谓“宗教”的方式，则已复杂了些，它已超越了直接的实务，主要利用幻想与自己的体感经验结合，力图去把握（包括内省知悟和外化反映）自己所生存的、包括自身在内的整个客观世界的本质和规律。尽管自近代文明时期以来，都把宗教屏除在科学的大门之外，甚至把它看作科学的对立物或科学的反动，但笔者认为它是肩负着科学的使命起步的，其终极目标也就是寻找人生和世界的主宰，亦即探求其本质和规律。就其最高成果看，它也能建构起一套能自圆其说的知识体系。究其研究方法而论，纵然与典型的抽象思维还有很大距离，而且较多地运用了想象和幻想，也谈不上近代科学所惯用的实验手段，但在宗教教义中蕴含着不少后来得到人文·社会科学，特别是当代最新的亚原子粒子研究证明或认同的哲理性论断。到古代文明时期为止，基本上高踞着统治地位的神权、天命观和混沌、整观研究方法，至今还受到当代的不少哲学家、思想家、政治家和科学家的顶礼膜拜或赞赏、推崇。所以，笔者认为，与其将宗教看作科学的对立面，还不如实事求是地将宗教当作科学的孪生物和同路人，至少也是科学的发蒙态。

至于“艺术”的方式和“科学”或“理性”的方式，它们都力求达到对事物的本质和规律的把握，只是认知的途径和反映的方式不同。艺术的方式是通过直观、形象并带有感情地认知和反映；它们的最高追求都是自然、真实。艺术是利用自然、真实的形象去感人；科学是利用自然、真实的论断去服人。

其实，人们把握世界的方式除了以上四种之外，还有别的，如梦幻、潜意识（或说第六感觉）、命相术、气功态（或说“松静感悟”）、顿悟（或说“灵感”）等。用F. 卡普拉的话说，则是除了科学家和神秘主义的方法，还有“诗人、孩子、乡下佬、走江湖者的方法”等。

尽管人类把握世界的途径和方式多种多样，但任何一种途径和方式，其终极的认知和表达均将趋于简洁、粗放、浅显、模糊。就像俗话所说：歪理千万条，真理只一条。真理往往是最简单明了的。毛泽东在其《实践论》中对人们的认识过程作了最简洁、最浅显而又最无懈可击的表述：实践—认识—再实践。这个简明的公式，也极其生动地体现了一个完整圆满的认识过程的首尾圆合的规律。

3.2.2 科学史上最有趣的现象

科学史上最有趣的现象，莫过于F. 卡普拉在其《物理学之道》中对现代物理学理论和东方神秘主义（包括古老的印度教、佛教、道家、禅宗等）所进行的一系列能让他“不断得到快乐和刺激的”哲学比较，以及尔后所得出的足以对人产生振聋发聩之效的结论：“现代物理学的主要理论所导致的世界观与东方神秘主义有着内在的统一和完美的协调”，“他们对世界的描述之间有惊人的相似之处”。

一切科学活动的根本使命都在于探索事物在相对静止状态下的本质和事物运动变化的规律。正是在这一基本点上，现代物理学与东方神秘主义的世界观走到一起来了。他们之间的区分仅在于，物理学是深入事物的物性一面，而神秘主义则是深入事物的意性一面。用我们中国古代的说法，即神秘主义者致力于对“道”的“本”的把握，而忽略了对其“末”的探究；科学家则恰恰相反，他们所孜孜以求的是“道”的“末”，而忽视了对其“本”的发掘。F. 卡普拉把显示“理性能力”的科学与显示“直觉能力”的东方神秘主义看成是“人类精神的互补体现”。他提倡神秘主义的直觉与科学分析之间的这种“动态的交替相互作用”，以求达到一种“动态的平衡”。

他指责当时的大部分科学家“并没有意识到他们理论的哲学、文化和精神方面的含义”，并没有看到科学已经超越了机械分割的观念，“而走向一体化的宇宙，其中不但包括我们的自然环境，而且也包括我们人类自己”；却仍在积极支撑一个“并没有反映出我们在自然界所观察到的协调的相互关系”而“仍然以机械世界观框架为基础的社会”。他仿造我们中国人的说法，评论这种态度“过分偏重于阳，偏重于理性、男性和进攻性”。他主张通过“一种真正意义上的‘文化革命’”，建立一种与现状“完全不同的社会和经济结构”。

F. 卡普拉最后预言：“我们的整个文明能否生存下去也许就取决于我们能否进行这种变革”和“我们采纳东方神秘主义某些阴的态度的能力”以及“体验统一自然和协调生活的艺术”。

F. 卡普拉的有趣发现和在这一发现的启迪下所形成的上述一系列论点，再鲜明不过地体现着我们所说的这么一种科学史的“始”与“终”，或说“首”与“尾”圆合相通的规律。[①]

3.2.3 首尾圆合的真谛

显然，我们所说的“首尾呼应”或“首尾圆合”是绝不能被讹传为“首尾同一”的。我们所说的“首”和“尾”，毕竟是虽互有相似点，但又各有其质地的两个不同的程段。就拿对客观世界的整体把握来说，这是古代文明时期和未来文明时期所共同追求的科学境界，但前者是混沌状态的整体观；而后者则是在经过精细分析实验之后的综合整化。或者更准确些说，前者是始终排斥也没有能力进行分析实验的混沌性的整体感悟；而后者则是始终在整体意识的统辖下，经过反复的分析、综合而达到的整体的把握。显然，现代和未来的文明是在继承古代文明和近代文明的基础上形成的，对古代文明和近代文明都有所扬弃。绝不能认为现代文明是对古代文明的全面反动和对古代文明的简单回归或恢复。整个科学史是呈螺回或螺旋式上升的系统，而绝不是圆周式的周而复始的循环轮回系统。

史迹表中的远古发蒙时期，就是科学的滋芽肇起阶段。在这一阶段，人类已萌生出认知和反映浑然一体的整个世界的需要，并有条件让一部分人摆脱纯体力劳动，而利用自己的聪明才智，主要依靠幻想去营造各种知识和理念体系，以满足自己精神上把握整个世界的欲望。这个阶段实质上是科学活动的前兆，因为既含有科学探索的动机，同时也因为我们祖先中的一些堪称先知先圣的特别优秀的人物，他们将人们最朴素、最真实、最灵敏、最准确的直感体悟加以集中提炼，升华出一种宗教哲学，其中含有不少与后来的科学理论相通相契的因子，故我们不妨也把她划进科学史的范围，作为科学史的肇始阶段。

史迹表中的未来文明时期，就是科学的归总终结阶段，这是在前面三个阶段的基础上的又一次升华。它将继承前面三个阶段中的一切科学的、有用的成分，扬弃掉一切反科学的、无用的成分，但又不是机械的筛选和汇总，而是一种有机的化合和再创造。

在这一阶段，首先，由于机械唯析方法和自然物性科学的实践在给人们生活带来可观的福祉的同时，也带来了越来越使人类忧虑的灾难，迫使人们对近代文明进行全面的反思和重新估价，并寻求一条新的完美的文明之路；其次，自然物性科学发展到 20 世纪初，进入到对原子和亚原子物理的微观领域的研究，发现从 17 世纪后半期到 19 世纪，统治整个科学思想达两个半世纪之久的以牛顿机械力学体系和笛

① 本节有关 F. 卡普拉的观点和言论的介绍均采自灌耕编译的《现代物理学与东方神秘主义》一书，四川人民出版社，1984 年 6 月版，第 229—244 页。

卡尔哲学为基础的经典物理学并不是什么永恒的真理，在亚原子物理学中，关于物质属性，关于时空观念，关于因果关系等基本概念，与传统的经典物理学的思想观念截然不同，产生了被称为现代物理学的两大支柱的量子理论和相对论，它们既是自然物性科学达到顶峰，同时又是对自然物性科学和经典物理学的反动；第三，随着西方机械唯析方法和纯自然物性科学的日益迫近穷途末路，人们对古老的东方所惯用的整体有机感悟，对他们所崇尚的人文精神和对开发人类自身功能的兴趣，以及他们所信仰的神秘主义的宗教哲学，也越来越表现出要重新加以研究的愿望：于是，一种以东方哲学为基础，融化了古老的整观有机体悟和近代的精密分析实验这两大方法论体系的一种全新的研究方法应运而生。届时，人类将被重新置于自然之中，作为整个自然世界的一个最富灵性的有机组成部分而优先得到透彻的研究；同时，人类又以万物之灵的最高灵性去环顾和研究与自己休戚相关的自己所处的环境和与自己和睦相处的万物。于是，一种可称为“万类通灵谐适”科学的崭新的未来科学系族将在科学史的队列中独领风骚。

3.2.4 “万类通灵谐适科学”初识

“万类通灵谐适”科学是在科学史发展到现在才迟迟萌发的，这有其历史的必然性，因为作为她的基础的并不是某一个时期的科学史，而是她以往的全部科学史。对远古发蒙时期的探索成果，她进行过甄别和评价；对古代文明时期的研究，她进行过论证和继承，并用近代文明时期的实验去丰富和充实，再加以现代的理论升华；对近代文明时期的丰硕成果，她作了有批判的吸收，并对之作方向性的矫正和更转。若光就研究方法而论，那么她完全是近代所遵循的机械唯析方法的反动。

将未来方法与近代方法作个对比，颇能增加对“万类通灵谐适”科学的理解。机械唯析研究的第一个特点是不厌其烦、无限细化。于是研究对象越分越细，越分越多。研究成果越来越专，越来越偏。在机械唯析研究占统治地位的近代，自然科学、哲学等都是各成系列的，在各个系列内部，又有大大小小的许多科学门类和独立、专一的科目，以分别研究宇宙中和人世间的万事万物。如今科学的总数已达到2000多门。而在万类通灵谐适科学发达的时代，将涌现出一批穿门跨类的所谓边缘性的、交叉性的、综合性的、聚合性的新科学。有许多曾经独立的学科将在被精简之后组合进一门现代新科学中而充当其前提性或基础性的配角。整个科学的门系将不断进行调整、改组和归并，从而使科学的总门数大大减少。

机械唯析研究的第二个特点是只管内析不顾外联的封闭割裂性。于是，事物之间的有机联系性被忽视了，科目之间的内在互通性被丢弃了，似乎各个研究对象都是在真空状态下存在的，每个研究者也都是关起门来独立进行研究的，研究人员和研究对象之间更是一个主观、一个客观互不相干的，自然科学和社会科学之间尤其存在一条深不见底、宽不见岸的鸿沟。这显然是对存在世界的严重扭曲。

用机械唯析观念去看社会，终究极容易滋生国家主义、民族主义、地方主义、本位主义和个人主义。

万类通灵谐适科学的时代，整个宇宙、整个自然界将被如实地看作一个不断作有机运动的自组织系统。在加入了人为的意组织成分之后，这个自组织系统会在运动中进行有机的调整。人类只是这个巨宏自组织系统中的微型粒子，人们的科学研究则只不过是某些微型粒子之间的一种极为短暂的碰撞活动。

F. 卡普拉在《物理学之道》中说过："当我们深入物质的内部时，自然界并不是呈现为相互分离的'基本建筑材料'，而是表现为各部分组成整体的各种关系的网络，这种关系也包括观察者。任何原子对象的性质都应该理解为这种对象与观察者相互作用的结果。这就是说，经典的能够客观地描述自然的思想不再是正确的。在原子世界中无法把我与世界分割开来。"[①] 也就是说，万类通灵谐适科学将还整个世界的有机联系性以本来的面貌。

在万类通灵谐适科学的时代，世界大同观念、全国一盘棋思想、集体主义精神、和平共处原则、以和为贵、以德报怨的品质都将会成为人们的自觉崇尚。在万类通灵谐适科学时代，连自然科学与社会科学，物性科学与意性科学之间的鸿沟都必将逐步缩小以致最后被完全填平。

机械唯析研究的第三个特点是主要致力于对物体的形而下的结构分析，而忽视了对人自身的生命机能，特别是人的意识和潜能的研究，致使近代的物性科学比较普遍地存在漠视人文性的缺陷。人类意识（包括显意识和潜意识）的最高颖悟恐怕就是悟到万事万物皆有灵。灵就是事物的精髓、灵魂或所谓灵性，也可以理解为生命的本质。人的认知活动若能实现与认知对象有灵性的沟通，则可谓已达到最高的认知境界。有些顿悟、神悟，实质上就是与对象之间产生了灵性的对话和沟通，这是形而下的结构分析和研究所不可能企及的。所谓"通灵"，首先就是"知灵"，即指这种高级的认知境界。

"通灵"的第二个意义是"构灵"，即指一种高级的创造性建构。就是把多种事物的质优而又相宜的灵性提取出来进行优化组合，创建出新的意组织系统（包括精神产品和物质产品）。未来科学所要开展的大量科研课题，一方面就是要以"通灵"中的"知灵"去消灭认知的盲区和误区，另一方面又要借助于"通灵"中的"构灵"去进行创造性的配灵建构，包括改善人类自身的人种素质和进行大规模地对其他物种的优化改造和创造。

所谓"谐适"，也有内外之分："外谐适"是指宇宙内、世界上的一切事物都能互相适应，谐和共处；"内谐适"是指经配灵建构的新事物的内部各成分之间要避免

① 转引自灌耕编《现代物理学与东方神秘主义》，四川人民出版社 1984 年 6 月版，第 51 页。

互相排斥，而能实现和谐互适。

所有有关“知灵”“构灵”“外谐适”“内谐适”之类课题的研究成果，均可隶属于万类通灵谐适科学。

待万类通灵谐适科学全面开花，宇宙间久已存在的许多神秘现象将最终受到破译和揭晓，体心感应，人机对话、阴阳调谐、男女中和、星际沟通、地球长存、世界和平、全球共荣之类的人类夙愿终将得到实现。在世界变得通体透明、和谐运作之后，科学亦将作为一种历史现象，在完成了其指导人们认知和实践两大使命之后而最终退出历史舞台，至此，科学史也将划上最后一个句号。到那时，“科学”与否，“正确”与否，甚至“先进”与“落后”，“优秀”与“低劣”之类的评价用语，都将逐步失去使用的对象，而事物之间的风格差异和区别性特征，则将成为人们关注的焦点。

3.2.5 参与对“大脑黑箱”和“心理幽谷”的总攻

人类对自身在大脑里面或说在心灵深处所存在的包括显意识和潜意识在内的各种既看不见也摸不着的颇带有神秘色彩的意识活动及其活动机制一向很关注，远古的宗教神学、老庄直至魏晋的玄学以及许多先哲，都下过不少探索的功夫，且取得过许多精彩的颇能启人心智的成果，只是由于那时还没有生理解剖学和必要的实验仪器，因而在表述上难免失之模糊甚至荒诞。

国内外的心理学家，特别是吸收了分析实验科学的成果的以弗洛伊德为代表的现代西方的神经心理学家和神经病理学家们的不懈努力，已使他们的研究成果在一定程度上揭开了心脑器官的职能和机制。但由于建立在以分析实验为基本手段的物性科学的基础之上的神经解剖学、神经心理学和神经病理学，在研究方法上都存在着两大缺陷，一为丢弃了古代先哲们善于在处于一个有机的结构网络之中，即流动的、活的言语语流中捕捉言语意识（包括显意识和潜意识）的优良传统；二为染上了以分析实验为基本手段的现代物性科学只见物不见人，连研究者本人也被严格地屏蔽在分析实验场之外，对研究对象也多拘泥于进行孤立静止的考察等陋习。

殊不知所谓“大脑黑箱”“心理幽谷”，主要不是指大脑里有些什么硬件设备和装置，譬如说人脑里有1000亿个神经元，有其总长度可达18万公里、能绕地球好几圈的神经纤维，有1000万亿个联结数，更可以对每一个神经元内部进行细胞结构考察，从而可以发现总数达100亿亿个突触蛋白，这些发现和统计当然也很重要，但是这些发现绝对不是人们要打开大脑黑箱的目的所在。我们认定，停留在神经元层面的孤立、静止的研究，永远不可能打开大脑黑箱和心理幽谷！

硬件的存在，既看得见，也摸得着，只要有精密的仪器和大功率的计算电脑，故不能算“黑”。所谓“黑”，是指其所能联系的几乎无限宏阔的广度和几达极致的精微深度，其千变万化和变幻莫测的敏度，其瞬息万变的活动速度，以及其几乎也是无限的信息吞吐的量度。这些都是指它的神奇的功能，还有它的这些功能是按怎样的操作机制和程序显示出来的，所有这些机制似乎都属于看不见摸不着的软件的范畴。同样的道理，所谓“心理幽谷”，更无从在心理层面按硬件的标准丈量其谷口的大小和谷底的深浅，而该是指感情心绪的反复无常捉摸不定，这些同样属于软件的范畴。

大脑黑箱的活动也好，心理幽谷的变幻也好，能得到最及时、最充分、最明朗的表达或流露的手段或渠道，能借以进行最充裕、牢靠，也最经得起斟酌和验证的依据和参照物，恐怕都莫过于言语，因此古人好从言语语流中捕捉和发露黑箱和幽谷的神秘是最明智的选择。

科学理念和科学实践已经预示并将不断证明，光靠只见物不见人，又偏于孤立静止考察的物性科学单枪匹马，或光靠易带主观随意性的意性科学单枪匹马，都不大可能迅速有效地取得打开大脑黑箱和心理幽谷，取得破解菲利克斯之谜这场硬仗的胜利。

我们相信，随着万类通灵谐适科学的日益繁荣，首先是通过物性科学与意性科学的通力合作，人类的大脑黑箱、心理幽谷终将被打开。

我们的言语结构学是研究言语的，天经地义属于意性科学，但她汲取了有机系统的结构分析这一物性科学最擅长最典型的方法因子，使自己较有效地避免了意性科学容易犯的主观、随意、多变的毛病，而具备了物性科学较客观、切实、稳定的优点，故我们的言语结构学本身就是“通灵”的产物，该属于较早冒尖的“万类通灵谐适科学”系族中的先锋。我们之所以敢于大言不惭地宣称，通过对言语作品的言语结构考察，我们可以逼近大脑黑箱和心理幽谷，就基于这一点自信。

3.3 “始、终合一”的史程与言语科学命运观

用上述的史程始、终合一理论和对始、终两个程段的具体分析来观照一下我们所要研究的言语科学，那么其命运也就变得容易掌握了。

言语科学的研究对象是人类的言语，而言语则是用以朗化和外化人的心灵和意识活动最得力的手段。人的心灵和意识活动经常的大量的是处于模糊和潜在状态的，只有当出现交流或交际需要时才有必要将模糊、潜在的心灵、意识活动用某种手段加以朗化或外化，其中最得力的手段当然是言语。凡言语都必须借助于一种特定的有声语言工具，包括某一语种的特定的历史变体（历史方言）、区域变体（地方方言）和行业变体（社会方言）以及按某一特定语种的语言结构设计的哑语、盲文等。

朗化和外化的区别在于：朗化言语不一定要发出声音（口头的），甚至也不要求发音器官活动到位，更不一定要写出字形（书面的），而只要有言语的意识，基本上取心读默认的态势。只需再稍加点力气和时间，让各发音器官活动到位，这种心读

默认态势随时都可以转化为能让正常的人感知（口头的感知是听，书面的感知是看）的外化言语。一般说来，与自我交流交换心灵意识，与不可能跟自己作言语面谈的对象交流交换心灵意识，包括当时不在场、而日后将会到场的现实中的正常人，也包括永远不可能到场面谈、但在心目中具有心灵感应和心志交流能力的某种神秘生命体，多用朗化手段（也有用外化手段的）。而外化则一定要发出声音或写成文字，使在场的人，特别是主交际对象听到或看到，以实现交流或交际的最终目的。

既然言语所要朗化或外化的是心灵的意识（主要是显意识，有时也会有一些潜意识附着），其目的是实现与对象（包括自我）的心灵沟通或意识交流，而且，言语和意识又是人类所特有的、至少也是最富有的、最神奇的机能，因此，对言语的研究以及所由产生的言语科学自然应该划归“万类通灵谐适科学”的系族。在自然物性科学独占鳌头的近代文明时期，对它有所忽视，而在人文意性科学兴盛的古代文明时期和在万类通灵谐适科学大放异彩的未来文明时期，它才受到重视，这也就非常易于理解了。只是在古代文明时期，人们称她为“语文学”，而到现代文明时期，考虑到“语言”与“言语”的区分，考虑到“语文”与“言语”的同一，更考虑到言语有口头的和书面的两大基本形态，才把她重新定名为“言语科学”罢了。

3.3.1 主、客关系的变迁与“始、终合一”

我们还可以考察一下在科学史的肇始阶段和归终阶段的主、客关系，进一步感悟始、终合一。

科学史上所谓主、客的关系问题，实质上包含着两个不同性质的问题：一为作为主体的人与人所处的客观环境的关系问题，这是生态学的问题；另一为人的主观意识与客观存在之间的关系问题，这是哲学的基本问题。

(1) 生态学意义的主、客关系变迁史

就第一层含义人与环境的关系而论，在远古发蒙时期，人与环境是混沌一体不加区分的。这个浑然一体的世界受神秘力量的支配，毫无自主能力，只能俯首帖耳任凭神秘力量安排的命运主宰。到了古代文明时期，已能将浑然一体的世界分解为两大组成部分：其一为人；另一为环境，即自然（天）或它物（神）。这一时期，人与环境虽能分解，但未分离，更未对立，而是和谐共处，合作共事的，即所谓“天人合一”，“物我相通”，显然尊环境于首位，而让人、我屈居其次。说明人的自主能力仍较弱，颇有自知之明，只能俯仰于自然物而不敢任意造次。西方古代的“神人合一”和“万物有生”，只是表述略异，精神实质是相通的。

发展到近代文明时期，随着人类的日益长大成熟，人的自信力和自主欲也日益加强而至于日渐膨胀。文艺复兴打倒了神权，批判了禁欲主义，人的个性获得了空

前的解放，进而建立起了“人定胜天”的信念。这一时期，人不仅能从自然环境中分解出来，而且能够自立于环境之外而与之处于分离状态，甚至发展到能与之对立、进行抗争并进而要战胜之。人变得越来越不可一世了，以至于完全忘记了自己与环境之间还有千丝万缕的不容割断的联系。

直到现代文明时期，人类一方面由于在与环境的抗争中有一些碰得头破血流的经验教训，另一方面也由于在认知客观事物的过程中发现物中有我、我中有物的真相，才逐步意识到包括自己在内的整个生态应该调整到并保持在平衡的状态，应该让自己回归到自然之中。于是，顿生需尽快结束与环境的对立的状态而最终建立起与客观环境亲密和谐关系的新感悟。这一感悟与古代文明时期“天人合一”“物我相通”的时代精神是契合的。在这里，我们又可看出史程的始终或首尾是圆通合一的。

（2）哲学意义上的主、客关系变迁史

就第二层含义，即意识与存在的关系而论，这历来是哲学的基本问题。以揭示宇宙的本源为宗旨的哲学的本体论，在出现唯心主义和唯物主义两大基本派系之前，在远古，也曾有过以“为”来统一“志”（主观）和“行”（客观）的墨子时代（《墨子·经上》）和提倡“绝学”“弃知”而达“无为无不为”的老子时代（《老子·四十八章》）以及在老子的基础上进而提出“离形去知”“坐忘”的庄子时代（《庄子·大宗师》）。其后，在整个哲学史上，层出不穷的各种主观唯心主义和客观唯心主义哲学派系都强调精神或意识是世界的本源，是第一性的；而从古代的朴素唯物主义，经近代的机械唯物主义则都强调物质或存在是世界的本源，是第一性的。可见，在哲学史上，意识和存在、精神和物质是长期处于分离、对立状态的。

以17世纪法国哲学家笛卡尔为代表的哲学二元论，强调有两个“有限实体”并列存在，一个是以“思维”为属性的“精神实体”，一个是以“广延”为属性的独立的“物质实体”。可见哲学二元论依然没有能摆脱精神与物质的分离、对立状态。当笛卡尔进一步想寻求两个“有限实体”的创造者和终极本源时，他又搬出了“无限实体”，即上帝，终于投进了客观唯心主义的怀抱。

在以万类通灵谐适科学为代表和方向的未来文明时期，有没有可能出现让意识与存在、精神与物质重新和谐地结合在一个整体之中，彼此互为对方的存在前提或条件，并以此为世界本源的哲学前景呢？也似乎只有出现这样一种哲学，才有可能彻底平息哲学史上唯心主义和唯物主义之间互不归服此起彼伏的喋喋不休的争论。

人们从现代物理学对亚原子粒子的最新研究成果中，似乎已依稀可见这一哲学前景的曙光：现代物理学已为尚未找到能“适应于无质量粒子”的新框架而苦恼。“按照杰弗里的看法，这有可能包括我们关于客观世界的概念，甚至还有可能包括关于人的意识的概念。”

现代物理学对意识问题的关注始发于对原子现象的观察。欧根·威格纳说过:“要想以完全一致的方式阐述量子论的定律而不涉及意识是不可能的。”威格纳等物理学家认为，把人的意识明确地包括到物质的属性中去可能是关于物质的更深刻认识的关键所在。

而且，现代物理学一旦突破了目前的局限，寻找到了这一新框架，那么这又将为史程的始、终或首、尾的圆通和合一提供一个最光辉的实例。因为这又将使最现代的物理学与最古老的东方神秘主义完全走到一起来了。F. 卡普拉说 :“这种发展将为物理学与东方神秘主义的直接作用提供令人兴奋的可能性”,“如果物理学家真的想把人类意识的本质包括在自己的研究领域里，那么研究东方的思想可以为他们提供富有刺激性的新观点”。

众所周知，东方神秘主义好把意识看成是宇宙的一部分，把人和其他形式的生命都看作不可分割的有机整体的一部分，把宇宙整体也看作是有智慧的，人只是这个宇宙智慧的活生生的证明。“理解一个人的意识及其与宇宙其余部分的关系是所有神秘主义经验的出发点”①。

由上可见，不管人们把主、客关系看成是人与环境的关系，还是看成意识与存在的关系，在科学史和哲学史上，主与客尽管在古代有过先是混沌一体，后是相通相合的和美关系，但更有长期处于分离和对立状态的痛苦经历。不过科学史正通过现代和未来的万类通灵谐适科学的伟大实践向人们预告 : 主、客的关系终将重新达到谐和的境界，这是科学发展的必然，也是科学史的规律。

3.3.2 令人鼓舞的言语科学命运观

用主、客关系终将谐和的规律性认识来观照一下言语科学的前景，自然会让人感到一片光明。

言语既然是以言语发放者为主体的一方与言语接收者为客体对象的另一方之间的交流交际过程，那么言语交际过程的成败优劣就直接地取决于对主客关系的调理 ; 言语科学既然是以研究言语交际过程主、客角色之间的交际规律为己任的科学，那么这门科学的命运也就自然地会与哲学和生态学中的一般主、客关系的相处状况有联系。

在万类通灵谐适科学蓬勃发展的时代，一切事物之间的有机联系和心灵沟通受到学术界的普遍重视和充分揭示，我们可以相信，借着这股科学史的热潮，言语科学一定会如鱼得水，掀起一阵阵研究热浪，言语交际的效能亦将随之得到空前的提高，前面我们已经说到，21 世纪作为一个新的世纪，除了具有时间长河中千年一遇的固

---

① 以上观点和引文均采自 F. 卡普拉的《物理学之道》一书，译文见灌耕编《现代物理学与东方神秘主义》四川人民出版社 1984 年 6 月版，第 236－238 页。

有意义之外，还将具有科学史上的特殊意义——它将是万类通灵谐适科学显威得势的世纪，也是言语科学扬帆破浪的世纪！

（1）言语科学出世、成长的社会历史土壤

通过以上对科学史的规律的揭示和分别用这种规律性的认识来观察言语科学的命运，人们不难理解，言语科学的萌发、成形和茁长需要特定的科学土壤，这个科学土壤里应含有如下一些必要的成分：首先是对人自身形而上的研究已成气候；其次是人文精神受到普遍的重视；第三是追索事物之间和事物内部的有机系统性已蔚然成风；第四，对事物动态过程和运动规律的关注已甚于对事物静态质性的关注；第五，自然物性科学中对宇宙的超宏世界和对亚原子粒子的超微世界的探索兴趣以及与之相搭配的精良实验手段和精微的思辨已扩展应用到或传染同化了人文意性科学领域，使之也具有精密科学的风范，而一改其好高谈阔论和任意发挥的陋习。

纵览整个科学史中的各个程段，在近代文明时期，除了半具第五个成分之外，其他成分都不具备，倒是弥漫着一些相反的成分，所以无法提供适应言语科学生长的土壤。在这个时期，恰恰因水土不服，言语科学虽然在科学史的母腹中早有胎动，也极容易遭扼杀而成死胎。在古代文明时期，前面四个成分是具备的，但缺少第五个成分，因而言语科学虽曾以“语文学”的名义有过一定程度的活跃，但也未能承受近代语言学的咄咄逼人的攻讦和兼并，只好悄然引退或隐忍就范，未能坚持下来。唯有在现代文明时期，边缘综合研究兴起，万类通灵谐适科学逞威，以研究言语交际过程的有机系统性质和交际双方的通灵知灵为主旨的言语科学才算碰到了合适的土壤。随着自然物性科学与人文意性科学之间的谐适相处和研究手段上的通灵互惠以及研究心得上的互相启迪、互相借鉴，言语科学将立身于这两大传统科学系族的边缘地带，兼备两者之长，得天独厚地获得茁壮的成长。正是：“苟由其道，其实可以自得；苟不由其道，虽强求而不获也。”（苏辙《上皇帝书》）。

经过如上的论列，对言语科学姗姗来迟的历史原因或已有初步的了解，所以过早对言语科学的命运和前程产生悲观，甚至对建立言语学的科学性和必要性产生怀疑，都是没有根据的。俗云：性急生不出娃娃。古云：“毛羽不丰满者，不可以高飞”（《战国策·秦策一》），耐着性子等待吧，如今，言语科学的桅杆，已迎着现代科学和未来科学的前浪，冒出地平线，正向我们驶来！

（2）笛卡尔直角坐标系与语言学和言语学的步履时差

或许有人要问，言语学姗姗来迟有其历史原因，那么语言科学为什么早在近代文明时期就得到鼎盛的发展而成为领头的科学呢？也就是说，为什么语言科学与言语科学会出现如此长的步履时差呢？

要透彻回答这个问题，最根本的是要区分清楚语言和言语是两个完全不同的事物，是两个风马牛不相及的结构系统，是两个不相干的认识区间。这一点，我们将留待下一章进行充分的思辨，在这里，我们只想利用笛卡尔直角坐标系对语言和言语、语言科学和言语科学进行一些关于它们的物性和意性含量的最粗略的比较，或许能对解决这个问题提供有益的启发，甚至有可能从中找到最重要的科学史根据。

我们拟让物质和意识分别充当笛卡尔直角坐标系的横、纵两个坐标 X、Y，然后根据语言和言语的物质性和意识性的不同含量，分别确定它们在这一坐标系中的不同位置，即直角坐标，再对照史迹表，看看会得出什么结论。

应该说，语言和言语都既不是纯粹的物质，也不是纯粹的意识。

语言作为一种以符号系统为物质的交际工具，它与一般的纯物质工具是不同的，其符号，不管是口语中的音波还是书面语中的字形，就某一特定的“能指”来说，也只是表示一个包含无限多的近似波形的音位或近似形体的字位，因而都具有因不确定而无限丰富的物质属性（在语言的结构系统中，不存在任何确指的语音或字形，但其高度概括而显得虚灵的“能指”和“所指”概念却包容着所有物质性的语音和字形），我们假设其含量为 m。但这些符号不是孤立的或相互割裂的，而是处在隐形的结构系统中的。这个隐形的结构系统则并不具有直接的物质属性，而是一种形而上的抽象意识，我们假定其含量为 n。据此，我们确定语言在直角坐标系上的定位是 P（m · n）（见图 1）。

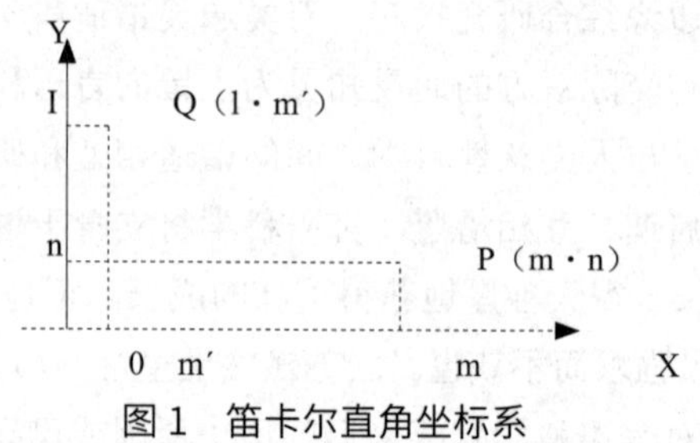

图 1　笛卡尔直角坐标系

至于言语，它是借助语言工具作为手段进行过外化的意识。由于它借助了语言工具，因而它难免具有与特定的语言因素当量的物质性和意识性。在言语状态下的语言，其物质性含量貌似很多，其实每一个特定的音素或笔画才是具体的物质成分，故反而是极为有限的，与作为整个符号系统的语言所隐含的不定的、几乎是无限的物性联系有着巨大的区别（参看下文的棋喻阐释），我们姑且把它定为 m′。而其意识含量却相当具体、丰富。语言的隐形结构系统作为语言中所含的意识成分，特别是作为显意识的存在，可以说是微乎其微的。实际上，这种意识成分在母语言语中已异化为无意识的本能而不宜计入意识含量之中。而其所载负的正在外化的言语意识，则由于含有丰富的具体意识内涵和将为这种意识加以外化所必须进行的复杂的运思，必将比语言中的微乎其微的意识成分庞大、复杂得多，而且与语言的意识系统完全异质。言语意识中除了直接表露的主体意识之外，还包含着几乎难以穷尽的诸如“言前之意”“言背之意”“言外之意”和“言中应有之意”等隐形的意识成分，关乎意识外化的运思，大多也取隐形的状态。所有这些比较显露的和隐形的意识的总和，较之语言的隐形结构系统之作为语言的意识含量，要多得无可比拟，我们假定它是1。据此，我们应当将言语的直角坐标定为Q（1 · m′）（见图1）。

语言与言语的坐标区别就有如弈象棋这个游戏中死的棋规和活的棋路的坐标区别。死的棋规由整个棋盘、全数的棋子及其所处的所有棋位和各个不同的棋步四个部分构成。其中棋盘、棋子、棋位都是纯粹物质性的，而关于棋步的规定虽说是隐形的意识系统，但这个意识是建立在对各个物性的棋子之间的相区分、相对立的具体的棋步规定的基础之上的。而在对弈状态下各人活的棋路，当然都得以遵守棋规为前提，但充其量，此时，陪伴特定棋路所浮现的棋步规则是极为单一，至多再出现前后相关的有限的几步棋的棋规，绝不会出现全套的棋规，故其意性含量是极为微弱的，而且这个关于棋步规定的意识因其简单和已成习惯，故已非常淡化，几乎已异化为无意识的本能。而另外的，为静止状态下死的棋规意识所不具备的，则是对弈状态下的意识，其含量却是非常非常大的，那主要是指棋路以及环绕着棋路所进行的运思。上图中P也可以理解为棋规的直角坐标，Q则可以理解为棋路的直角坐标。这样的类比不至于太附会吧？

分别确定了语言和言语的直角坐标，那就不难看出，言语与人的意识的关系较语言密切得多，相形之下，则语言与物质的关系亦较言语重要得多。

拿这一认识再去对照史迹表，与物质关系较为突出的语言在自然物性科学极盛的近代文明时期得到重视和研究，使语言学成为一门带头的风云科学，而与人类意识关系特别密切的言语要到现代文明时期才开始被重视和研究，言语科学要到万类通灵谐适科学兴起的现代文明时期才姗姗来迟就很可理解了。基于同样的原因，语文学在古代文明时期有过一段繁荣的历史，一到近代文明时期就被废黜，以及西方的语文学较之我们中国的语文学，遭遇更为凄惨，则都是顺理成章的了。

也正因为如此，有人主张将语言学划归自然科学，而且至今为止，语言学在自然科学和生产实践中的影响和应用要远大于它在社会科学中的影响和应用，以致当把它运用到语文教学中来的时候，反而干扰和破坏了语文教学，这也就不足为怪了。

也正因为如此，在自然物性科学独占鳌头的近代文明时期，语言学先是顺势轻而易举地吞并了根底浅薄且业已失势的古典语文学，后又乘胜大摇大摆地闯进了正苦于缺乏系统理论的指导而走投无路的语文教学，俨然以语文基础知识的身份强迫师生接受，致铸成了长达一个多世纪，严重误导了数代语文教师和数亿莘莘学子这么一段科学错位的历史，至今未得彻底清算，这也就不必过于惊奇了。

也正因为如此，语言学使用起近代文明时期所崇尚的机械唯析方法来得心应手，为其他自然物性科学所景仰，而人文意性科学却对这套方法始终感到格格不入这也就不难理解了（对这些问题，容在下一章里展开专题讨论）。

第二章　可悲的错觉　可怕的错位

第一节　彻底推翻语文学背负的历史错案

1.1 几成公断的铁案

长期以来，语言学界对语文学和语言学的历史关系，即使还不能说已经形成了完全的共识和公论，但至少以下的说法早已在一些语言学专著和教材中通行无阻，并已作为定论铁案载入一些权威的词书和工具书中，即把语文学说成是语言学的前身，或说成是语言学的前科学阶段；语言学则是语文学的科学发展。于是，语言学登上科学舞台并站稳脚跟之日，即是语文学被废置和在科学史上销声匿迹之时。

在国际上具有权威性的大型百科全书《简明不列颠百科全书》（中国大百科全书出版社 1986 年 7 月版）对“语文学 Philology”条所作的介绍是这样的：“此术语曾一度用以指语言和文学的研究，但目前已罕用。现在，一般将文学和语言学知识区别开，用语文学这一术语的地方，即指对语言的研究——亦即语言学。在少数 19 世纪前的学术期刊的篇名里，仍可见到这个术语。比较语文学就是现在比较语言学的旧名。”

在这里，我们不但看到了语文学被语言学取代的历史过程，而且“语文学”的学科资格都已被取消，而只称它为一个“术语”。

我国发行量最大的辞书之一《辞海》（《上海辞书出版社》1980 年 8 月版）对语文学的待遇虽要高得多，承认它是“文字学、音韵学、训诂学、校勘学等”的“总称”，还说“广义的语文学也包括语言学”，但《辞海》同样反映出了一个莫名其妙的历史事实：“现在往往将语文学包括在语言学内”。

让广义的语文学包容在语言学的最典型的实例就是我国社会科学院语言研究所的机关刊物《中国语文》的刊名，这是一本以语言研究为主，偶尔也发表篇把有关语文研究的文章的权威刊物，而其刊名却以“语文”出之，而不说“语言”。

1.2 简单的历史回顾

用语言学吞并甚至否定语文学的论调，始于19世纪70年代后期成立于德国莱比锡大学的青年语法学派，他们把语言研究的历史分为两个时期，把19世纪以前的研究称为“科学前时期”，历史比较语言学建立以后的19世纪称为“科学时期”的开始。而欧州的“语文学”，除了出现在公元前4世纪的古希腊亚历山大里亚语文学派和文艺复兴时期古希腊的语文学的复苏之外，一直可以延续到18世纪后期由德国语文学家沃尔夫（Friedrich August Wolf）首先倡导的语文学运动，所有这一切，都出现在19世纪之前，因而都被青年语法学派一棍子打成“科学前时期”对语言材料的收集和整理而加以全面的否定，不承认其中使用过任何科学的方法。在我国，语文学的命运要好得多，从周秦两汉一直到晚清，可以说从未长时间地萧条过，只是在西学东渐之后，语言学传入我国，一些原先从事语文研究的人为西方语言学所吸引，争相改换门庭，挤进了语言学的殿堂，传统的语文学研究则越来越被冷落。这些新兴的语言学家还鹦鹉学舌般唱起了德国青年语法学派的腔调，宣布我国传统的语文学为不科学的，或者说它是科学前的语言学。于是乎，最客气的做法也不过是不取消语文学的名称，不否定它的成就，但必须将它并到语言学里，至少也要拉到语言学范畴里讨论，或者把它看作语言学发展过程中的一个早期形态，或者把它当作语言学中的一个可有可无的课题。《中国语文》除了刊名让“语文”包容语言之外，其对有关语文研究类的文章的实际待遇则明显的是让语文研究处于可有可无的可悲境地的。

1.3 值得重视的真知灼见

其实，语文学和语言学根本不是同题研究的不同历史形态，语文学和语言学各有其自己的认识区间和研究方法。关于这一点，德·索绪尔早已在其《普通语言学教程》的绪论第一章“语言学史一瞥”中作了与青年语法学派基本否定语文学的态度迥异的表述：“语言不是语文学的唯一对象。语文学首先要确定、解释和评注各种文献；这头一项任务还引导它去从事文学史、风俗史、制度史等的研究，到处运用它自己的方法，即考订。”（第18页）。在该书第二章，谈到语言学和毗邻科学的关系时，又说：“至于语文学，我们已经确定，它跟语言学有明显的区别，尽管这两门科学也有它们的接触之点，并且要互相借重”（同上第27页）。当然，德·索绪尔确实也注意到了语文学的其次的任务，即“如果接触到语言学问题，那主要是比较不同时代的文献，确定每一个作家的特殊语言，解释和说明用某种古代的或晦涩难懂的语文写出的碑铭。毫无疑问，这些研究曾为历史比较语言作好准备”（同上，第18页）。

应该说，德·索绪尔的观点是切实而公允的，不仅适用于沃尔夫自1777年起所倡导的18世纪的语文学运动，而且也适用于公元前4世纪到公元前1世纪史称“希腊化”时期亚历山大里亚语文学派的学术活动。

亚历山大里亚学派的著名学者特拉克斯（D.Thrax. 公元前 170—公元前 90 年）的集柏拉图及其老师亚里斯塔克（Aristarchos，约公元前 200—公元前 150 年）的主要研究成果的代表论著《语法术》，将亚历山大里亚语文学派的研究范围概括为以下六个方面：（1）考虑到韵律的、大声而正确的朗读；（2）对作品中文学熟语的解释；（3）关于用语和研究主题的评注的汇编；（4）词源探索；（5）类比规则的确定；（6）文学作品的评论。[①]

虽然由于受到当时在词与物的关系问题上“变则”说与“类比”说之争的牵制，第五部分的内容特别详尽。但特拉克斯本人还是明确指出，第六方面才是“最重要的部分”（同上），这显然是由当时语文教学工作的实际需要决定的。

由于学术研究有异地共振、异地同步的规律，我国历史上相当繁荣的语文学的基本面貌也跟索绪尔和特拉克斯的概括性描述非常相似，只是由于语种、文字、疆域的差异和中西文化传统的不同，我国古代的语文学除了在音韵、文字、训诂方面有相当丰硕的成果而在语法尤其是形态学方面显得特别贫弱之外，在经学研究尤其是辞章分析和义理辨证（其中当然也包括对经文主题的挖掘和阐发）方面则显得特别恢宏深邃。如果说连西方 19 世纪之前的语文学都不能完全纳入语言学的范围，或为语言学所取代，那么，我们中国古代语文学的丰富内容就更不可能全部装塞进语言学的知识体系之中。

经过对欧美语言学史诸多第一手资料的搜集和整理而最终完成《欧美语言学简史》的著述的徐志民先生，关于语文与语言学的关系说得最为中肯：“语文学孕育了语言学，它为语言学提供了不少材料，而语言学也为语文学服务。因而把语文学与语言学的区别理解为科学与非科学的差别，显然是错误的。实际上语文学和语言学是差不多同时于 19 世纪上半叶才进入科学的发展时期的”[②]。笔者只是对徐志民先生最后一句话中说到语文学也已于 19 世纪上半叶进入科学发展时期这一论断，由于资料匮乏而不甚了了。

1.4 混淆视听的“语用”和广义修辞

语言学界正盛行着一种论调，即要把语文教学和言语研究划归“语用学”的范围。而语言学界又习惯于把语言学的研究领域规定为包括语言的性质、历史、结构和应用等四个方面，因此“语用学”自然成了语言学的一个分支。这么一来，语文教学和言语研究也就成了语言学的当然课题。对这种论调，笔者当然不能苟同。我们认为，语言学的研究对象是语言，言语学的研究对象是言语，语文教学的根本使命是

① 转引自徐志民《欧美语言学简史》，学林出版社 1990 年 3 月版，第 23 页。

② 同上，第 9 页。

造就和优化通用文才，以及按教学大纲的要求，逐步提高学生的语文素养和语文水平。泾清渭浊，岂容混淆？语言和言语，语言和语文都是风马牛不相及的两个认识区间（详见本章第三节）（本篇止于第二节，著者此处所言为计划中的第三节——编者注）。“语用”，顾名思义，是语言的运用，语文和言语只是本能地利用语言手段来朗化或外化意识，并不是有意识地运用语言，因此，语文和言语绝不等同于“语用”。连索绪尔都反复强调：“语言不是说话者的一种功能，他是个人被动地记录下来的产物；它从来不需要什么深思熟虑……”[①]。“语言的实践不需要深思熟虑，说话者在很大程度上并不意识到语言的规律……”[②]。

也有人主张用广义修辞学来代替言语学，用以指导语文教学和言语实践。我们认为修辞学不管是广义新义还是狭义旧义，都应该属于言语研究的范畴，可以作为言语学的一个分支，绝不应该附属于语言学。但是修辞学仅限于，也仅宜于研究言语的非常态表达手段，即言语的美化手段，而不应该去研究常态言语的普遍规律。而言语学则首先应该研究言语交际的普遍规律、常态规律，并以此为自己的根本使命。故以修辞学代替语文学或言语学的主张，我们也不敢苟同。

至于修辞学这个名称，在西方人们的观念中，特别是在学界和学校教育中，享有特殊的地位，他们习惯于用“修辞学”代称语文学，这是与西方传统文化中，重视和讲究修辞确曾为古希腊文明的辉煌成就，特别是为提高演讲、论辩和文章的质量和文采作出过令人难以忘怀的卓越贡献有关系。可以说，这是一种感情现象，而并不涉及现代意义的对学科的理性定位。

1.5 顺理成章的结论

历史悠久、内容丰富的古代语文学既然语言学吞咽不下，那么被语言学粗暴地废黜掉的语文学这架断了线的风筝将飘归何处？就语文学在历史上所起过的不容抹杀的注释文本、阐发经义以沟通交际这些基本作用来说，不仅过去需要，现在也需要，而且今后会永远需要。既然这类需要不管是历史比较语言学，还是结构主义语言学，或者其他任何流派的语言学以及任何语言学的分支科学，包括“语用学”都不可能全面满足，那么在语文学遭语言学废黜而真的退出科学史舞台之后，由谁来提供这类服务以满足人类沟通交际的需要呢？在科学史上该不该出现一门能全面继承传统的语文学同时又能在理论上有所升华，从而达到在基本功能上不减当年、胜过当年，而又在知识体系上符合现代科学规格的崭新科学呢？

我们说，这门崭新的科学已经在科学史的母腹中胎动多时，该到分娩的时候了！

这门科学一旦诞生，传统语文学的各主要功能都将由它承当，她还将扩大传统语

① 《教程》第 35 页。

② 同上，第 109 页。

文学的功能，即除了注释随时间的流逝而变得陌生了的古文本之外，也要为当代人之间通过语文（包括口头的和书面的，还包括同语种、异语种、同方言、异方言的等）以及其他运用非语言手段，或说运用准语言手段（如盲文、哑语以及音乐、舞蹈、绘画等）实现心灵最充分的沟通。届时，卸下了历史黑锅的语文学将重放异彩，再创辉煌！

第二节　须纠正语言学越位的历史舛错

2.1 语言学的骄人成就

19 世纪的历史比较语言学，一方面从 18 世纪以前的语文学那儿接过丰富的语言材料，另一方面又从当时方兴未艾的自然科学所运用的研究方法中吸收了比较的方法，从而使自己从希腊语法、经验语法和唯理语法中脱颖出来，独立为在语言研究中较以往的研究颇具特色且确能辨别各种语言之间是否具有对应规律和亲缘关系的一门真正的语言科学。正是由于历史比较语言学的建立以及从丹麦语言学家拉斯姆斯 · 拉斯克（R · ROSK，1787—1832）到 19 世纪后期出现的青年语法学派等诸多历史比较语言学家的勤奋而很富开拓性的研究，不仅大致摸清了整个印欧语系及其内部的各个语族的情况，而且为绘制全世界极其复杂的各种语言之间的亲疏谱系表和各语种内部的方言分布图提供了范例和可遵行的道路，其贡献确实很大，连恩格斯都非常关注“历史语言学”的“有力”的、“成功”的“发展”①。

到 20 世纪初，更出现了以索绪尔为鼻祖和代表的现代结构主义语言学，其严密的结构主义分析原理，不仅能保证对一个断代的语言状况进行不掺杂质的、绝对可靠的系统描写，而且从 20 世纪中叶以来，索绪尔的结构主义原理被广泛地移植到其他许多科学的研究，哲学、人类学、符号学、文学、心理学等领域，都出现了结构主义热潮，使得语言学在历史比较语言学之后再次成为一门领先的科学。对此，布洛克曼在其《结构主义（莫斯科—布拉格—巴黎）》一书中曾作了如下一段并不怎么过分的评论：“……要是离开了语言学，譬如说，无论是拉康的精神分析学还是罗兰·巴尔特的文学批评都是不可想象的。对于艺术、文学、哲学、心理学和社会科学等领域中结构主义所作的认识论的研究来说，现代语言学所起的作用，在某种程度上相当于一种数学的作用。”②

无可否认，19—20 世纪，语言科学在全世界得到了蓬勃的发展，不管是一般语言学，还是具体语言学；不管是历时的，还是共时的；不管是对语音、语法的研究，

① 《马克思恩格斯全集》20 卷，第 346 页。

② 商务印书馆，1989 年版，第 95 页。

还是比较后起的对语义的研究；不管是对语言理论的探讨，还是对实际语言的调查；不管是传统的语言学，还是现代语言学的各个流派：都取得了举世瞩目的辉煌成就。19—20 世纪以来，在语言学领域里，人才辈出，学派林立，方法时时更新，研究步步深入，成果节节累进，呈现出一派持续繁荣的可喜景象。特别是在语言学研究中使用得非常得心应手而且功效卓著的唯析方法、实验手段和结构主义原理，更是科学史发展到近现代阶段，为各科学门类所普遍采纳和推崇，因而语言学这门近代才真正崛起，到现代仍居领先地位的新兴科学，在整个科学史中都堪称业绩显赫的佼佼者。

由于语言学的一套理论和方法已经得到社会实践的充分验证，因此，给予语言学研究以有力的社会支持和热情提倡，让语言学进入高等学校和研究院所，在大学生中开设一些语言学课程，藉以培养一定数量的语言专家和语言工作者，使语言研究和语言调查工作后继有人，这些都是必要的。

事实上，语言学的工作面是相当宽广的，其工作量也是相当繁重的，除了语言学理论本身还有待不断深化、优化和更新之外，语言学的社会工作内容也是相当丰富的，如对各个语系、语族、语种之间的历史比较研究和谱系绘制，如对各个语种的静态断代描写和动态史迹勾画，如对各语种内部的区域方言和社会方言的调查，如对一些古老的已经死亡的语种的结构系统的探求，如促进一些语言的民族共同语的形成和语言规范化，如帮助一些民族创制、改良、改革文字，如建立像世界语之类的人为语种……等，所有这一切，都是语言学职能范围内的事。光计这些本职工作，语言学的历史功绩和社会贡献已经够大的了，语言学头上的光环已经够闪亮了！语言学应该知足了！不管是就已经作出的贡献来说，还是就今后肩负的使命来说，都应该知足了！

2.2 语言学的功能越位

可是当代的有些语言学家还不知足，他们不尊祖训，不屑守成，不甘寂寞，不务正业。他们虽折服于索绪尔的精审思辨、缜密结构和勇敢开拓，因而众口一词，尊索绪尔为“20 世纪语言学之父”“现代结构主义语言学鼻祖”，但一转身，特别是受浮躁的时风一熏陶，他们竟就数典忘祖起来，于是他们嫌索绪尔“陈旧”了，唯恐严守祖训等于画地自囚，会使语言学的内涵显得过于抽象、枯燥、贫乏，大有要开创一个比现代主义更现代主义的气势。你强调二律背反，我偏要搞二律掺混。如，你说语言是屏除内容的纯形式体系，这多枯燥！我偏要顾及内容；如，你说语言是不顾单位实体而只注重其间关系的，这多抽象！我偏要带进词汇、句子等单位实体；如，你说语言学研究绝不可混进言语，这多贫乏！都是社会现象么，碰碰言语有何不可？

于是，他们乘着索绪尔所带来的语言学在科学史上的胜势，既循着索绪尔所开辟的结构主义语言学的航道，又要突破索绪尔设置的结构主义语言学的“藩篱”，向着言语领域大举进军。

当然，索绪尔不是神祇圣贤，他说过的话也不都是无可挑剔的、不可改变的金科玉律；殊不知“结构主义”是一个主义，是一种方法论体系，切勿牵其一发而动其全身！殊不知“现代”是一个历史概念，科学史发展到现代阶段，原有的科学门派恐已基本定型，求日臻完善，可；欲突破其既定规范，难；就像现存的物种不具备特定的条件就难以再进化，现在的猴子不可能再演变成人类一样。科学史正在孕育一个以“万类通灵谐适”为特征的全新的科学系族，既有志于言语的研究，何不告别语言学而另辟蹊径呢？要想用语言学的基本理论和思维定式去探究言语现象，恐难有轻车熟路之便，倒难免南辕北辙之虞。

须知真理跨前半步，就会变成谬误，语言学的社会职能稍一越格，恐也会给社会带来危害。

2.2.1 看语言学的纵步亢进

请看，按照我国高等学校的体制，“中文系”“语文系”一律被解释为“中国语言文学系”或“汉语言文学系”的简称，而不问把语言和文学拉在一起能否互相谐适。为了求得语言与文学的平衡，这些系科总要开设相当比重的语言学方面的课程，如普通语言学，语言学概论，现代汉语，古代汉语，汉语史，方言学等，多被当作必修基础课程开设。这些课程除了有可能吸引极少数学生之外，对绝大部分学生来说，始终提不起学习的兴趣；甚至要求中文系的教师兼通语言、文学都很难，而我国传统的经学老师却都是兼通小学的，根本原因何在呢？

岂止于此，新中国成立以后，有关母语的语言学知识下放到了普通中学。随着现代汉语知识的下放，古汉语知识也逐步下放了。更有甚者，汉语的语言知识还在进一步下放，什么组词啦，造句啦，句子成分分析啦，改病句啦等知识和练习，已经在小学课本、课堂和练习本上出现。还惊悉有些先进的幼儿园里也已经在讲文字构造和搞组词活动了！可是中小学语文教学的质量却每况愈下，甚至招来怨声载道，这又是为什么？

语言学全面进驻大、中、小学的语文教学还不满足，还想扩散普及到全社会，有人就曾号召大家都来学点语法。于是乎，那些已经有名作垂世的作家、诗人和剧作家，已经有几十年改稿经验的编辑，不知已成功地写过多少篇通讯报道的记者，口若悬河的演说家，能把死人说活的滑稽大师和相声演员，能轻而易举地打开人们心扉的政工干部和心理医师……都得坐下来硬着头皮啃一啃语言学家们所写的他们对汉语的主观认识；而实际上，汉语恰恰是他们早已掌握和运用到炉火纯青地步的母语！

语言学不光对操母语的人们进行有关该语种理性说教，还想用纯理性的语言知识去指导人们学习外语，结果是成绩虽很好，可就让外国人摇头。

语言学教了活人不算，还想用它的有限的机械知识去教会狼孩、灵长类动物、乃至于机器人与正常的社会人对话……

所有这一切，都给人一个印象：语言学有点志大才疏了！

试问，为什么要在各级学校和全社会普及语言学的知识？回答无非是想提高人们的语文程度，或者说提高听说读写的能力。那么真行吗？观察一般人的学习结果，大都可用“耗费甚巨，收效甚微”，甚至“越学越懵，越学越笨”来总结。这是什么道理呢？

这是由于，当语言科学登峰造极、不可一世的时候，人们对言语的研究几乎还等于零。就是在这样的历史背景中，应该树碑志功的语言科学由于可悲的边线错觉而铸成了越界犯规的历史性错误，即它乘虚而误入到言语领域，并对言语领域进行非法掳掠和擅权统治，其结果是除了压抑了言语科学的萌发，延缓了言语科学的出世之外，还在认识上使人们模糊了语言与言语的疆界；实践上不仅对自然言语教习（主要是自然人之间的语文教学）带来严重的误导，而且也给计算机的文本（语篇）结构描写和文本生成带来影响深远的干扰。

2.2.2 语言学对言语领域的非法掳掠

所谓“非法掳掠”，是指有些明明是言语现象，也被不加区别地当作语言问题，纳入语言学的范畴，写入语言学著作，致使语言学知识体系变得严重不纯。譬如乐化言语的各种手段，理应属于言语调节问题，它与一个语种的音位体系完全是不同性质的知识和技能，但许多语音学著作都要谈到韵律、节奏的问题；又如对有特定语境的词句的释义问题，这显然是言语理解的问题，但一些语言学著作常爱在词义句意上多费笔墨；再如代词、省略、插说、添注、倒装等，都是在特定语境下出现的言语变通现象，并不涉及一个语种的语法规律，但所有语法著作都要把根本没有统一语法属性的代词当作一个语法词类，与其他词类平起平坐，谈句子成分的章节，总是免不了要提到省略、倒装之类的现象；还如有许多病句和用词不当的现象，其实都是逻辑问题，事理问题，根本没有违反语法规则，但许多语法著作总要列举出大批非语法病句进行无的放矢的语法分析；更如复句、句群、篇章、修辞等都明明是不分语种而普遍存在的言语结构或言语技巧问题，而旨在描写语种特点的有些具体语言学著作，也要不伦不类地大谈其篇章组织、句群结构和修辞技巧；……类似情况，还可以举出不少。

所有这些，都是由于语言现象和言语现象界限不清，再加上语言学强大，而言语学羸弱甚至尚未出世才造成语言学“越界掳掠”的问题。

尽管由于这一问题的存在，已经使得语言学的知识体系过于庞杂，损害了这门经典科学的统一性和纯洁性，但因为这一问题是历史地、自然地产生的，人们已经习以为常，所以也就见怪不怪了。

2.2.3 语言学对言语领域的擅权统治

所谓“擅权统治”，其性质和危害比“非法掳掠”要严重得多。这是指语言学在取得了经典科学的地位之后，到处应邀，到处逞能，伸手太长，插足太多，铺得太大，管得太宽，飘飘然忘乎所以，昏昏然超乎所能。其最过分的表现就是闯入中小学语文教学，窃取了“语文双基”的头衔，试图以自己的一套颇为像样的基本理论和知识体系去指导中小学生的听说读写实践，从而提高他们的语文的水平。

（1）不可越俎代庖

理论来源于实践，是对实践经验的升华，正确的理论定能回过头来指导实践，以提高实践的功效，这确实是放诸四海而皆准的真理。那么为什么唯独语言学的理论知识不能用来指导人们的语文学习和听说读写实践呢？

我们说，普遍真理，四海适用，这是正确的命题；而一海之理用于四海，或拿甲海之理用于乙海，这就非出乱子不可，因为它在运用辩证唯物主义认识论原理时，违背了形式逻辑的同一律。

越俎代庖之所以应该反对，就因为庖厨有庖厨的职责范围以及为履行其职责所必备的一套本行知识和操作规范，尸、祝有尸、祝的另一套知识和技能，大家各守其职，各尽所能，则整个祭礼才得以顺利进行。如果让尸、祝越樽俎而代庖，那么就会出现外行操作，力不胜任的问题，还会出现职责不明，布局乱套的问题，这么一来整个祭礼就很难进行得下去了。可见，当我们在运用“理论能够指导实践”这一正确原理时，必须避免越俎代庖式的运用。要不然，拿尸、祝的理论去指导庖厨的操作实践，这就必然事倍功半，甚至事与愿违。

语言学的理论知识是从语言调查和语言分析的大量实践中总结出来的正确理论，它当然能够反过来指导跟它相应的实践领域。譬如说它可以指导人们从理性的高度去认识和掌握某一语种的特点和区分不同的语种；它能够指导人们如何描写一个语种的历史轨迹或如何整理某一语种的各个方言变体之间的对应规律；它还能够指导人们如何为后进民族选定一个基础方言，以促进民族共同语形成，又如何对待语种杂处条件下的同化异化现象，以维护一个语种得以纯洁、健康的发展；它也能帮助某一语种创制或改革文字等。譬如说，我国已经并正在继续大力开展的推广普通话（包括方言调查）、简化汉字和制定并使用汉语拼音方案这三项工作，就得找语言学理论来指导。

（2）不可错投门庭

那么语文教学的实践，人们想提高语文水平，或者说想提高听、说、读、写的实践能力，为什么就不能找语言学来指导呢？当然不能，这叫找错了门！

你如果是个诗人、作家，只要不想改行去搞语言调查和语言研究，只是想提高自己的语言质量（应该是“言语质量”），那么千万不要去找语言学家，不要去啃语言学著作，而应去找找杜甫，去读读杜诗，因为他发过“语不惊人死不休”的誓，他有丰富的实践经验，而杜翁的时代，语言学还没出世哩！你如果去请教语言学，那就糟了！肯定像缘木求鱼，劳而无功，甚至还会适得其反；因为你一学名动形、主谓宾，势必影响创作精力。再说，那些语言学家的文笔，那些语言学家著作里面的词句，说不定还远不及你原先创作的诗文的语言质量（当是“言语质量”）呢！

现代汉语这门课是要让你了解现代汉语这个语种的组织结构法则和特点，你没有学过这门课，你或许讲不出这套知识，但实际上你早就会了。

根据心理学的调查和实验，现代儿童母语能力，早在 4 岁之前就已经基本上具备，而且全世界各民族的任何一个儿童的母语能力的习得，全都不靠理性的语言知识指导，而都是通过社会的自然传染实现的。完全脱离人世社会，阻断一切言语传染的途径，那么即使过后恢复社会传染条件，他的母语能力也很难健全，例如印度狼孩卡玛拉就是这样。这个狼孩很小就在狼群中生活，到 8 岁时被带回社会，言语习得期过后，已经用各种方法教习，整 7 年过去了，最终还只学会了 45 个单词和极简单的几个句子。

另外，我们从世界各国第二语言的教学所走过的一段弯路中也可得到一个启示，只要你的目的不在于了解有关那个语种的理性知识，不想对那个语种进行理性的结构分析，而是想学会使用那个语种来进行交际，那么，从语言知识入手，或者环绕着那个知识体系进行教学，则是一种少慢差费的途径，而用提供交际环境，创造社会自然传染的条件的途径，则见效快，质量高，用处大。

综上可见，语言知识教学和母语交际能力（或者说语文水平）的提高，完全是两条道上跑的车。你现在已小学毕业，对你来说，母语的听说能力早已养成。你的口语能力很可能本来就不亚于某些结结巴巴的语言学家；你既已基本上过了识字关，那么你的听说能力完全可以自然转化成读写的能力。看你听辨如此敏慧，那么你的阅读分析能力一定不坏；听你那么能说会道，只要代之以你已会写的文字，再注意一下书面语的风格要求，那么相信你一定能写出好文章。与其花费时间精力去学汉语知识，还不如多读一些优秀的作品，多听一些精彩的演讲，进而悟理效法（注意，所悟之理，所效之法，恰恰不是指语言的理论和语言的法则，而该是言语的规律），那么你的语文能力就定能在原有的基础上有所提高。

总而言之，找语言学的理论知识来指导听说读写实践能力的培养和提高，只会增加学习负担，而实则于事无补，与儿童言语成长的自然过程根本违逆。

2.3 呼唤和寻觅自己的理论

那么有没有另外的理论知识可用来指导语文能力的提高呢？应该是有的，不过这个理论只能从听说读写的实践中去总结，包括从儿童的言语成长过程中去总结，也从不同言语交际效能的比较中去总结。人们将会看到，经过这样的总结、升华而产生的理论，就绝不是语言学理论了，恐应该用“言语学”来命名。

2.3.1 顽固的“语文之‘语’即指语言”说

我国惯用的“语文”这个概念，确切地说究竟指什么，似乎还没有统一的认识，有说指“语言”和“文字”的，有说指“语言”和“文学”的，也还有说是指“语言”和“文章”的，还有说指“语言”和“文化”的，似乎前面那一个“语”字就非要说成“语言”不可。

照此理解，20 世纪 50 年代中期在中学里试行两年多的汉语和文学分科教学，似乎也就不无道理了。

照此理解，“汉语”和“文学”分科试教废止以后，至今仍有人表示怀念和留恋，语言学家们更是不遗余力地一再地协商出一个又一个为各家各派都能接受的“共同纲领”式的“暂拟初中汉语语法体系”编进语文教材，后来，在淡化语文课中的语法教学的呼声日益高涨的形势下，教材编者们又改换手法，用“知识短文”和“课后练习”的方式，顽固地要将一些汉语知识保留在语文课本中，所有这些现象的出现似乎都是理所当然的。

照此理解，迟至 20 世纪 80 年代中期，有人还在我国社会科学院语言研究所的机关刊物，也是举世公认的我国语言学的权威刊物《中国语文》上，以“试谈改变中学语文教学观念的问题”为题，发表万言长文，提出要以“语言教尔曹”代替“文章教尔曹”的历史传统，认为“要开创语文教学的新局面”就必须改变“在一般人的心目中，‘语文’就是各式各样的文章”这么个所谓“语文教学的旧观念”，而希望“当人们提起‘语文’的时候，就会想到那是各种语言文字知识，语文课就是教语言文字的课，学语文主要是学习运用语言文字的知识”[①]。不难看出，该文的作者企图将语言文字知识提高到统帅、覆盖，乃至独占语文教学阵地这么个无比显要的位置上。敢于提出这么一种将会使具有悠久历史的语文教学彻底葬送的“周鼠之珍”式的主张，而且居然能在《中国语文》这样的国家顶级杂志上发表，也就不是偶然的，而是可以理解的了。

---

① 见《中国语文》1984 年第 3 期，作者吴人樵。

2.3.2 其实，“语文”之中不含“语言”

但是，我们认为，如果把语文课的教养目的明确地定为提高听、说、读、写的能力，而且主要是读和写的能力，亦即理解和表达的能力，那么语文课的性质就不是什么以学习语言这种交际工具为宗旨的工具课，而完全是以造就通用文才为基本使命，以培养言语交际能力为主要内容的能力型课程。听、说的能力，就是指口头言语的交际能力；读写能力就是指书面言语的交际能力。听和读是言语接收的能力，亦即言语理解的能力；说和写是言语发放的能力，亦即言语表达的能力。如果硬要将语文二字拆解的话，那么“语”就只能指口头言语，“文”就是指书面言语。

按这样的理解，语言知识是不在其中的。

按这样的理解，那么，前述的硬要将语言学知识塞进语文教学的一切主张和做法都是对语文教学的异化，都是对语文教学的严重干扰，都是对语文能力的造就和培养有害无益的。

如今，基于实践的教训和抵制，语言学知识在中学语文教学中所占的比重虽已越来越少，语法教学更已越来越淡化，但从根本理论上划清语言和语文的界限的工作，彻底清算语言学功能错位所造成的严重后果的工作，似还未见认真做过，而笔者认为，不做好这两项工作，恐怕难以避免时时觊觎着语文教学这一块风水宝地的语言学有朝一日还会死灰复燃，故态复萌，甚至卷土重来。

2.3.3 言语成长的自在规律和语文教学

我国传统的语文教学向来以成篇言语作品的综合阅读和成篇文章的写作练习为主要手段，从来不讲成套的语言学知识，从来不搞鸡零狗碎的语言单项训练。观察一下人们自在的言语能力的成长过程，不难发现，情形也基本如此。在学前期，不识字，就在自然状态的实实在在的口语交际实践中学，从牙牙学语，直到能够滔滔不绝地谈话；到了学龄期，随着识字量的不断增多，其早已熟练的口头交际能力逐步自然地转化为书面交际的能力，并进而悟出书面言语与口头言语的风格区别；到了学满出校，踏进社会，人们依然继续通过口头言语的听说实践和书面言语的读写实践来进一步提高自己的言语交际能力，其中特别优秀的，就可以成长为口若悬河的演说家，或成长为笔头生花的文学家，此时，其原有的“通用文才”已经成长为“专门文才”了。

综观言语成长过程的这三个阶段，始终未见有关语言的理性知识起过什么促进作用，也少见一些零零碎碎的片言只语的强化训练和矫正训练，即使有一些，也多在特定的场合，与特定的语境相联系的；可以看到的始终起作用的成长激素（不包括人的先天言语机制）只有两条，一为模仿性的实践锻炼，一为对言语交际规律的理性自悟。先是前者的作用大于后者，随着年龄的增长，各种知识的增多，言语积累的增厚和思维能力的增强，后者的作用越来越大，前者的作用渐趋消失。这就是养成和提高听、说、读、写能力的自在规律。我国传统的语文教学，基本上是和这自在规律相适应的。

现代的教育家想用更先进的自觉的理性教育手段去最大限度地缩短人们言语交际能力的成长过程，这无疑是完全正确的，必要的。那种只会叫喊“多听多说多读多写”的语文教育家，实际上是理性教育的取消派，或者是放任自流派。所谓“多”，无非是要人们反复实践。只要不是聋、哑、盲、残的正常人，自会通过反复的听、说、读、写的实践，逐步自然地增加理性自悟，而最终达到最佳状态的。而且反复的言语交际实践，是每个生活在社会之中的人的自然需要。语文教师如果只会祭出“多读多写”之类的法宝去回答关于如何提高语文水平问题的提问，那么，他一定是个无能的，或者是不负责任的教师，语文教育工作者的天职就是要努力寻求自觉的理性教育手段去指导学生的自发状态的听说读写实践。否则，办学校，开设语文课又有什么意义呢？问题在于寻求自觉的理性教育手段时，要寻得对路，切不可贪图省便，随手借来语言学这门经典科学，把它充作所谓“语文基础知识”，就想用来指导语文能力的提高，结果，名目上倒确有点像对路，而实质上却风马牛不相及，这就误人子弟了！这就在给语文教学败坏声誉了！

2.3.4 言语学理论的岗位使命

真正能够指导听说读写实践的理论，真正能充当语文基础知识的知识，只能是我们想用“言语学”命名的这么一套有待总结整理的理论知识！

这门言语学的理论，首先应该反映最佳言语交际过程的规律。这就得先对言语交际过程进行深入细致的考察，看看言语发放一方是如何将言语意识发放为言语信息以便让对方感知的，而言语接收一方又是如何将对方发来的言语信息接收过来并转为领悟意识的，在这整个过程中，发放方的交际意图是如何实现的，最佳的交际效果是如何取得的。只有经过这样的考察，最佳言语交际的规律才能总结出来。

这门言语学的理论，还得反映出最佳言语媒件，亦即优秀言语作品的组织结构规律。这就得先对言语作品海洋进行全面广泛的研究，看看所有言语作品普遍存在的组织系统是怎样的，再看看能否将它们分分类别，找出各类言语体式的基本模式、基本套路和常见的条件变体。只有经过这样的研究，最佳言语媒件的组织规律才能总结出来。

我们深信，随着现代科学的日益发展，随着学术研究的日益加深，语言和言语的区别，语言学和言语学的分工，必将为大家所认清。“无可奈何花落去，似曾相识燕归来。”大、中、小学的语文教学，人们的语文自修，第五代计算机想对自然人的文本读写过程进行计算机的描写，或企图具备描写、生成文本的能力，都终将抛弃语言学的知识体系、思维定式和研究手段，而接受言语结构学的理论和方法！一个多世纪来严重干扰语文教学的越俎代庖的历史性错误终将结束！让尸祝和庖厨，让语言学和言语学都各就各位，各回到自己的本职岗位上去发挥各自固有的作用吧！

2013年9月21日晨校于同济医院病房

言语结构学讲授纲要

阮 尉

卷前语

如果说上文的“导论”只是一堂“预备课”，那么本文就该是正课中的主讲课了；如果说上文还只是就“思维·言语系统学”提出一种创意和设想，那么本文则已是在实现，已经开始阐述在开发和创造这门科学的过程中之所得，堪称已初步成型；如果说上文虽已成文，但还只停留在粗线条的表述，那么，本文虽只是个纲要，基本上尚未成文，但已初步达到具体而微的目标，而且有些重点节目，已经超越“纲要”的规格，即在纲要之外，配备了详略不等的最经济、最朴实无华的阐述文字；若将上文和本文贯通起来、结合起来，那么，草创思维·言语系统学的愿望，或可初步实现了，单读导论时容易产生的大而无当之嫌和单读纲要时难免出现的不知所云之感，亦或可得到一定程度的缓解。

本文既以“讲授纲要”命名，表明这套内容已经搬进课堂，已经经受过教学的检验。讲授对象以定格为具有大专以上文化程度的中小学语文教师、文职人员和文科学生为宜。作为读物，其读者对象，亦该与讲授对象相当。

本文作为一门学科的讲授纲要，当然少不得定几条该课程的教学要求。今既作为出版物提供给无缘接受面授的广大读者，那么以下这些原面授的教学要求，也可当作阅读和自学的提示，起点导读作用。

一、让学员（读者）认识在“思维·言语”的理解和建构过程中所存在的“自组织系统⇆意组织系统”这一辩证转化规律，从而使他们了解优化“思维·言语”素质的必要和可能，进而让他们理解“思维·言语”的系统化是优质通用文才的核心，而通用文才是每一个有教养的社会成员，不管其职业、社会地位、政治信仰和专业造诣如何，都必须具备的。对教师来说，尤其是文科的教师，更需要这种以系统化的“思维·言语”品质为核心的优质通用文才，从而激发他们学习本课程和优化自己的“思维·言语”素质的主动性和积极性。

二、让学员（读者）了解思维·言语系统学的基本知识和思维·言语系统化的主要标准，并要求他们运用这些知识，按照这些标准来优化自己的思维·言语素质，从而增进自己的通用文才。

三、让学员（读者）掌握用以描写成篇作品的思维·言语系统的“鉴赏提纲”的规格，并初步具备读纲、建纲能力，以便向他们提供一种行之有效、终身受用的旨在优化思维·言语素质的训练手段和自修拐杖。

四、运用思维·言语系统的分析方法对若干言语作品（以中学、小学语文教材为主）进行思辨性的结构考察，借以加深学员对系统分析与非系统分析的明显区别的认识，从而促进他们摒弃非系统分析和运用系统分析的自觉性。

第一章　绪论

第一节　课程简介

一、名称内涵

1.定义

“思维·言语系统学”是一门运用现代系统方法对人们的言语交际过程以及通过言语外化的人们的思维运筹状况进行从宏观结构、经中观结构、到微观结构三相观照的结构考察，从而发现优质思维运筹和高效言语交际的规律，并研究如何运用这些规律去指导人们的思维和言语实践，借以优化人们的思维素质，提高人们的言语交际效能的综合科学。

2.定义内所含概念释义

①“思维”和“思维运筹”。狭义“思维”和广义“思维”。“思维·言语”中的“思维”，特指伴随着言语交际活动，并通过言语外化的意识的有秩序的运动。既不是把思维和言语对等起来作双题研究（其间的圆点表示有联系的间隔，不是表示并列的顿号），更不是像大脑思维科学、心理学、哲学、逻辑学那样去专门研究广义或狭义的思维。

②“言语”“言语交际”与“语言”（见本书“导论”部分）。

③“系统方法”与唯物辩证法的相通性。

④“结构”以及“从宏观结构、经中观结构、到微观结构三相观照的结构考察”，

宏观、中观、微观的相对性（见本文第三章第四节）。

⑤“优化思维素质”的特指含义。

⑥“提高言语交际效能”的特指含义。

⑦“综合科学”（见本书“言语结构学导论”部分）。

⑧“通用文才”。

二、本课程的性质特点

1.综合性

本课程用现代系统方法，因循结构理路来考察世袭的文科领地，充分体现出中西相通、古今互济、文理渗透、多科综合的精神。本课程专为便于思路建构和思路剖析设计并要让学员掌握的“系统鉴赏提纲”，规格谨严，逻辑周密，也颇有理工图表的风格。

2.实践性

首先，本课程的全部理论观点都直接本源于对人们的思维 · 言语实践的广泛、深入、细致的考察，本课程对所有被选作实例的思维 · 言语作品的分析结论，也都直接本源于对作品本体的开掘和对作者思路的捉摸，亦即“按照作者写的原样去阅读这些著作”，[①] 绝无墨守成规、食洋不化、尾众媚世和唯“名”是从等易犯的通病，倒是颇多新识异见和斗胆诤言。

其次，本课程的全部理论观点和对思维 · 言语作品的分析结论，都完全为着，并可直接用于对人们思维 · 言语实践的指导，而且特别适用于对以优化学生的思维素质和提高学生的读写能力为根本使命的当前各级各类学校的语文教学的指导。

3.思辨性

首先，本课程的根本使命是要优化人们的思维 · 言语素质，而思辨本身就是这一优化过程中的重要环节，思辨能力、思辨习惯正是思维 · 言语素质得到优化的重要体现。

其次，本课程在方法论、基本理论以及具体识见上的异俗创奇之处甚多，也有赖于充分的思辨才能令人信服。

再次，本课程的实践性原则要求教学双方都能彻底摒弃名家教条和通行成见，而紧紧把握住认识对象的本体和充分调动主体自在的认识能力，让自组织系统尽可能正常地转化为意组织系统，这也就不能不要求整个教学过程随时随地保持冷静的思辨头脑，以警惕和排除形形色色非自然本源意识的干扰。

---

① 恩格斯《马克思〈资本论〉第三卷序言》。

因此，本课程教学中，对任何现成的结论，哪怕是几成共识的观点，都要经过自己头脑的充分思辨，鉴别其正误深浅，分别予以臧否褒贬，决不拾人牙慧，人云亦云。

4.创造性

不管是基本理论，还是例文讲析，也不管是宏观上全书章节框架的建构，还是微观上形式化的符号、公式、图表的设计，全都是作者创造性劳动的结晶，绝无袭用他人成果之处。

在教学中，也特别强调发挥学员的创造性，不仅提倡教学相长，以提高教学质量，而且要求学员群策群力，共同致力于这门新兴科学的研究，使尚处于草创期的本学科日臻成熟、完善。

5.整体系统性

以言语交际的全过程和整篇言语作品为考察对象，竭力避免对过程中某个局部环节和言语作品中的一些言语片段作孤立的或与其所属系统割裂的分析。

三、本课程内容梗概

本课程内容大致可分两个方面：

第一，在绪论章，介绍本课程的大致情况，突出本课程的功能，讲清开设本课程的必要性，力求激发学员学习本课程的积极性。

第二，在第二章，即基础知识部分，讲述思维·言语系统学中的一些最必要的理论知识，主要包括：

1. 对在言语交际全过程中的思维·言语运营状况作横断分程考察；
2. 对凝聚和体现在言语媒体中的思维·言语结构作近身考察；
3. 关于对成篇言语作品作思维·言语系统学分析的要领；
4. 关于言语体式的理论以及各种言语体式的结构模式；
5. 关于思维·言语系统质的主要标志和非系统思维·言语的主要症状。

四、创建思维·言语系统学的根据

1.哲理根据

“自组织系统⇆意组织系统”；“实践→认识→再实践”；唯析科学时期的庖丁解牛[①]→整化科学时期的艺术整容。

---

① 唯析科学时期，指以牛顿力学为代表的现代经典科学时期；庖丁解牛是对这种科学时期的方法论特征的比喻。

2.实践根据

“顺理成章”“行云流水”——系统化思维 · 言语在思维运营和言语交际实践中的自然统制力，“矫揉造作”“佶屈聱牙”——人们对非系统思维·言语的自然反弹力；前人的摸索；实验教学的成果。

3.历史根据

综合边缘研究的兴起和人体心灵科学的迟开；语言学的渐向言语领域拓展；“言语”概念的日益被认可、采用和人们对言语研究的兴趣日见浓厚。

五、开设本课程的意义

1.对自然言语教学——语文教学

教师，特别是语文教师的根本职责和应有的业务素质；
语文教学质量的长期徘徊和语文教学科学化的裹足不前；
语文教学声誉的每况愈下和语文教学参考书中对言语作品分析的混乱无谱现象；
对语文教师依赖教学参考书现象的苦、乐、得、失观和语文教师的最大素质缺陷；
语文教改的应改对象和应趋方向；
本课程的功能：优化思维素质，提高言语品位，增进通用文才。

2. 对文艺创作、评论和美学理论

不仅文学创作和文学欣赏的过程与本学科所研究的思维 · 言语从发放到接收的运动过程完全同步合拍，而且本学科中的“深层立体意识”“潜交际因子”以及宏微、深表、内外兼顾的整套系统分析方法对文学评论、美学理论中的诸如形象思维、实证主义、接受美学以及文本研究等问题都能提供新的理论启迪。

3.对相关科学

对思维 · 心理科学，本课程是打开大脑黑箱和心理幽谷的金钥匙。此外对哲学、逻辑学、语言学、教育学来说，也能获得一套有关语言与言语的全新的科学观念，并促成有关领域的知识更新。

4.对人工智能研究

自然智能研究是人工智能研究的前提。本课程可为自然智能研究提供全新的有效途径。

第二节 人才素质、通用文才和思维·言语系统化

一、“通用文才”的内涵和外延[①]

二、各种专门人才都需要比较全面且特别高强的通用文才

三、思维·言语系统化是通用文才的核心

四、开设本课程，对教师进行思维·言语系统化的训练，不仅能有效地增进教师的通用文才，而且能直接有助于提高语文教师的专业素养

五、由于本课程直接有助于通用文才的开发，故也直接有助于包括教师在内的各种专门人才的造就

第三节 从基础语文教学中大量存在非系统思维·言语现象看开设本课程的必要

一、小学语文课本中范文本身的非系统思维·言语现象举隅（仅从小学语文第九册中选若干例子）

①《南泥湾开荒》第 11、12 两节内容违背系统原则。

②《井》第 4 节内容违背系统原则。

③《鲸》第 2 节让鲸的总类属与鲸内部的分种同节，下文介绍鲸的分面特点时，有光就须鲸而未顾及齿鲸的情况，以偏概全。

④《一对小瓷鹅》第 2 节首句未取得应有的结构地位；该节在作造型描写时，让嘴、身同句，翅、趾同句，“扭”“弯”同主，致头、脖相混；该篇还在着色描写

① 由于作者身体状况不佳等原因，个别小节论述尚未完成，只列出了标题。

上附图与正文多有龃龉。[1]

⑤《黄道婆》在体式运用上说介与记叙交杂，配置欠当；前三节的落段也欠妥。

二、小学语文教学参考书的范文分析（包括课本对范文的注疏）中非系统思维·言语现象举隅

①《枫桥夜泊》“夜半”“乌啼”“寒山寺”释义违背系统原则。

②《海上日出》第 4、5 节被分析为日出后连续出现的景象，第 6 节当作对全文的总结和对上文所描全部景象的赞叹，均由于未摸准原作的思路系统。

③《卖火柴的小女孩》前四节的言语体式未抓住，致被分析得支离破碎；全文的结构被分析成三部格，致高潮部分未得突出。

④《南泥湾开荒》被说成记叙文，体裁误判，对全文的结构分析也完全乱套。

⑤《蟋蟀的住宅》整篇思路系统全未摸到，所列结构表本身毫无逻辑性和系统观念。

可以说，全套小学高年级语文教学参考书中的范文分析，能够从宏观到微观完全符合思维·言语系统分析的结论的，实在是凤毛麟角。

三、初中语文课本中范文本身的非系统思维·言语现象举隅（仅从初中语文第四册中选若干例子）

①《白杨礼赞》，第 5 节上半节写到的树皮，游离于“力争上游”这一系统核，下半节的“北方风雪”与“西北风”未对应好；第 7 节用反诘句构成四联排句，将白杨的象征意义层层推进，而到第 8 节用来与白杨作质性类比的仅仅是四联成排反诘中的第二档反诘的所指；此外还有不少词句不合汉语规范。

②《松树的风格》，立意很高，也堪称妙语如珠，但是不管是用思维·言语系统化的要求来考察，还是用语言结构规范来检查，该文从宏观结构，经中观结构，到微观结构，真可谓疮痍满目。

③《洲际导弹自述》，在全文的宏观结构，自然段之间的中观结构和有些自然段内部的微观结构方面，甚至在第一人称的使用上，都存在不少有待优化的属于非系统思维·言语的环节和成分。

四、初中语文教学参考书的范文分析（包括课本对范文的注疏）中非系统思维·言语现象举隅

①《春》篇写小草时用了“钻”字，就以为“钻”表现了春草的生命力，而不问其所在语境系统及其在这一系统里所承担的使命。

---

① 龃龉：是说选文所附图片色彩与选文关于图片色彩的描写有多处不相符合。

②《生于忧患，死于安乐》篇中对“法家”“拂士”“徵于色，发于声，而后喻”的注释和今译，均违反全文的思路系统。

③《论语》六则中的第一则，被认为是谈学习态度和学习方法的，这可以说是言语理解仅止于表层语义的典型。

④《登泰山记》第3、第4两个自然段的落段，既未识原作的思路，也不合游记体文章的组篇习惯。

⑤《批评和自我批评》被当作议论文分析，又套用提出问题，分析问题和解决问题的三部格局，更以其首句为全文的总论点，其后则有所谓理论证明和事实证明云云，都完全不合这篇节选文字的思路实际。

⑥《白杨礼赞》全文被分析为五部格局或三部格局，而以分写白杨的所谓“景”“形”“神”为全文的主体部分，如此分析既不能反映抒情散文的组篇习惯，也与原作的思路衍化格格不入，而且“景”“形”“神”三分与原文的表层语义都不相符，更不必说让“景”“形”“神”三者并列从系统原理来看是根本无法成立的。

五、高中语文课本中范文本身的非系统思维·言语现象举隅（仅从高中语文第二册中选若干例子）

①《简笔与繁笔》全文本末不协；说介体式与评论体式摇摆不定；从用例看，扬繁反比扬简重。

②《琐忆》首段段首引诗评诗两句系全文总纲，应单独立段。第10自然段的后半段关于补靴的对话已涉及对进化论的反思，与其前二例不类，宜另起一段。

③《一次大型的泥石流》末了两个自然段是对蒋家沟多发性泥石流成因的分析，谈了自然条件，也谈了社会条件。末段谈新中国成立后社会条件的改变，该是上段后半的补充，落段欠当。

六、高中语文教学参考书的范文分析（包括课本对范文的注疏）中非系统思维·言语现象举隅

①《中国人失掉自信力了吗》被当作驳论分析，还说什么先用直接反驳驳论据，再用间接反驳驳论题，既不能体现鲁迅杂文的诙谐风格，又歪曲了原文的实际，甚至可说帮了倒忙，闹了笑话。

②《六国论》中，将“向使三国各爱其地……”一节文字与讲述齐、燕、赵三国致亡原因的一节文字放在同一段，又将讲证“非兵不利，战不善”的一节文字混杂进讲证“赂秦而力亏”的“思厥先祖父……”段中，均由于未明原作的思路系统。

③《荷塘月色》篇被选入课本时，有三处被删，均伤及原作的思路系统。《采莲赋》及其前后一长段文字被删，伤及宏观结构，使原作情愫运动的曲折性减弱，直

接有损表现文心题旨的力度。另二处被删，则由于未解作者每逢描写均先着形描再补以意描的工笔匠心。这虽属微观结构，但也损及作者描写细腻生动，联想刻意求奇的风格。

④《过秦论》上篇的末句究应作何理解，学术界早有争论。《新书》《史记》《汉书》《文选》等原始版本在文字上也存在有“而”无“而”的出入，按照思维·言语系统观，此句的含义是毋庸置疑的，遗憾的是课本和教参恰恰作了有违系统原理的选择，课本竟专就此句释义设置了选择题，教参则写了一则浅薄而且完全错误的“标准”答案。

⑤《归去来兮辞》中“倚南窗以寄傲，审容膝之易安”和“园日涉以成趣，门虽设而常关”均为对句，课本注释和教参译文均未得确解，且对“园日涉以成趣”句的解释还与该句所处的大语境系统（当日经历叙述）不合。

可以说，中学（不管初中还是高中）语文教参对范文的讲析还未形成一个准谱，各篇正误、深浅、详略不一，其中有违系统原理的地方是相当多的，这里无法一一涉及。奉这样的教参为金科玉律，一统中学讲坛，真可谓上害原作，下误子弟！

第四节　为人才造就的基础工程添砖加瓦

——语文教学科学化浅探

一、各国母语语文教学迷惘的普遍性及其共同根源

语文教学的根本使命在于开发通用文才这一认识尚未确立，对语文教学的任务尚未取得共识；“语文”的实质是言语，而不是语言或语言加其他什么东西的基本认识尚未确立；独立的语文学尚未真正确立，而以语言学代替语文学这一延续近百年的科学错位历史尚未完全结束，语言学的阴影对语文教学的干扰尚未彻底消除；对通用文才的内涵，对通用文才和言语能力的成长过程和开发途径尚未进行科学的研究和总结；语文教学的有效手段和方法尚未脱颖出来，更未形成可普遍推行的规范；新中国成立以来，点点滴滴的、不成系统的、未获理性升华的、难保稳定功效的手工业式的、个人经验性的技法智巧在语文教学界层出不穷地频频传播，甚至被当作科学规律在提倡或强行推广的现象尚未得到科学的清算和甄别；我国近几年来显得相当活跃的关于语文学科的性质和使命等基本理论问题的争论，尚未从根本上摆脱重蹈历史怪圈的浑噩状态，与理论上的浑噩相应的在实践上的诸如讲求轻松兴趣（姑且名之曰“兴趣主义”）、开发音像手段（姑且名之曰“异化倾向”）、追求自然效应（姑且名之曰“返祖现象”）等五花八门的探索，尚未从根本上超脱近乎瞎子摸象和光求

表面上花样翻新的踉跄状态。

二、关于我国半个世纪来的语文教学，理论上始终未摆脱在浑噩怪圈中逡巡徘徊和实践上始终未超脱在瞎摸状态下摇摆踉跄的历程的回顾

三、语文学被语言学篡位的命运史和历史反思

四、语文教学科学化道路上必须突破的几个关卡和思维·言语系统学及其应用课程“言语交际系统工程”课所作的有益探索

1.关于语文观

① 必须纠正“‘语文’之‘语’即指‘语言’”，“‘语文’首先姓‘语’”之类错误提法。

② 必须弄清“语文”与“语言”“言语”“思维”的区间划分和关系。

③ 必须认清言语与语言是风马牛不相及的两个认识区间和互无任何交叉的两套结构系统。

④ 必须确认“语文”就是“言语”的别名，它只能是思维或意识借助于语言手段的外化物，决不能再把语文混同于语言，必须将列成“言语—语言—言语”公式的教学语文观矫正为可列成“语言—言语—语言”公式的自然语文观。

⑤ 如果一定要将“语文”二字拆解的话，那么至多只能说“语”指“口头言语”，“文”指“书面言语”。还必须确认，语文教学中的语文，主要是指成篇书面言语的读写，既不能让听、说与读、写并重，更不能将听、说置于读、写之前，也不能把以篇章言语系统为唯一对象的语文言语观异化为仅追求对离篇断章和片言只语的非系统的玄悟性语感的语文言语观。

⑥ 新大纲（1996年颁布）把“语文”定义为交流思想的“基本工具”或“基础工具”，或者定义为“最重要的交际工具”“最重要的文化载体”“负载文化的交际工具”等，都没有彻底跳出将语文与语言混淆的认识误区，都没有超脱似是而非的“工具课”提法的羁绊，而且有明显的对人文性和工具性两种对立观点作原则调和的倾向，故依然没有从根本上摆脱理论上的浑噩状态。

2.关于语文学理论

语文学理论必须是，也只能是对在人类群体中无处不在的近乎自组织状态的言语交际实践的意组织化或理论升华，绝不能移用研究其他认识区间的现成成果。当前特别需要强调彻底结束和清算语言学越俎代庖取代语文学这段漫长的科学错位历

史的必要性和紧迫性，要敦促语言学返本，要为新语文学催生，大力开展语文学的独立研究。

3. 关于语文教学观

最近，语文教学界就语文课的性质问题正进行着反思和辩论，从中反映出了一部分肯独立思考，并擅长精微思辨的语文教师的理论困惑和一定程度的醒悟；但是，一些资深语文教育家和权威人士却依然死抱着马克思主义经典著作中的“语言”定义不放，并继续把它硬塞到语文教学当中来，同时又顽固地要把德育的任务当成语文课的另一“本质属性”，以与语言的工具性本质配对，试图用这样的质性二元论去修正已在实践中受到普遍怀疑的原先的工具论，致使长期处于摇摆不定、反复无常状态的我国语文教学界对语文学科的性质的把握和表述又陷入了新的混乱难堪的局面。以至于一些教书育人工作做得卓有成效，还开过许多样板公开课，在国内外都享有很高声誉的语文教育家在讨论语文课的本质属性问题时，又重新祭起几十年前出现过但早已被彻底否定的“文道结合”论和“语文基础知识与思想品德修养兼顾”论，只是稍加改头换面，提出什么“工具性”与“人文性”并存的“多重属性”说和“教文”与“育人”兼挑的双重任务说，而又不肯正视这类论调都该划到质性二元论怪圈之内的事实。1996 年新大纲的语文定义也透露出对这种质性二元论的认可。这些都充分表明，争争吵吵数十年仍莫衷一是，浑浑噩噩上百年乃至数千年仍昏迷未醒的语文观和语文教学观，至今依然没有得到正本清源。

最近还有权威人士在国家级的“21 世纪中国语文教育发展战略研讨会”上提出：我国未来的语文教育将“以语言学、文章学和文学为三大支柱”，还想用“文字、文章、文学、文化”这样的“四文”来概括“语文教育题中的应有之义”。这是在有关语文教学内容方面反映出来的最为明显的堪称杂类兼容的语文教学观。

前述的“言语—语言—言语”的公式，就其强调言语和语言的区分这一点来说是可取的，但就其宗旨来说，则不仅反映了将语言混同于语文的有着近百年错位历史的语文观，而且就语文教学观而论，也流露出了对语文教学的手段、目的和程序的误解。

必须对世界各国各地有史以来始终普遍地极端重视和以首位课程投注最大的课时量从事母语语文教学的原因，或者说对学校开设母语语文课的初衷，进行切实的研讨，从而认清，这个原因和初衷正在于：随着人类文明的日益发达，人们越来越意识到通用文才在人才造就中的极端重要性，而经过对通用文才进行因子分解，不难看清，母语语文能力，亦即我们所说的思维·言语能力则是通用文才的核心，因此，通用文才的开发、培养、提高、造就，在很大程度上有赖于通过母语语文教学来优化人们的思维素质，提高人们的言语品位。由此可见，语文课的性质根本不是什么工具课，更不是语言知识课，也不是多科并蓄、杂类兼容的杂家知识课，而是百分之百的能力课。语文课的成败优劣，不能看对“工具”操作的熟练与否，也不能看人文精神或思想品德或情商的高低，更不能看掌握语言知识和其他有关门类知识的多寡，而全要看以对书面篇章言语系统的读写能力为标志的思维·言语能力的涨落和长进程度。

必须承认和借重于学龄青少年和一切语文学习者原有的近乎自组织状态的语文能力。语文教学的使命只是对教学对象的这种原有的自组织能力的梳理、朗化、意组织化和优化，必须破除对语文的神秘感和恐惧症。同时又得警惕偏向于仅以自组织状态为满足，提倡放任自流或所谓放牧式教学，因为这实质上意味着放弃理性指导，任虚无主义语文教学观和取消主义教育论泛滥。

4.关于语文教学方法论

必须将听、说、读、写、思能力当作一个有机的系统进行考察和训练；言语作品作为这个系统中的中枢媒体，语文教学绝不能废弃以成篇言语作品的读写为主要手段的传统；要继续承认“多读多写”这句口号的合理性，还得在其前加上“在正确理论指导下”，以赋予这句老生的常谈以积极的、科学的意义，更必须建构严密的理论系统来统帅读写教学;还得确立由简至繁，由易至难，由宏至微的系统讲练程序，采用程序教学法；必须恢复以读写成篇文章为主的语文考核命题体制，尽快纠正游离于文章的有机系统之外的非系统的、无序的、东一榔头西一棒槌式的支离破碎的设题时风。

必须对经数千年衍化而形成的我国书面言语教习的历史进行客观的回顾和科学的反思，必须对我国高效稳行数千年的语文教学传统进行认真的总结，去粗取精，去伪存真，然后结合现代科学和现代教育的要求和条件，创建现代语文教学法的科学理论。必须看清，近半个世纪来，在语文教学法的理论和实践中存在的混乱无谱现象，绝不是个别的、局部环节的、限于某些具体方面的、仅追究某些教育管理部门和执任教师的责任就可以解决的浅层次的皮毛问题。也就是说，这绝不是孤立的仅限于方法的问题。看似方法问题，而实际上则是与一些深层次的根源有联系的带有根本性的问题。首先，必须意识到，要立足于现代教育课程之列，必得具备独特的理论系统，并据此而为自己在现代分析性课程系列中找到一个理性定位。其次，现代大课堂教学的手段，犹如现代的大机器生产，须得有一条有机的生产流程和一套严密的组织管理来保证，这也是以具有一整套理论知识和操作规程为前提的。凡属现代教育课程，能通过大课堂手段进行讲授的，无不具有一套系统的理论知识。唯独语文课，尚未形成这么一套理论知识，却在现代教育课程系列中占据着首席课位，并用大课堂手段施教。须知，这课位是“前朝”世袭下来的，而这大课堂的教学手段，却是“前朝”从未采用过的。所谓“前朝”，那是指自给自足的小农经济和手工作坊的时代，在语文教学上是指三五成班的私塾家教时代。凡属个人经验性的技艺传授或教习和个人心得性的智慧启蒙或点拨，当然可以，也易于采用手工作坊和私塾家教的方式。我们的语文课，由于始终没有形成一套现代意义上的理论系统，至今仍停留在个人经验传授和个人心得启蒙的水平。在“前朝”，它当之无愧地占有首席课位，甚至可以单科包抄，而且理所当然地能达到得心应手、高效稳行的境界。如今，社会、科学、教育早已由“前朝”转为现代，而语文课的内容还停留在“前朝”的水平，却继续世袭着首席的课位，矛盾多多，难以持久，实属必然，所谓“彼一时，此一时也”，既“时运不齐”，当然会“命途多舛”。再次，除了语文课的内容与现代大课堂教学手段存在不相适应的根本矛盾之外，现代诸多分析性课程竞相争夺教学地盘，越来越繁杂的现代社会的政治、经济、文化生活对莘莘学子的诱惑和干扰，还有拜金主义、浮躁心理、简单粗糙作风和急功近利欲念等现代综合征对师生双方的侵害和腐蚀，无不严重影响依然停留在“前朝”水平的语文课的地位、秩序和质量。综上可见，语文课所面临的是堪称“现代危机”的根本性、时代性的灭顶之灾！“明者因时而变，知者随事而制。”语文课要避免时代性的灭顶之灾而求得继续生存，要摆脱现代危机和克服由此带来的一系列矛盾，要取得能让学生、家长和社会满意的现代教学效果，绝不能只停留在方法层面上搞花样翻新和小修小补，而必须对症下药，有针对性地从最根本的课程建设着手，大力开展学术探讨和理论研究，认清语文的实质，摸透语文能力成长的规律，建构出确能反映语文实质和语文能力成长规律的具有现代科学水平的语文学和语文教学的理论体系，实现语文教学科学化，从而取得现代教育课程的资格。只有在完成了现代科学水平的课程建设之后，才有可能废弃传统的手工作坊式的私塾家教手段，而承用现代大课堂的教学手段。这就是语文课免死求存、脱离困境谋求发展和重抖“前朝”雄风的唯一出路，舍此而无他。

必须审慎地对待强调“以语感为中心”、自名为“语感论”的语文教学新方法论。由于它在理论上未分清语言语感和言语语感的界限，甚至拿叶圣陶、吕叔湘前辈二老的显然偏倡语言语感的片言只语为张本和范本，又与近几年方兴未艾，虽在言语理论上颇有建树，但毕竟未与语言学划清界限，反而自屈于“语言学分支”的科学定位，致难以给语文教学带来根本性突破的言语交际学在对象论和目的论上遥相呼应，故而要特别警惕：它虽以撑起反对用语言学知识的传授代替语感培养的纛旗开始——这一点很具号召力，确也值得肯定，但却在理论归宿上仍难免以重落语言学掌心告终——这一点就不能不让人深感遗憾了；还由于它将“语感机制”分述为既缺乏科学的立论基础，也无法进行实践操作的所谓“语言”“观念”“情感”三种图式，故得谨防这套在口头上虽也提倡系统精神的理论，而实际上却很有可能将语文教学引向背离以对篇章系统的读写为中心的传统模式而陷入以追求对片言只语或离篇断章的实属非系统甚至反系统的玄悟为目标的新泥淖。

必须审慎地对待近年来在社会各界四面楚歌般地指责语文课和语文高考指挥棒误人子弟甚至“误尽天下苍生”的严厉讨伐声中匆匆冒出来的让学生在轻松愉快的气氛中饶有兴趣地学习语文的主张和把学校和课堂设计和布置成微型社会，让学生在现实生活中返璞归真式地、放牧式地、听其自然地进行自由的、大运动量的听、说、读、写实践的语文教学新实验。这种主张和实验，若仅当作一种辅助性的方法偶尔选用，当然未尝不可，而且较之以往的在错位理论指导下的严重脱离实际的语文教学和语文考试，还有其进步的一面，会取得一定的功效。但若把它们强调到原则和目的的高度去刻意追求，那么不能不说，它们所共同带有的致命的弱点，反而会强化语文课的现代危机，从而加速语文课的致亡。这个致命的弱点就是无视现代教育必须以反映客观事物的本质和规律的科学理论为指导去教化学生这一起码的教育使命观和教育效用观，反而去提倡少慢差费的以社会自然传染和个人理性自悟为特征的前教育甚至反教育的属于原始的自组织系统的成长过程观。可以说，这是语文教学理论上的“返祖现象”。这不仅是对现代教育课程论的反动，甚或也是对有着悠久历史的强调在教师的点拨和指导下进行多读多写的旧语文教学传统的倒退。再说，学习任何一门有分量、有相当理论深度的学科，学习任何一种有一定难度的技能，一般地说，从本质上说，都得付出艰苦的劳动，都得有刻苦的精神和踏实、致志、专心、文静的学习态度和学风，学习语文也不例外。在学习过程的某些环节上，讲求方法，提倡巧劲，调节气氛，缓解过于紧张的心理，旨在降低学习的难度，这是应该的、必要的;但这与成天价追求学习过程的丰富多彩、轻松愉快，有如逛百花园，绝对不是一回事。应该强调，学习有如本色无花果，即其过程是本色无花的，并以此去换取最终的丰硕的真果。反之，若在过程中追求七彩香花，那么很可能最终不会结果。罂粟花娇艳多彩，但不到果子成熟，早已毒流全身。热衷于把学习过程打扮得花枝招展的语文教师们，千万当心，别让孩子中毒。

语文教学科学化道路上的以上四个关卡依次互相递为本末关系。语文观是语文学理论之本（或者说基础和前提），语文学理论又是语文教学观之本，而语文教学方法论则只是语文教学观之末。这就是说，首先要建立正确的语文观，然后才有可能通过对语文的考察和研究，产生正确的语文学理论。如果连对“语文”究为何物都未取得科学的共识，怎么可能出现切实的语文学理论呢？有了正确的语文学理论，语文教学也就有了实力后盾，因此也就有可能做到有的放矢、言之有物。建立起了科学的语文教学观，解决了语文教学的目的和内容，才谈得上贯彻和实施的手段和方法，这样，才能避免为方法而方法，才能避免把语文教学改革搞成华而不实的搭花架子游戏或走马灯戏法。

但是反思长期以来语文教学改革的实践，总让人感到常有本末倒置的倾向。不是吗？改革了几十年，时至今日，方才开始怀疑把语文课定性为工具课的正确性，方才开始考虑起开设语文课的真正目的和语文课的职责使命之类最根本的问题；而数十年来，偏重于语文教学方法的论文、经验却层出不穷，得到各级官方赞誉和树范的各种先进教师、明星教师也多得难以计数，精心组织示范的各种内容、各种名目的公开课更令人目不暇接，从文选到习作，从知识到能力，乃至于从板书到电化手段等，不一而足！以至于有些权威人士竟公然宣称什么“语文教学一半是科学，一半是艺术”。所谓“艺术”者，就是全看教师个人的技法，无什么科学规律可言。持此论者简直把自己置身于个例经验论和神秘论甚至不可知论的坑沿了，它几乎从根本上取消了语文教学科学化这一基本命题和语文教学改革这一基本课题！而究其病根，则恰恰在于严重的本末倒置，甚至是完全的舍本逐末。“不治其本而务其末，譬如拯溺锤之以石，救火投之以薪。”（《邓析子 · 无厚篇》）面临现代危机的语文课，不投大力气于课程的理论建设，而长期成天热衷于以课堂教学为中心的方法改革，花样翻新，其结果必然是加速语文课的走向灭亡。不能不让人感到痛心的是，这一倾向的存在远不是短时间的、局部地区的，更不是仅见诸个别掌权者的指挥棒。

5. 关于思维 · 言语系统学的应用成果

“言语交际系统工程”是应用思维 · 言语系统学的理论成果试设的实验课程，它以对成篇言语作品的系统读、悟和系统构、写为基本手段，旨在优化思维素质，提高言语品位。通过多轮实验教学，已可看到它对以上四大关卡的全面突破，从而已为语文教学科学化摸索到了一条有效的诱人的通途。

第二章　论思维 · 言语过程的结构系统

——横断分程考察

第一节　过程的系统属性

一、过程系统的普遍性

任何一个连续的运动过程都是一个系统，或者是一个尚未被认知的自组织系统，但是有轨迹可寻；或者是一个由意识控制的意组织系统，有规律可循。或者是一个科学的、合理的、严密的、较理想的系统，或者是一个有某些缺陷的、有待调整、有待优化的不够理想的系统。

二、言语交际过程中收、发两个终端环节的系统属性

说（或写）——听（或读）是思维·言语交际过程的两个终端环节，不仅一次连续的思维·言语交际过程的两个终端处于一个有机的系统之中，互相牵制，而且说、写之类作为发端，听、读之类作为收端，又各有其端程运行的带有普遍性的规律，因此，我们完全有必要也有可能对一般的和个别的思维·言语交际过程及其终端环节作系统的结构考察。

三、对言语、思维相伴运作的系统考察

在言语交际过程中始终伴随着思维和意识的活动，透过对言语交际全过程的系统考察，不仅能发现言语交际过程本身的结构规律，同时也能发现许多有关思维运筹的规律性现象，尤其能发现思维与言语两相结合的思维·言语过程系统的极其复杂、极其微妙的结构规律。

四、思维·言语过程结构系统的主要特点

1. 它是一个包括从无限超宏系统到无限超微系统之间的许许多多各级支系统的极其复杂的系统系列；

2. 它是一个社会性、场合性和个人性三性统一的综合系统；

3. 它是一个单循环系统、复循环系统和非循环系统混杂交叉的不稳定系统；

4. 它是一个既要求封闭，而事实上又不能不允许开放（或者说：前半程封闭，后半程开放；主观上封闭，客观上开放；发方想封闭，收方好开放）的两栖系统。

五、本节内容对开发通用文才和改革语文教学的启示

1. 开阔思路，追求系统；克服狭隘，跳出局限；

2. 强化三性综合观念，防止顾此失彼；

3. 言语发放力求封闭循环；改变说话不虑后果，作文不测影响的不负责任态度；

4. 言语接收既要寻本溯源，捉摸本意，又要为我所用，不为所限；防止囿于直觉或习焉不察。

第二节　对思维 · 言语过程系统的分程静止考察

——五段四环的描写

一、分程静止考察的相对性和意义

1. 相对性和可能性：过程的运动绝对性。思维对连续运动过程作分程静止考察的可能性。分程静止考察的相对性。

2. 意义：不作分程静止考察就无法突破认识的混沌状态；分程静止考察是对对象进行分析——综合的前提；对事物作相对静止考察是确认事物和揭示其属性，把握其本质和规律的必要条件。

二、思维 · 言语交际过程的五段划分法

1. 生——交际欲望产生；
2. 发——交际行为发轫，预放意识发射、提取、集积，言语信息发放；
3. 媒——交际媒体即言语作品成型，交际中枢出现；
4. 收——言语信息接收，领悟意识形成，交际行为告终；
5. 处——言语接收完成后对新涉信息的清理，弃、取和存、用等处置。

三、生→发程段的预放意识孕育环节

四、发→媒程段的言语媒体建构环节

五、媒→收程段的领悟意识形成环节

六、收→处程段的悟后意态返常环节

七、本节内容对开发通用文才和改革语文教学的启示

1. 学会动中取静，定格识记；切忌随波逐流，忘乎所以。
2. 追究“一时”的来龙去脉；勿把“一时”与它所处的过程割裂。

第三节　对思维·言语过程系统的连续运动考察

——各环节中系统链的机制和功能

一、连续运动考察的绝对性和意义

1. 绝对性：客观上的绝对运动在主观认知上普遍、必然的原始性反映。经相对静止考察之后的连续运动考察在主观认知上的绝对必要性；

2. 意义：达成高级的理性认知的标的；主观认知切近客观事物的前提；发现规律以指导实践的必要条件。

二、思维·言语过程中的系统链概说

1. 系统链的本质：系统营运中的通道。

2. 系统链的生理机制：脑细胞树突、轴突的生长和突触的伸展。

3. 系统链的功能：系统建构和系统分析的抓手。

4. 思维·言语过程中系统链的结构形态：耗散。

5. 思维·言语过程中的系统链举要：预放意识孕育环节中的孕意链；言语媒体建构环节中的建言链，即前近枢链；领悟意识形成环节中的成悟链，即后近枢链；悟后意态返常环节中的后返链。

三、孕意链的运作形态和功能作业

耗散结构运作形态的抽素集成；质的提纯、量的配置、系型的组织。

四、建言链的运作形态和功能作业

耗散结构运动形态的立体→单线转换和体、线双轨并进；各级带饰结构的组装、各级篇素的言语体式选择、各级纯质结构内部各部件的次序排列以及全部线性表述方法的设计。

五、成悟链的运作形态和功能作业

耗散结构运动形态的线→点、面、体的多向转换和点、线、面、体多相多轨并进；听读印象初始态的线性积累、对预放意识的立体想象以及结合潜交际因子朗化

并在不同程度的系统观念的支配下所进行的包括分析和综合等过程的多向抽象和系统梳理。

六、后返链的运作形态和功能作业

耗散结构逆程运动形态的自然筛选；三种运动态势：依然故我（或叫“无动于衷”）态、局部调整态、剧烈震荡态。

七、本节内容对开发通用文才和改革语文教学的启示

1. 加强系统链的功能锻炼，以优化思维素质；

2. 善于以系统链为抓手去把握系统；不要瞎子摸象；

3. 注意各系统链的运作形态和功能作业，对照实施，借以提高自己言语发放和言语接收能力；

4. 引进思维 · 言语过程系统观，充实和优化读写理论，加强对读写实践的指导。

第三章　论思维 · 言语媒体的结构系统

——对中枢程段的近身考察

第一节　媒体的系统属性

一、媒体在思维 · 言语交际过程中的中枢位置

任何一个媒体都处于过程的中枢环节，既联系着整个过程系统，又自成相对独立、相对完整的系统。

二、媒体系统的独立完整性

成篇的书面言语作品之作为思维 · 言语交际系统中的媒体，一旦成型并外化，就具有更大的独立完整性，因而成为自足程度相当高的有机系统。

三、媒体系统与思维、语言系统的关系

言语作品的结构系统既不是其相关的思维结构系统的直接现实，更不是其所使

用的语种的语言结构系统的简单集成，但又根系于其相关的思维结构系统，并在一定的构阈内自发地遵循着其所使用的语种的语言结构系统。

四、言语媒体结构系统的主要特点

1. 对外，它兼具思维·言语过程结构系统的四个特点中的每一个特点。

2. 对内，它拥有一个明确单一的核心，这个核心或直接或间接地对整个系统的大大小小各个环节和各级成分发挥着绝对的统制作用，使得整个系统内的大大小小各个环节和各级成分都带有明显的向心性。

3. 就内涵说，它是一个以媒体深层意识的立体结构系统为主宰，以媒体表层语法、语义的平面结构系统为参照系，以媒体外在信号的单线结构系统为传导手段的深、表、外三个层面和体、面、线三套结构相互统一的单质多相结构体系。

4. 就形式说，它拥有一个由大小不等、功能各异、形态纷繁的六个结构环节组成的结构网络。这个结构网络有机严密，四通八达，宏观、中观、微观无所不包，牵一发而动全身，身姿一变而毛发随换。这个形式结构网络，若影随形，极其恭顺地受媒体内容的调遣，极其忠诚地为媒体内容服务。

5. 作为思维·言语交际整个过程系统的中介环节的媒体系统，它还不是一个绝对称职、能保证毫无遗漏、毫无变异地将发方信息传导给收方的无懈可击的严密系统。这是由于其间发生了三大转换：一为本体转换，即发方的预放意识→中介言语→收方的领悟意识。二为结构转换，即预放意识的立体结构→媒体语流的单线结构→领悟意识形成过程中的多向抽象和多相结构。三为主体转换，即发方→双方接交→收方。

在三大转换中，主体转换是收发两端对媒体系统的质量规定性不可避免地产生等差率的根本因素。这是由于：在接交之前，仅受发方的单方支配，在深层，有潜交际因子的制约，有文心、题旨的统帅，又有篇章组织法、流段组织法、各种言语体式的结构模式以及在一定构阈内的表层语言结构法则的规范（可能处于意组织状态，也可能处于自组织状态，还可能掺杂有非组织状态），和社会性语义理解的参与，媒体的结构系统当是一个完全封闭、绝对平衡并且相当有序的结构系统，该有严格的质量规定；而一经外化，有了收方的介入，受到收方在思维、言语、语言、文化等诸多方面的特定素质和造诣的影响，这个媒体结构系统就必然会在质量规定性上产生程度不等的变异甚或扭曲。

五、本节内容对开发通用文才和改革语文教学的启示

1. 确立文本观念，但又不陷入文本主义；克服文本研究不肯下苦功，而热衷于寻找和搬用各种参考资料的倾向；防止仅满足于对文本的咀嚼而拒绝参考有关资料的偏执。

2. 既不拿语言结构分析和思维结构分析代替言语结构的分析，而又不将它们对立起来，要以言语结构分析为本，并与语言结构分析和思维结构分析互相参考，互相通融。

3. 在文本理解中，既要力求确解，但又勿强求一解，得承认等差率的存在。

第二节　媒体系统的内容层面

——近身考察之一：内容深浅度调控

一、思维的离析功能：思维的抽象离析能力以及对媒体结构系统进行分层离析的必要和可能

二、媒体结构系统的单质多相性：媒体结构系统是结构形态各异的三个层面相互统一的单质多相结构系统

三、媒体外在信号的特点和功能：物质可感性、结构单线性及其在媒体系统中的传导功能

四、媒体表层语义、语法载负的特点和功能：内涵随遇性、结构平面性及其在媒体系统中的参照作用

五、媒体深层意识的特点和功能：质量规定性、结构立体性及其在媒体系统中的主宰地位

六、立体性深层意识结构的五个立体构面

1. “质”，即规定的中心意质。就全篇来说，质就是指由交际意图直接衍化出来的统帅全篇的题旨、文心；就局部来说，亦各有上为整体中心意质服务，下对相应局部起统帅作用的各个局部的意核。

2. “量”，即受控的篇素用量和语流长度。量的配置适度取决于表达中心意质的需要。

3. “系”，即诸同级篇素之间所存在的相互牵制的有机组合关系，包括由表饰篇素与内质篇素组合而成的带饰结构关系（广义）和由若干内质篇素组合而成的纯质结构系列（狭义）。两个以上同级成分（即“量”）的存在，既是建系的前提，也使

建系成为必要。

4.“序”，即给处于特定组合关系中的诸同级成分排列出一个尽可能合理的次序，其中带有必然性或规律性的，称为“序律”。系的存在是排序的前提，也使排序难以避免。

5.“法”，即为大大小小各级篇素和各级语素，探求（对发方来说）或寻觅（对收方来说）佳慧的表述方法。法，既有自然的常法，也有反常的变法，所追求的是适应语境系统的佳慧效果。意识既要转换成言语，就必然地会有言语表述方法的问题。

七、媒体中潜在的言外因子——潜交际因子：交际角色、交际背景、交际场合、交际意图

有些言语作品，其部分交际因子是在文面显露的，但不可能完全、充分，光有双方姓名，光有时间、地点，都远不能算充分显露。潜交际因子朗化的工作是指收发双方都必须将与媒体内容有关的情况尽可能充分地感悟或挖掘到。交际意图往往不是单一的，有总有分，有主有次，有高有低，有时甚至还有侥幸随带意图。有些论说体作品，会在文面明述意图，但多只限于主意图。文艺性的作品，交际意图最复杂、最隐蔽，不仅收方要花大力气去发露，就是发方也应力求有清晰的自我意识，混沌朦胧状态的创作，不宜提倡，特别对初学者而言。

潜交际因子因其潜在于文面之外，故亦可放在对媒体深层意识的考察领域，有时，它们会与某些深层立体构面合流。不过，事实上，潜交际因子在整个交际过程中都起重要作用：有时，某一因子正是整个交际过程的触发剂；有时，某一因子的是否挖出会成为能否正确领悟文本的前提或关键；一般来说，任何一个潜交际因子都可影响交际效果；交际意图更往往是题旨、文心的直接决定因素。

八、本节内容对开发通用文才和改革语文教学的启示

1. 要认真学习，严格校勘，力求外在信号的准确无误；纠正“外在信号仅是形式，不值得重视”的错误观念和粗心大意、粗枝大叶的恶习。

2. 要不遗余力地挖掘作品的深层立体意识，并逐一把握其五个立体构面；克服浅尝辄止的陋习和只抓“质”“法”两个构面而忽视“量”“系”“序”三个构面的偏向。

3. 要努力去探求和朗化每一个潜交际因子，并力求具体、确切，使之与文本研究有机地结合在一起；竭力克服人云亦云、随捡套话、大而无当和任意猜测、想当然、穿凿附会，致让它与文本实际变成两张皮的偏向。

4. 要清醒地看到，现代西方的符号学、接受理论、阅读学、文本主义以及形形色色的语言哲学，当被应用到文学鉴赏和语文教学时，其科学性均远逊色于我们的思维・言语系统学，他们的共同缺陷在于无力或不肯致力于，甚或在理论上排斥和

否定对媒体的潜交际因子和预放意识的发露；而对文艺作品进行烦琐考证的实证主义方法则恰恰从另一个极端忽视或排斥孕意链在抽素集成中的耗散运动以及领悟意识与预放意识存在等差率的必然性，因而使自己在科学性上无法与我们的思维 · 言语系统学伦比。因此，我们在开发通用文才和改革语文教学时，必须抵制和批判来自上述两个方面的在理论和方法上的误导和干扰。

第三节　媒体系统的形式结构

——近身考察之二：形式粗细度调控

一、媒体系统的形式结构网络综述

从大到小的四级结构——以篇素为细限的篇章级结构、以流素为细限的流段级结构、以词语为细限的语句级结构和以词素为细限的词语级结构。遍及各个结构环节的两个综合结构——音流结构和书面媒体的版面结构。篇章级结构和流段级结构的相互交叉。分析“思路结构”粗细度掌握上的相对性和灵活性。

二、关于篇章级结构

1.“篇章”的本质和篇章结构形态的特殊性——立体结构和单线结构的综合。

2. 构成篇章的各级篇素及其按功能分为内质篇素和表饰篇素。“内质”指基本的、主导的信息，“表饰”指冗余的、服务性的信息。若按结构，则可分为单篇素和复篇素。对单篇素的再分解已不属于篇章级结构分析的范畴，而是流段或语句级结构分析的问题了。

3. 遍布于篇章中的各级结构体的两大结构型号：纯质结构和带饰结构。凡含有表饰篇素的结构体属带饰结构。

4. 带饰结构的两大基本类型——“首—身—尾”三部格、“起—承—转—合”四部格及其变体；各种表饰篇素的地位和功能。

5. 关于纯质结构中诸内质篇素之间的关系类型（简称“系型”）和排列程序（简称“序式”，包括规定性的“序律”、合理性的“序列”和任意性的“序状”）。

章法及其分为自然章法和拗变章法。自然章法种种，拗变章法种种。

三、关于流段级结构

1.“流段”的概念。

2. 流段分析的线性原则和流向观念。

3. 寻找流段中的汇流点（中心句、段核）的方法。

4. 流段的类型和流段分析的程序、图表。

四、关于语句级结构

1.“语句”的概念；语句与“句子”“词语”的划界。

2. 语言学中的句本位观念和言语学中的句移度观念；语句是语流中的流素，即最小的流动细胞。

3. 语言学中的句成分和言语学中的“句素”；言语语流中的“新素”和“陈素”，新素中的“展素”和“回素”，展素中的“主展素”和“从展素”；主展素决定语流运动的方向；发放时的主展素安置和接收时的主展素寻觅。

4. 语言学中的结构句型和言语学中的体式句型。

五、关于词语级结构

1.“词语”的概念，词语和“词组”“词素”的划界。

2. 言语中词素的超词兼能现象。

3. 词义：义素分子放射线（纵向坐标）+ 语义场（横向坐标）。

4. 词义引申的本质是呈线形运动的义素分子放射；递射线和辐射线。

5. 词典学中词义义项的有限性、规范性和言语学中词义义项的无限性和相对性；词性活用和词义引申。

6. 言语学的词义义素静止发露系统观。评现代语义学的所谓“义素分析”实质上只是概念内涵分析。

六、关于综合音流结构

1.“综合音流结构”的概念；言语综合音流结构与“语调”“节奏”“停顿”“语法重音”“意念重音”“音节”“音素”“韵律”的关系和区分。

2. 媒体宏观音流结构的分析范围和分析方法提示。

3. 媒体中观音流结构的分析范围和分析方法提示。

4. 媒体微观和超微观音流结构的分析范围和分析方法提示。

5. 语言当中的规范语音和言语当中的模糊语音的辩证关系。

6. 撒播在从宏观到微观诸结构环节中的诗词的节奏和韵律。

七、关于综合版面结构

1.“综合版面结构”的概念。“版素”的概念。

2. 版面的总体设计和图文的配置。

3. 题区大小与正文篇幅的比例，标题字号、作者署名字号和正文字号的大小比例。

4. 书写行款及其交际效应。

5. 字形规范、书法质量与交际效应。

6. 文字学中的规范字构和言语学中的模糊字形的辩证关系。

八、各环节在系统结构网络中的地位和功能

九、本节内容对开发通用文才和改革语文教学的启示

1. 必须建立既有深刻的理论底蕴，又便于教学操作的篇章结构分析的规范和程序，这种规范和程序既有全面系统的严格套路，又具有灵活的机制，即允许在粗细度上或需特选某一局部作章法分析时，能自由调控；尽快改变篇章分析无谱、无则的现状和千篇一律地将所有文章都分析为“老三段”这种严重不负责任的倾向；作篇章结构分析，必须竭尽全力去揣摩和捉摸作者的思路，切忌主观任意和粗心乱斩。

2. 必须对言语语流建立一套有说服力的流动句法理论和可操作的流动句法分析方法；尽快结束以语言学的语法分析和不伦不类的语用学的句法分析代替言语语流分析的错位历史；必须在语流分析中确立句移度观念，摒弃句本位观念；必须在言语语流分析中创建一套全新的句素系列，特别要随时注重主展素的安置和寻觅；必须排除语言学的句成分说，尤其要否定完全不切合语流实际的“太阳中心说”和不彻底的“话题主语说”。

3. 必须新建言语学中的“词语”概念和承认言语中的词素的超词兼能现象；必须丢弃既不切合言语实际，也不符合汉语构词特点，而只会自找麻烦、形式机械的词儿学说；必须建立言语学的词义学说和义素静止发露系统观；必须改变用词典中的某一义项或有关科学中对有关概念的定义来生硬地、简单化地解释词义的错误做法；尤其要废除让学生凭词典中的释义去倒猜词语这类很不科学的题型；还应对现代语言学用概念的内涵分析代替言语学的义素分析这种做法保持清醒的批评态度，勿予照搬。

4. 必须凭着言语的有声性和汉语音节由声、韵、调三个成分经特殊方式配构而成的特点，加强在不同水平上的语音研究和语音教学；大力改变轻视甚或忽视语音教学或仅以简单的普通话语音和汉语拼音方案教学代替言语语音的研究和教学的倾向。

5. 必须凭着书面言语不可避免地要以版面结构为载体这一特性，加强对言语版素的研究和教学；迅速改变在文职人员培训和语文教学中忽视版素的研究和教学的

现状；大力扭转时下社会写件和学生作文中较普遍地存在面目可狰、字迹难辨、字质拙劣、标点随便、不讲行款等缺陷的局面。

第四节　建构和分析媒体系统的方法

一、方法的意义和方法的可操作性要求

二、以建立五个观念为前提

1. 有机观念。必须确认整篇文章或整派话语，即整个媒体是一个有机体，是一个有机的系统，有一条有机的思路。这条有机的思路受制于并服务于作为系统核的题旨、文心。系统核统管系统内的宏、微各个环节，一条思路贯彻始终。“条条道路通罗马”，任何一个立体的构面，任何一截线性的流段，任何一个细小的微观分子，都或直接或间接地与系统核存在着有机的、可理解的、最佳状态的联系。对媒体系统内某一局部环节的建构和分析则要既顾及“外连上位”，又要虑到“内制下位”的有机原则。即先要让这一局部在大系统中定位，然后再按这一系统定位，将这一局部也看成一个系统（实为支系统）的有机的内部组装或分析。

2. 体式观念。根据“出言成体，繁简同体”的观念，不管是洋洋巨制，还是短短小句，只要是言语，必然取一定的言语体式而存在，故建构或分析言语作品，不管就其整体还是就其局部，总得先安上个“明体”的节目。不明体，无以出言；不辨体，也无从析文：这就是前提性的“体式观念”。

3. 级次观念。一个有机的结构系统，是一个秩序井然、纪律严明的组织系统，一环扣一环，一级管一级，绝不能乱套。建构或分析言语作品这样的有机系统，上下不能篡档，先后不能乱次，切忌胡子眉毛一把抓，把不同级次的成分当作并列的成分处理。

4. 关系观念。按通常的理解，级次也是一种关系。但这里所说的关系观念，则是专指纯质结构中的同级的并列成分来说的，它们处于各种不同的关系状态中，即呈不同的“系型”。所谓“关系观念”，就是说，不管是建构还是分析言语作品，乃至于建构或分析任何事物，一遇纯质的、同级的、并列的成分，就必须研究、认知其所处的“系型”。

5. 程序观念。言语，就其外化形式说，毕竟是流体。既为流体，那么整条语流一定得排成前后相续的单线序列流出。在立体意识中处于任何位置上的成分都得乖乖地站到单线性的时间位次上，按序流出。“事乖其次，则飘寓而不安。”（刘勰语）

一句点题的话语当然很重要，但放在何时何处发放，却要看言语发放者的序列安排，可以开宗明义放在首句，也可以来个篇末揭旨而殿后，还可以在篇中适当地方来个点睛之笔。也就是说，不管是一个词语、一句话，还是一个段落，只要你想发放，总得给它个先后位置；只要发放出来了，你总得给它个先后位置的描写。不安排位置，就等于开除。这里所说的“程序观念”，又是特指“系”内成分的排列次序的。只要遇“序”，就要定“序式”，或理解其作如此排“序”的原因。

三、五套经验（方法）介绍

1.确立“三相观照，深层裁决”的制度

所谓“三相观照”，指媒体的三个层面要相互观照，相互切合。所谓“深层裁决”，指在三相观照中，当发现不相切合，互有龃龉，甚至互有矛盾的情况时，要确立由深层意识作出裁决，而让另外两个层面趋附于深层意识的制度。

2.抓住“重质先饰”的秘诀

所谓“重质”，即必须看重内质成分和纯质结构，因为它们是决定一个系统或一个支系统的生命的成分。

所谓“先饰”，即必须首先考虑（包括选择或认知）表饰成分和带饰结构，因为它们是一个系统或一个支系统的存在形式，有如人体穿戴之衣帽，最易被感知，也须最先接触到。只是在碰到确定无疑的纯质裸体结构时，才不用这条“先饰”的秘诀。

3.反复进行宏、中、微三相对勘

宏观、中观、微观结构是相对的概念。就成篇言语作品而论，宏观成分指关涉全篇的总体概括，宏观结构则是指篇章分析中的最大一级结构。中观结构指一级以下到以单篇素为细限的各级结构。微观结构则是指流素内或句以下的结构。就局部而论，任何一个构阈都可以划分出相对的宏观、中观、微观三级规模的结构。哪怕一个词、一个音素亦然。在作系统的分析和组装时，要连续不断地进行“开刀”和“画圈”两项工作。“开刀”是对某级构阈进行分解析化，“画圈”是对一些同步解体进行组装整化。“开刀”也好，“画圈”也好，进行各级系统核的抽象、概括、提炼也好，常有举刀难开，提笔难画和炼核不准的情况，为了保证组装和分析的系统质量，就必须在宏、中、微三度结构中反复进行相互的观照和对勘，直到完全和谐贴切乃至确有把握地认出和剔除掉一些属于非系统成分的杂质以保证系统的纯洁缜密为止。

4.遵循从大到小的程序，严守以大制小的原则

建构一个系统也好，分析一个系统也好，必须首先考虑总体的宏观结构，然后逐步细化，以至于最小的微观领域和微观成分。在逐级细化的过程中，还必须严格遵守由大系统、大环节控制小系统、小环节的原则。

5. 记住“为整而分”的宗旨

整合既是系统考察的出发点，也是系统考察的最终归宿。只有整合才能了解系统的全貌，理清系统的整个结构网络，把握住系统质或系统核，故整合是系统研究的根本。分析和肢解在系统考察中确很重要，但只是手段，而不是目的。即使在分析肢解中，也要着重去发现连接部件以通向系统核的系统链，只有以系统链为抓手，才能使相互割据的、孤立静止的部件联系起来，活动起来，具有了有机系统的属性。所谓“沿波讨源”,“波”就是系统链,“源”就是系统核。记住“为整而分”的宗旨，就能使系统的言语分析与唯析主义的语言分析划清界限。

四、本节内容对开发通用文才和改革语文教学的启示

1. 师生共建五个观念；特别要加强尚很薄弱的后三个观念。

2. 师生共学五套经验，一切从结构入手，经系统梳理，求宏微一贯，达整体有机；努力克服流于表面、质饰不分、唯析主义、无则无序、轻率武断等弊端。

第四章　论思维·言语体式的结构系统

——体式模式

第一节　思维·言语体式研究概述

一、思维·言语体式的定义和界定

1. 定义：思维·言语体式是主体反映客体并采用言语手段以外化时自然形成和必须遵循的一些最基本也是最优化的思维·言语组构方式。

2. 对定义的阐释：

① 主体：指一切对客体有所反映并将这种反映用言语外化的人以及人化物，包

括思维 · 言语作品的制作发放者和接收者，也包括作品中的人物。

② 客体：包括一切如景、物、人、事、言、行、情、理等为主体所接触和反映的客观存在，也包括客体化的主体本身。

③ 反映：包括具体的表象和抽象的认识，包括静止地反映相对静止状态或正在运动着的客体和运动地反映相对静止状态或正在运动着的客体，也包括消极的反映和在消极反映的基础上形成的欲反作用于客体的表现主体意志的积极反映，还包括伴随着上述种种反映活动的主体对客体的情感体验和情感反弹。

④ 言语手段：不是语言手段，故既不是指某一语种，也不是指构成语言的语音、语义、语法等要素，而是指全人类共同的言语手段。与之相区分的，如表情、姿态、眼色、手势、动作、行为、记号乃至物质等非言语手段。

二、思维 · 言语体式的形成和发现

1. 形成：根基于客体众事物的存在方式和大脑所贮存的各种信息的结构形态；受命于人脑的涉外指令和各潜交际因子特别是交际意图的唆使；成型于反复的思维 · 言语交际实践和能使各种有关信息体应命而出的条件反射链的熟练反射。

2. 发现：现代科学的重要使命之一就是将人自身客体化，从而将一向处于自组织状态的人自身的机能意组织化；对言语作品中诸纯质结构的系、序的公约数系联。

三、思维 · 言语体式的特性

1. 基本性：出言成体，繁简同体；

2. 普遍性：不分语种，尽人皆从；

3. 永恒性：人类、言语，共与始终。

四、思维 · 言语体式的种类及其反映功能分布谱系

1. 种类分为记描体式（包括记述、描述）、叙事体式（包括连叙、间叙）、说介体式（包括质性单释、属性分解）、议论体式（包括评论、论证、论导、杂议）、抒情体式（包括触景生

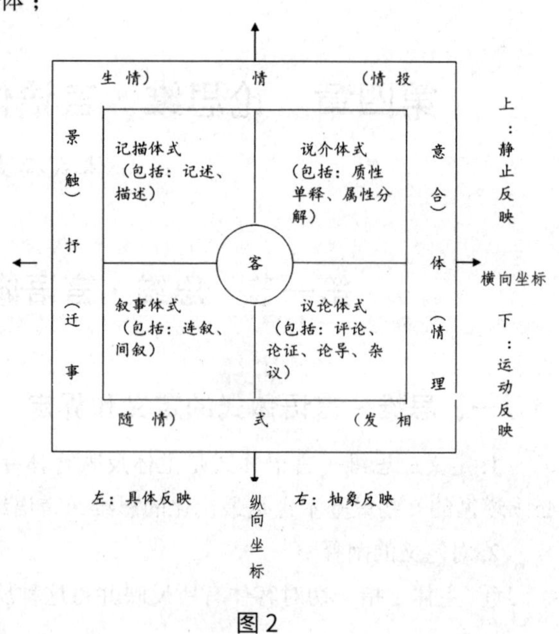

图2

情、情随事迁、情投意合、情理相发等）；

2. 各体式反映功能分布谱系（用方阵图表现，如图 2）：

五、研究思维·言语体式的意义

发现各种思维·言语体式的结构模式（由模素以及模素之间的关系和序列构成）并用以指导思维·言语实践。

六、本节内容对开发通用文才和改革语文教学的启示

1. 确立和强化“言体”观念；淡化和弱化“文体”观念。

2. 从哲学上理解和把握各种思维·言语体式的反映功能分布谱系；改造传统的和现行的文体论中的一些糊涂观念和不科学的烦琐的分类体系。

3. 养成凭结构模式识体、辨体的能力；改变凭主观感觉胡乱裁断以及不考虑所断体式与所析结构是否相配的现象。

4. 根据“出言成体，繁简同体”的观念，提高识体辨体的灵敏度，直至对体式句型的敏锐辨认；改变文体难辨，句体不辨的现状。

第二节　记描体式及其次范畴

一、“记描”概念和记描体式的次范畴

记述和描述。记是描的基础和前提；描是记的形象加工。静态记描和动态记描。

二、运用记描体式的交际角色和交际场合

发方有细致的观察和特异的感受并伴有外化冲动；收方有扩大见闻、掌握具体、分享形象的需要。双方有直接或间接实现交际的缘分。

三、生成和运用记描体式的心理基础

感觉、知觉、表象、联想及其与第二信号系统中丰富、生动的体性、象性语词之间高灵敏度的反射链。

四、记描体式的结构模式

1. 模素：体、象群；

2. 系型：在时空坐标上移动的体、象系列，以静止的横向展开的空移分区体、象群为主，亦可时空交替，如分区选要、分件选要，分区尽举，分件尽举，分时选要等，分项数量不定；

3. 序式：空移一般以递衍空移、对射空移和连锁推移为主，时移则多为顺时律；描述一般是记述先行，然后递加形描和意描。形描可直描，也可间描，还可让两者互补。

五、记描体式的功用

记物、记人、记游、写景文章的主体部分；叙事文章、散文、小说的必备成分；说明文、议论文中的生动点缀；诗歌中的常客。

六、本节内容对开发通用文才和改革语文教学的启示

1. 培养和提高描写能力、丰富描写语汇的根本在于激发对体性、象性事物及其构成成分——体素、象素的观察兴趣、观察习惯和辨微能力，增强对体、象事物和体素、象素的美感体验；而不是舍本逐末地去死记硬背一些描写词语，修辞手段和人家用过的描写方法；

2. 要养成对体性、象性事物以及由体、象群构成的任何场境进行结构拆装的兴趣和习惯，把握住体素、象素在体、象中，体、象群在场境中的自然分布规律，并从中汲取用言语复现和记描体、象及由体、象群构成的场境的结构的方法；不应只满足于对一些美景和美好形象以及对它们的言语描写的混沌式的欣赏和赞叹；

3. 须下功夫研究和教学的是言语造境和言语塑象的规律和方法，关键在于将客观世界中的一切境、象的自组织系统转化为主观世界里的意组织系统；不要沉溺于赏景、照相之类活动，更切忌自囿于从言语到言语的怪圈。

第三节　叙事体式及其次范畴

一、“叙事”概念和叙事体式的次范畴

静态记述和动程叙述。动态记描中的机械分时和动程叙事中的有机分程。叙事体式的次范畴—连叙和间叙。

二、运用叙事体式的交际角色和交际场合

发方有被引入胜难以自拔的直接经历或间接体验，还从而产生了某种人生哲理性的深刻感悟，并伴有外化冲动；收方对有关人事有好奇心理和寻踪访迹的兴趣。

双方有直接或间接实现交际的缘分。

三、生成和选用叙事体式的心理基础

由思维牵动（包括性格逻辑、心理逻辑、行为逻辑的牵动）的感觉、知觉、表象以及想象带来的具体形象的系列组合及其与第二信号系统中曲折、离奇的线性、轨性言语组合之间高灵敏度的反射链。

四、叙事体式的结构模式

1. 模素≤事件←情节←细节⇆人物（包括人化物）。

2. 系型：由具有节结化倾向（既是客观属性，又可带主观趋附）的事件、情节、细节以及人物的思想言行在时空坐标上的运动而构成的体、象系列，以运动的纵向展开的时移分程体、象群为主，亦可时空交替。常见系型如分程选要、分程连续、分时连续、分区选要、分区尽举等。节结化分项以“滋—发—顶—归”四部格局为常，也可有“由—经—归”三步承贯结构，还可有“由—归”两步承贯。

3. 序式：一般是顺程律、顺时律。倒叙是局部情节在序列上的移位。

五、叙事体式的功用

叙事文章（如通讯、报告文学、新闻、故事、童话、神话、小说、叙事诗）的唯一用体或主体部分；戏剧、影视、记游文章的宏观框架；记人文章、以事件为情源的抒情散文、以事件为对象的评论文章、寓言以及一些情节化、故事化的文艺性科普文章的必备部件；说明文、议论文中的生动点缀。

六、本节内容对开发通用文才和改革语文教学的启示

1. 遇事，要有梳理来龙去脉，考察全过程的兴趣和习惯，任何一段精彩的情节或一个感人的结局，都是前有来龙后有去脉的；猎奇式的断取与思维的系统素质相违，也易生错觉误裁，于事无补。

2. 事情的发展变化因参事者都是各有图谋各有意志的人，其环境又是错综复杂的社会，因此，事程多呈迂回曲折之状，远不像无生命的河流那样连续不断、缓急自如和平直死板。迂回曲折的事程多有分滋、发、顶、归四个程段或由、经、归三个程段的自然趋势，这可以说是客观存在的节结化的倾向。考察事情的全过程或进行叙事，应善于抓住这种节结化的倾向，既不要举刀难下，也不能随意乱斩。

3. 遇事，要能根据事理逻辑和行为逻辑进行溯源索因和超前预测其归宿，注意必然性和偶然性，善作多种可能的猜测，既勿偏执于一种，妄下断语，也勿束手封脑，消极等待。

4. 叙事可长可短，情节可繁可简，细节可丰可歉，人物可多可少，叙式可连可间，节结化分程可以有四部常格，也可有三步、两步承贯，每一个分程还可视需要进行不断的再分程。卷帙浩繁的长篇小说和短小精悍的袖珍小说，厚厚一本的故事演义和散文中的一段故事插叙，在叙事结构上是共同的，长短繁简全凭需要调控，也可按要求习练拉长繁化功和缩短简化功。

第四节　说介体式及其次范畴

一、“说介”概念和说介体式的次范畴

抽象、静止的说介与具体、静止的记描。说介可分为纯抽象的说明、阐释、定义和旨在说明而可带具体成分的介绍、交代、表述。阐释又可分为：1. 单项质性的纵向判定和阐释（含引释，例释）；2. 多项属性的横向剖解和分析（含分类、条列）。

二、运用说介体式的交际角色和交际场合

发方对某一客体据有全面透彻的了解，并伴有定向外化的义务、冲动和必要才干；收方对同一客体怀有求知的欲望或负有索解的使命。亦即发与收双方之间存在着智能和识见上的水平差，而同时又有使彼此的认识定乎“一”的任务或愿望以及得以实现的缘分。

三、生成和选用说介体式的心理基础

概念、判断及其作为认识成果的凝结和思维过程的断层；分析、抽象及其作为对混沌客体的认识深化的标志；可以把“析眼通”理解为常人认知心理和认知能力的凝练和升华。上述心理品质与第二信号系统中的精当、丰富的点性词语和线性语句以及扇性开阖的言语拆装能力之间的高灵敏度的反射链。

四、说介体式的结构模式

1. 模素：质性单释中的类名和种差限定；属性分解中的特有属性群或重要属性群。

2. 系型及其次范畴——质性单释中的定义型结构；属性分解中的周延性尽举、对举或举要，如分面（或分层、分件）举要（或对举、尽举）。

3. 序式：质性单释的正序：种差限定 / 类名；逆序：类名 / 种差限定。属性分解中的递退律。

五、说介体式的功用

说明体文章的唯一用体或主体部分；议论文的必备部件；其他各种文章，包括文学作品的掺用部件；“应用文”概念作为文体类别概念，由于与其他文体划分的根据不同而难以成立，而作为言语的场合应用范畴，则多数“应用文”的主体部分恰恰该是言语体式中的说介体式。

六、本节内容对开发通用文才和改革语文教学的启示

1. 随着年龄的增长，阅历的加丰，学级的升高，思维的发展，应逐步诱导、强化、开发、培养学童的抽象思维能力，而不要一味地无区别地提倡形象教育、兴趣教育和情感教育。

2. 在教学说介体式和培养抽象认知能力时，既要训练旨在揭示事物本质的定义型的思维·言语，也要训练旨在抽取事物独有特征的多项属性并提的思维·言语，而且要区分本质属性和独有特征。

3. 在用定义和判断表述时，一定要注意模态的适切和联项的适度，而这又基于思维的准确和清晰，切忌言过其实和简单武断。

4. 在进行多项属性的并提表述时，项间划分一定要泾渭分明，切忌粘连、交叉。同时，必须先按特定的标准对各项的价值进行评估，然后在表述时严守价值递退律进行排序，切忌乱序。

第五节　议论体式及其次范畴

一、“议论”概念和议论体式的次范畴

抽象、运动的议论和抽象、静止的说介。抽象、运动的议论和具体、运动的叙事。议论体式的次范畴，即各分体简述：

1. 评论：产生和存在评论的基础和条件——认知能力的不平衡和识见的分歧；评论的使命和作用——醒世；评论的必备部件——孤立、静止的质性判断和运动、联系的估值和规律判断；评论的范式和应变——套评、简评和随评；评论的常见尾巴——导世。

2. 论证：产生和存在论证的基础和条件——争议；论证的使命和作用——服人；论证的必备部件——充足的论据和合乎逻辑（形式逻辑或辩证逻辑）的论证方法；论证的基本类别——正面论证（证明）和反面论证（反驳）；论证的常见尾巴——呼告和告诫。

3. 论导（社论）：产生和存在论导的基础和条件——有待教化和指导的群体；论导的使命和作用——从认识到实践的示导系列；论导的必备部件——透彻的说理和具体的示法；论导的交际角色——双方在地位、知性和经验上的悬殊；论导与套评的异同——成分相同，但目的和侧重相反。

4. 杂议：产生和存在杂议的基础和条件——神智和灵悟的躁动、闪耀；杂议的使命和作用——启发；杂议的必备条件——远距或近距的始点和终点及其间的合乎逻辑的联想射线或推衍射线；杂议的“杂”——杂议中的记叙、说介、抒情、评论、论证和论导。

二、运用议论体式的交际角色和交际场合

发方据有异于俗见或他见的新见地，或产生某种独特的顿悟，并伴有外化的责任感和冲动，意欲以理服人，即以主观的认识推衍去归化对方，使与自己同步推衍，让彼此的认识均由原先的“一”而“移向二”；收方原抱有旧“一”之见，但有接触新“二”之见并进行对比思辨的诚意，或本身悟性较好，对人家的新悟也较感兴趣。总之，议论体式一般用于旗鼓相当的矛盾的两个方面之间。议论的内容可根据交际角色和交际场合的变换，改而套用说介体式；反之，本宜说介的内容亦可视交际角色或交际场合的变换，改而套用议论体式。

三、生成和选用议论体式的心理基础

深邃的洞察审视能力、精微的思辨能力、清灵的悟性和严密的推衍性思维及其与第二信号系统中的抽象、准确、鲜明的点性词语，逻辑严密的轨性言语推导和灵动、流畅的论辩才干之间的高灵敏度的反射链。

四、议论体式的结构模式

1. 模素：供思辨的概念和判断；评论文体中的静止、孤立的质性判断和运动、联系的规律判断；处于推理的各个环节上的判断或准判断；论导文体中的示导性内容。

2. 系型：评论文体的静止、孤立的质性判断与运动、联系的规律判断之间的递进系列；归纳推理、演绎推理、类比推理以及关系推理；论导文体的从知到行的因缘联系；杂议中的内质一致性联系和内质对立性联系、内质差异性思辨。

3. 序式：以顺乎认识论原理为常序，亦即合乎自然的理贯程序，如认知递进、推衍递进、知行递进等。在特定情况下也可出现逆序。

五、议论体式的功用

议论文的唯一用体或主体部分；说明文中局部性的常客；叙事类文章中的隐性

逻辑；小说中人物言论和内心描写偶或用之。

六、本节内容对开发通用文才和改革语文教学的启示

1. 形式逻辑和辩证逻辑都必须放下架子，力求生活化，切忌逻辑公式背得烂熟而在生活中却不知如何用；

2. 论说的逻辑与记叙的逻辑，或者说义理的逻辑与生活的逻辑应该统一起来，不搞两张皮；

3. 思辨的精微度和议论的力度当随年龄的增长和思维的日趋成熟而不断提高。有关的阅读范文和写作练习的安排应体现出这个提高的过程。议论文篇幅的长短与这一提高过程无必然联系；

4. 在教学议论文时，一定要注意议论体式的次范畴，认真把握各个议论分体式的结构模式，大力纠正时行的不区分议论的分体式，一见议论文就一律用老三段进行结构分析的错误倾向。

第六节　抒情体式及其次范畴

一、“抒情”概念和抒情体式的次范畴

抒情与议论的关系和区别；均属主体意感范畴的情愫和理念；抒情和议论的可转换性。抒情体式的次范畴（详见本节第四目）。

二、运用抒情体式的交际角色和交际场合

发方富有感情和灵敏的情愫脉动，并伴有外化的强烈冲动，旨在以情感人，让对方受到感染或感化，让自己得到同情或共鸣；收方也富有感情和灵敏的情愫脉动，至少也得有对来自发方的感情信息作尝试性感情体验的态度。

三、生成和选用抒情体式的心理基础

被盖于或导源于感觉、知觉、表象、联想、想象、思维等心理过程的感情脉动及其与第二信号系统中的富有表情的点性词语和线性语气句型（包括问号、叹号等标点手段）之间的高灵敏度的反射链。

四、抒情体式的结构模式

1. 模素：情源和情流；情种和被情体；隐性情流[①]。

2. 系型及其次范畴——情源对情流的纵向触动和情流对情源的反射，如即景抒情、触景生情、睹物伤情、即事抒情、情随事迁、情投意合和情理相发等；情种对被情体的纵向控制和被情体对情种的报效，如带情描景、情景交融、寄情山水、感情用事、理为情牵……。

3. 序式：正序：源→流；情种→被情体。逆序：流←源；被情体←情种。

五、抒情体式的功用

作为抒情散文和抒情诗的总体灵魂；在其他一切诗、文中常用作强化补充剂或启程和中程的润滑剂。

六、本节内容对开发通用文才和改革语文教学的启示

1. 注意情愫与理念的相通性和区别，应训练情与理相互转化的机制，由同一个源头既可以引出情流，也可以归结到理念。

2. 要善于捕捉和培植健康的、美好的、感人的、有震撼力的真情，排除虚情假意，无病呻吟和消极情种。

3. 在运用抒情体式时，应强化对情源的表现，而淡化对情流的刻意追求。充分的情源表现正是在为情流蓄势，必会水到渠成地带来情流的自然喷发。而情源贫弱，光在情流上再下功夫，也不可能产生感人的效果，而只会给人以矫情做作的印象。

4. 情品在很大程度上具有先天性，在后天，唯有特殊的强刺激方能铸成某种情品。因此，在教学上不能强求每个人都同步地养成某种抒情能力，而应注意因材施教。一般来说，教学抒情体式，主要是在方法上作些提示和提高对抒情作品的欣赏水平。

5. 在讲析作品时，必须严格区分抒情和情愫两个概念，只有作者用第一人称所作的直接抒情方能算作抒情成分。有人把记叙作品中人物的感情活动的语句说成“抒情”，也有人把作者带着感情所作的描写、叙述、说介、议论都当作“抒情”成分来分析，足见“抒情”概念的混乱。

---

① 情源和情流：文内引发情愫的部分称为情源，被引发的情愫称为情流。如“这时候最热闹的，要数树上的蝉声和水里的蛙声；但热闹是它们的，我什么也没有。”（朱自清《荷塘月色》）“蝉声”和“蛙声”为情源，失意的心绪为情流。情种和被情体：情种一般并不在文内，但它却是主宰、控制全文的情感。夏丏尊《白马湖之冬》，所表达的念想的感情并未在文内出现，而于文外，却主宰、控制着全文，故为“情种”，而文章本身为“被情体”。

第七节　体式与篇章

一、言语体式与篇章的一般关系

除单体篇章外，一般来说，体式犹如篇章的预制件；篇章中还存在体式的结合、融合以及活变的现象。

二、单体篇章及其在容量上的伸缩性；单体篇章的质性变幻

三、多体篇章及其体式配置常规

四、多体篇章中的综合散文

1. 现代散文的内涵和外延

内涵三特征：

（1）须有具体或形象的因素为主体，或充作情源理据，或充作被情体、通理体；

（2）须有作者的感慨为情流、意结或情种、理导；

（3）充作情流、意结或情种、理导的作者的感慨必须是统帅全篇的题旨和灵魂。

外延两分法：议理散文和抒情散文。

2.现代散文结构的模式化趋势和创新尝试

3.现代散文的特殊交际功效

五、本节内容对开发通用文才和改革语文教学的启示

1. 由于言语体式是任何言语作品的预制件，在言语体式的基础上组装成篇的难度并不大，所以不管阅读分析还是习作构思，均应该强化体式训练，使能敏锐地识体、辨体，娴熟地选体、构体，淡化理论上混乱又无多大实用价值的文体教学。

2. 写作练习应从单体篇章入手，在熟练把握了各种言体之后，再进行多体篇章的练习。

3. 体式活变，多体篇章中体式的配置规律以及综合散文的体式配置规律，这些都是较高层次的创作技巧和科研命题，在基础教育阶段，对这类作品，只宜要求培

养赏析能力，不宜要求具备写作能力。

4. 把综合散文的特点归结为“形散神不散”，过于空泛，不仅无助于写作指导，也难以把赏析引向深入。本章对散文内涵三特征的揭示将有助于对散文的读写指导，不妨试用。

言语结构学与语文教学科学化

阮　尉

前言

语文课及其教学，历史悠久，经验丰富，但理论浑噩，实践踉跄，问题多多，日趋老迈。

19世纪末以来，世界先进国家的社会、经济、文化、教育、科学、技术都呈现出现当代迅猛发展的态势。邓小平及时提出我国教育要三个面向的方针。20世纪以来不断加温，特别是以1983年美国的《国家处在危机之中》的教育调查报告和1985年由美国300多位教育家和科学家共同制定的《普及科学——美国2061计划》为最新标志的美国现当代课程改革的热潮，已作为现代教育革命的前浪，腾起在稳定、静谧的教育海域，并已影响到世界上许多先进国家，也已波及我国教育界。于是，已经运行了两千五百多年的我国语文教学，突然被一些现代教育评论家发现，原来是一门根本不成其为学科的课程，也有说简直不像一门课，而且已经“误尽天下苍生”云云。于是，对语文课的课格（包括课性、课位、课职、课容等诸多方面），要求严加审视、重新认定的强烈呼喊，对语文教学的指导理论和学科基础的急切呼唤，成了我国近几年在对语文教学大挞伐、大反思中发自业内人士的最尖利的声音。随之，一批颇能反映激进改革家的睿智及其探索成果的对语文、语文学、语文课和语文教学的新观点、新构想，纷纷以论著形式面世。特别是在国家教委和中央教育部以及中研机构直接主持下，吸收了先进国家的现代课程理论和课程现代化改革经验以及国内近几年涌现的有关研究成果的我国最新的语文课课程标准也正在加紧制订、选点试行和修改定稿中。可见，日趋老迈的我国语文课确已开始踏上了现代化变革和科学化建设的征程。

但是，语文课身上的历史积垢实在太厚太沉重，从理论到实践，从定名到释名，从语言到言语到语文，从历史到现实再到未来，从大纲到教材，从选文到编排，从教育到教养，从宏观到微观，从读写到听说，从阅读到写作，从文本到解读，从这一篇到那一篇，从篇章到字词，从内容到方法，从思想性到艺术性，从题旨、文心到结构、文辞，从教学到考核……可以说，无处不存在有待探究的问题，无处未出现过分歧和争论。一份新的课程标准，即使制订得非常科学，也不能指望一切问题都迎刃而解，一切积惑都在一夜之间云消雾散。可以想见，仍会有许多盲点、盲区须留待实施过程中去继续摸索、思索。

1. 背景与意义

有着悠久历史且永难废除的以诗文读写为基本课业的语文教学，积累了前人、今人的极为丰富的经验，但也长期停留在经验的层面。经验不具备普适性，经验的推广要受许多条件的限制，而科学理论的应用基本上是无条件的，普适的。值此课程现代化热浪日益逼近的时候，未及升华出普遍适用的、成套的理论体系的语文教学，正经受着现代危机的煎熬，亟须从经验走向科学，亟须寻找到或构筑起确能反映其自身的本质和规律，因而也确能回过头来普遍有效地指导其实践的、具有现代社会科学资格的学科基础。我们这项研究的首要意义正在于指望能为语文课和语文教学提供坚实的学科基础，同时，也以这项研究引领教师们由工匠型教师向学者型教师转化，还得进而将应试型的学生打造成务求真才实学的高素质的学生。

我国传统的语文学，古称“小学”，始于公元初的汉代，至隋唐，具有了音韵、文字、训诂、版本等知识门类，可谓已达博大的规模。到清末民初，这套作为经学附庸的“小学”知识，一直在卓有成效地为人们的读经讲经服务，发挥着传统语文学的功能。到生搬硬套西洋语法于汉语分析的《马氏文通》问世，这套博大精深的“小学”知识因被分门别类地收编进语言学的知识体系而被人们淡忘以致销声匿迹。西方的语文学更可以追溯到公元前希腊化时代的亚历山大里亚语文学派，中世纪稍显停滞，经16、17世纪的振兴，也一直活跃到19世纪之初。其历史较我国的小学更悠久，其规模也更宏大。它以自己在语文研究中积累起来的丰富的语言材料滋养了历史比较语言学，使后者得以作为一门成熟的语言学而步入科学的门槛，而自身则落得个“语言学的前科学阶段”的名分而被彻底废黜。历史悠久、根柢深厚的我国和西方的传统语文学，几乎同时被资历浅短的西方语言学一口吞并的事实警示世人，只有丰富的材料和对材料的归纳性梳理，这样一种学问是无法与有着系统的理论而又能演绎性地用理论去驾驭材料这样一种学问相匹敌的。嗣后的惨状正是我们这代人亲见亲历乃至今日还在消受的了：语言学向语文领地长驱直入，要越俎代庖地解析所有语文问题，指导语文教学，承包读写智能，考核语文水平，以致铸成了让语言学知识充当语文基础知识整整一个世纪的科学错位的历史，流毒至今，仍未得到彻底的理论清算。历古以来，语文、文章、文学之与语言，犹如目不见睫，两家子一直是积不相能。原因就在于它俩本来就不是一条道上跑的车，而是风马牛不相及的两套结构系统。传统语文学亟待复醒重张，亟须因地制宜，与时俱进地完善其系统理论的建构，以期自立门庭，彪炳于现代社会科学的殿堂，并显示其永恒的、不可替代的独特价值，促使古老的语文学实现其向现代科学的转化。

“言语”概念已出现了一百多年，它曾给现代理论语言学，也给世界各国的母语语文学和语文教学带来过地震式的冲击，并已实际地简化和淡化了我国语文教学中有关语言学特别是语法知识的讲授，但是“言语”与“语言”的科学界分，尚有待在索绪尔的基础上进一步精确化、普及化；“语文基础知识”和“语文基本训练”的内涵和外延，还需重新作科学的界定；正在国内外语言学界和教育界大行其道的将言语研究或语文研究挂靠在以“语用学”为译名的现代语言学的分支学科上，这种主张和做法究竟科学与否，似乎尚有待在进一步分清语言和言语的概念后郑重审察和严加甄别；已初成气候的言语语文观，还远未被我国语言学界和语文教育界的主流社会采纳的原因还有待思索和寻究：可见，言语语文观或言语语文学，还面临着一些不易逾越的理论障碍和不易解答的理论难题，亟待清理和扫除。

早在20世纪60年代，即已提出了开发人工智能的课题，但近半个世纪来，这项课题尚未出现突破性的进展，最大的障碍恐不在技术科学方面，而在于对人类自然言语规律的认知和把握滞后，而第五代计算机即智能机的诞生，是必须以对自然言语规律的认知和把握为前提的。近些年来，在科学技术方面雄踞世界前茅的美国，出现了一些自命不凡的性情急躁的智能机研制者，他们把其苦心孤诣开发出来的计算机的某些智能反应，特别是机器人对文本的篇章理解和分析，倒用于自然言语教习，亦即转用到直到现在对文本的结构分析尚处束手无策或言人人殊窘境的自然人的语文教学中来，企图用以指导自然人对文本的阅读分析（如其中最令人瞩目的已为我国语言研究所的机关刊物《国外语言学》详加译介的美国的一种简称为RST的“修辞结构理论”）。当然，没有自然人的篇章读解规律作参照系的机器人的自作聪明的篇章理解只可能是幼稚可笑的，但是，这样一种堪称“倒行逆施”现象的出现，毋庸讳言是对我们自然人之间的语文教学活动和对我们这些对篇章文本的言语结构研究者的示威、挑战，甚至是奚落和讽刺。这也表明，自然科学家们已对社会科学家们在文本分析方面所表现出的步履迟缓甚至无能，颇不耐烦了。我们必须发愤图强，奋起直追，迅速完成理应属于我们职责范围的对篇章文本的言语结构分析，或称语文系统分析，向自然科学家们对人工智能的开发提供如何切合自然言语实际的新启迪、新思路。

言语结构学的理论和方法所反映的是言语交际过程以及该过程的中枢媒件（即言语作品）的最普遍、最起码的结构现象及其通则，因而它对语文教学中任何类型的诗文的读写都具有普适性，对最浅显的应用文章的分析和构写，对最隐晦、最讲究艺术手法的文学作品，包括朦胧诗、意识流小说以及一些含义深邃叵测的曲笔杂文的赏析和创作，都具有普遍的指导和奠基的功能。还如前述，它将以对自然言语现象的较为透彻的解悟，额外地为人工智能的开发，为人机之间的对话，提供可靠的规律基座和方法借鉴。不仅如此，在沟通人际心灵方面，在作品的流程方式方面，与言语交际存在着某种共性的或可称为“准言语”的一些文化样式，如同样以时间单线流程为作品存在方式的音乐（包括多声部音乐和交响乐），如以时空同步综合流程为存在方式的盲文、聋哑手语、书法艺术、舞蹈艺术等，都可移用言语结构学的理论和方法去表述各自的创作、表演和传感、赏析规律，至于平面空间的绘画艺术、立体空间的雕塑艺术（甚至包括跟它有相通性的工程建筑）以及影视等含有多元因子的时空综合艺术，皆或因在创作过程中，或因在审读感应过程中，或因在作品本身的存在方式中包含有单线性的时序物流与立体型的无序意识流之间的置换转化活动，因而都能限量地移植言语结构学的理论和方法。甚至一个人的为人处世、格物理事，也能从言语结构学当中汲取一些可资活用的理论和方法。总之，由于人类是群处的动物，心灵的充分沟通、信息的频繁交流是人类社会的一大明显特征，为任何动物群所不可企及，因此，对具有最丰富的心灵沟通和信息交流手段的言语交际过程及其中介媒件的结构考察和由此产生的言语结构学的理论和方法，必然会有非常广阔的应用领域，只要这项研究的方向和途径是对头的，只要研究所得的理论和方法是正确的、深刻的、丰富的，那么这项研究的意义必将是非凡的。正迫切需要指导理论的语文教学，必将是，也最有资格作为言语结构学理论和方法的最早、最直接、最全面、最充分的受惠者。

2. 有关学术前沿的简况

2.1 国内外言语研究的进展情况

“言语”概念的由来：自从洪堡特使用“言语”这个字眼到现在，已经一个半世纪了，索绪尔把“言语”作为与“语言”相对举的概念提出，至今亦有七十多年了。我国首先由心理学界用汉语中固有的方言词“言语”将parole译介入境，然后才由语言学界承袭用开，于是，“言语”由俚俗方言词而变为与“语言”相对的科学概念和专用术语。

从20世纪的50年代末到60年代初，持续三年之久，国内以语言学界为主体，另有哲学界和心理学界参与，就“语言”与“言语”的区别和关系问题，特别是就汉语中要不要区分语言和言语的问题，展开了确无长官意志的、纯学术的大讨论。而此前，语言与言语的问题自从索绪尔的《普通语言学教程》由其学生整理出版（1916年），即已开始成为国际语言学界，特别是理论语言学学坛上的中心议题。这个中心议题贯穿整个20世纪，至今仍未见平息。

20世纪80年代中期以来，在西方，发轫于言语行为理论的“语用学”崛起，一些言语研究的成果也好挂靠在语用学的名下，而语用学又自称是语言学的分支，于是索绪尔当初谆谆告诫的语言研究必须与言语研究分开的原则被遗忘，反而出现了两者合流的历史倒退。

我国也在20世纪80年代中期，出现了刘焕辉的《言语交际学》理论专著，在全国产生了较大的反响。数年后，由刘焕辉牵头，邀集了全国约二十所高校中的语言学家（主要是修辞学研究者），大家分章执笔，编辑了《言语交际学基本原理》的宏著。刘氏的著作以2000多条离篇断章的修辞案例作材料，进行言语学的（非语言学的）分析，很有新意，产生了积极的社会反响。刘氏紧跟国外的学术潮流，也心甘情愿地宣称，他的《言语交际学》属于语用研究的范畴。刘氏已经意识到并明确提出，语文教学中的读写教学应该援用言语交际学的理论，但未具体展开。

从20世纪60年代以来，陆陆续续有个别关注过国内语言与言语大讨论的语文教师发表文章，提出用言语理论指导语文教学的主张，到八九十年代，发出这种声音的文章已越来越多，似已渐成小气候，但时至今日，“言语”这个概念仍远未成为主流学派的语汇，在语文教学大纲和语文教材中，难得能看到“言语作品”的提法，此外，凡该用“言语”的场合，依然袭用“语言”二字。

2.2 言语语文学的勃起

首先是言语语文观在报刊论文中的不胫而走，传播越来越广，特别是在语文教学大反思阶段，已有越来越多的学者和教师在讨论语文课的课性是不是工具性时，斩钉截铁地指出，语文不是语言，而是言语，认为叶圣陶先生当初在定语文课课名时所作的释名，就是指的言语，只是当时“言语”这个科学概念尚未引进，故按习惯，无区别地用了“语言”这个词，张志公在20世纪70年代还说“语文”就是“语言”，包括口头的和书面的，其实说的也是“言语”，只因态度保守，不肯套用尚未被主流社会接受的新概念而已。

在言语语文观已成喷薄之势后，到20世纪90年代末，由上海教育出版社资深编审韩焕昌先生亲任责编，一下子组稿出版了四本“语文教育新论”，包括王尚文的增订本《语感论》、李海林的《言语教学论》、李维鼎的《语文言意论》和韩雪屏的《语文教育的心理学原理》。这四部专著不仅都用相当的篇幅论证言语语文观的天经地义，而且都已在确立言语语文观的基础上尝试着建构言语语文学的理论框架，均多有理论建树，让人耳目一新。这些论著必将对语文教学的主流学派和整个语文教学界产生巨大的冲击，预示着以言语学为语文教学的学科基础已势在必行，对言语学和新语文学的探究必将日趋繁荣、深入、细化，语文教学有望出现新的局面，登上新的台阶。但是，这些最新的理论专著同样存在着把言语语文学的研究挂靠到语言学的分支学科——语用学的枝丫上这一违背索绪尔区分语言和言语的初衷，因而也就意味着理论倒退的倾向。此外，在举例用料方面，应该实事求是地看到，从刘焕辉用言语交际理论阐发一些修辞材料开始，特别是王尚文《语感论》中提出的具有远大发展前景的语感图式理论，所有言语语文研究者们都是努力地而且大都是相当精彩地把他们所举出的离篇断章的片言只语与其所处的上下文语境联系起来分析的，这些上下文语境有许多是涉及整个段落，更有已涉及篇章的。但是，就着眼点来说，毕竟只是被他们当作考察和分析对象的片言只语，而不是着眼于篇章研究；从思维线路来说，也多属从小到大的追索，而不是从大到小的系统规定。在着眼点和思维线路上的缺陷使得这些论著和精彩的用例分析对语文教学的指导效用大打了折扣。因为与教育同始终，与人类同边界的语文教学的堪称不变的基本实践则是成篇诗文的读写（唯学龄初期的集中识字阶段难以接触成篇的诗文，但国内外的许多优秀的识字课本也力求编得貌似完整篇章，使之富有可读性），因此，拿这样一种缺乏对篇章规律的充分考察的言语语文学作为语文教学的学科基础，恐怕还有诸多局限，也难以从根本上真正提高学生的成篇诗文的读写能力。

3. 研究的基本思路、基本理念、基本方法和基本内容①

3.1 基本思路

信念：我们认为，所谓“科学化”，不外乎指认知科学化和实践科学化两个方面。前者指认清相对地处在孤立、静止状态下的事物（对象）的质性，以与其周围貌似性近的事物区别开来；后者指正确把握绝对地处在与其他事物相联系并不断在运动的事物（对象）的在联系中进行能量交流和在运动中产生量变和质变的规律，并以此来指导自己的实践。据此，我们坚信，人类对任何事物（对象）都能实现科学化的质性认知和科学化的规律把握。故而，我们旗帜鲜明地拒绝和否定不可知论。当然，我们承认，由于某种局限，我们至今仍未及实现科学化的质性认知和规律把握的现象还很多很多，还常会有自以为已经实现科学化，而在事后却被证明原是错觉蠢动的情况发生。正是为了避免这类错觉蠢动，我们才要多下功夫认真研究。我们希望也相信，在我们下功夫认真研究后，我们能够实现对语文、语文课课格的科学化认知和对语文教学规律的科学化把握，并用以指导自己的教学实践。

警惕：要十分警惕重蹈上面提到过的出现在20世纪80年代的误搬其他现成学科的知识来充任语文和语文课理论的前车覆辙，要十分警惕忽视人、人的心灵意识和人文科学特点的哲学结构主义曾经犯过的科学主义的错误倾向干扰我们的言语语文研究。也就是说，在探索科学化的过程中，要时刻谨防对象的异化。其实，认知科学化本来就要求将对象与其周围貌似性近的事物区分开来。可见，科学化与科学

① 这四个“基本”有异于前人和他人论著的独特性。

主义是完全不同的概念。前者不允许异化，而后者却提倡混淆。

抉择：我们充分地意识到，要解决语文观、语文课课性、课职观和语文教学中的一些老大难问题，要实现语文教学的科学化，绝不是轻而易举的；我们也清醒地意识到，要将已经存在了两千多年的主要限于归纳性的、经验型的语文学知识提升到以演绎性为主的、理论型的科学语文学的高度，绝非一日之功，不能有急功近利的追求，不能靠短期行为；我们甚至还明晰地预感到，一些带有教育虚无主义、不可知论和后现代主义、后结构主义倾向的精英人物正举着“科学主义”的帽子在等待我们。故而，投身于这么一个带有风险的课题的研究，绝非乘风举帆、顺水推舟之类安逸差事；但是，我们从十六大的要以科学精神开拓创新的号召和对社会科学事业的尊重和期望中受到莫大的鼓舞。“明知山有虎，偏向虎山行。”我们无畏，无忌，无怨，无悔，我们决心在较自然科学家对自然生命人的人类学和生物学研究要复杂、困难得多的对社会意识人的研究中去闯一闯人类大脑黑箱和心理幽谷。当然，我们只能通过对言语交际和言语作品，或者说通过对语文教学和语文教材的研究去逼近人类的这个黑箱的幽谷。我们指望在自己的参与下，通过自己的努力，能有所发现，有所发明，取得一些启动阶段的初步性的成果，为有志于是项研究的他人或后人铺两筐路石。

对象：我们的研究对象当然就是语文，但不是“一语四文”中的任何一种或其总和，而是言语。所谓读、写，就是书面言语交际过程的收、发两端，而所读、所写的文本，就是书面言语交际过程的接交中枢——媒件。语言只是意识与言语进行双向转化时的一种手段，与身姿、动作、表情、眼色等表意手段无异，只是其丰富性、充分性和清晰度，一般来说要远超过后者，故成为人类特有的最得力的交际手段（或说交际工具）。我们认为，语言来自对言语的微观的基础结构的抽象，又是言语存在的不易被感知，甚至也无须被感知的物质形态。应该说，我们是不知不觉地跨过语言的门槛才接触言语的微观以上的中观、宏观等结构，并回过头来重新审视言语的微观结构的；也是在不知不觉中，犹如先天本能地跨过语言的门槛，才将意识外化为言语的。其流程或可表现为：“语言（隐性）—言语—语言（隐性）。”正因为处于两端的语言门槛是无须感知的，故在言语教习或者说语文教学中，对语言的结构完全可以基本上取弃之不顾的态度。故而，更不可能，也不应该把语言结构当作我们这项研究的对象。事实上，人们对母语的自在的语言结构的准确把握和有效操用，早在学龄期之前的婴幼年阶段，恰恰无须通过理性教习，而完全靠着无时无刻不随身围绕的犹如空气、阳光的母语环境的自然传染即已实现。这就是说，进入学龄期之后的有关母语语言结构的理性教习是完全多余的，也是无效的。基于这样的认识，我们用最清晰的措辞表明：语文中，语文教学和语文研究中，不包括语言的因素；我们这个课题的研究对象不包括语言的结构，而完全是言语的结构。即使涉及言语的微观结构，也不是指语言结构的初始观念，而是在言语宏观、中观结构观照下的，受整个言语结构系统统摄的言语的微观的甚至超微观的，为语言的结构所不予过问的一些结构现象。正因为我们对自己的研究对象持有如此清晰的认定，故我们认为引进（或说先行研究）言语结构学的理论和方法，为语文教学提供切合自身实际的学科基础，亦即应用言语结构学的理论和方法于语文教学，以期探索和实现语文教学的科学化，采用这样一条基本的研究思路是正确的，可行的。

目的：我们立题研究的目的，首先是借以提高教师的业务水平、理论素养和语文教学的质量，促进教师从工匠型向学者型的转化，然后才是在这一过程中，通过理论升华和教学实验，探求语文教学科学化的途径和实现草创言语结构学的夙愿。

3.2 基本理念

3.2.1 哲学理念

“实践→理论→再实践”，这是众所周知的马克思主义的认识实践理论。语文教学，书面言语交际，已经有数千年（口头言语交际更是基本上与人类本身同时生成）全人类共同的实践经历，当然有必要，也完全有可能，把这方面的极为丰富的实践经验升华成科学理论，再用这种理论来指导嗣后的再实践，这就是对实践的理性指导和教化。当然也可以反过来，用嗣后的实践来检验已成理论的正确与否，并对经不起检验的不正确或不完全正确的理论进行修补和矫正。我们的研究将完全遵循这条颠扑不破的辩证唯物主义理念。

“自组织系统⇌意组织系统”。首先说明，“自组织系统”是现成的哲学术语，而“意组织系统”则是我们生造的用以与“自组织系统”相对待的概念，它是指通过人的意识作用形成的和加入了人的意志建构的系统。孤立静止地看，世界存在自组织和意识组织两套系统；联系运动地看，则必须承认，前者已越来越少，特别是纯粹的、尚未受过人为的直接干预和间接影响的自组织系统，恐已不复存在，而意组织系统正日益庞大。两套系统交叉相辅的混杂系统更可谓无处不在。而且，两套系统相互转化的情况，也已日见其多。这就是，当原属意组织系统的事物，处在被认知被考察的地位时，对认知考察者来说，这无异于一个自组织系统。同时，还应看到，世间还有许多有待成熟“入世”（“入系”）或有待认知见“系”的暂处在非系统联系状态的“散兵游勇”式的事物和一个事物内部的游离于有机系统之外的附赘悬疣式的部件存在，但根据普利高津的耗散结构理论，通过耗散运动，一个远离平衡态的开放系统，经不断与外界交换物质与能量，其混乱无序状态，会走向新的稳定的有序结构。至于意组织系统，则更是随着人类认知领域的不断扩大和细化、认知能力的不断提高和优化而日益增多和增值。不管怎么说，用以反映客观存在的人的意识的外化物——文本（书面言语作品，或者说高级言语媒件），它当然应该是尽可能有机严密的意组织系统。但是，当我们把这个文本加以分析、研究、解悟的时候，它已经被当成了自组织系统。随着认知的进展，一个新的意组织系统渐渐形成。它既来源于文本作者的意组织系统，而又必然会因主体的转移和结构形态的置换而产生等差率。而且，同一个文本在不同的读者之间也会产生认知等差率。这都是毋庸讳言的客观存在的必然。但是，即使在自然阅读中，也得看到“树体”本源地位和“树魂”制约作用的永恒性，也得承认“藤蔓”绕“树”底线的存在（“树”“藤”之类提法袭用自鼓吹后结构主义的阅读学原理的论著中的比喻）。至于教学阅读，这是与自然阅读完全不同的阅读类别，它是基于科学阅读，并本着教育理念，肩负着引导和教化学子的神圣使命的一种有目的、有计划、有步骤的教学活动，理应遵循言语交际的最本质的规律，与文本原作者的原始意组织系统最为接近（当然，绝不可能完全等同重合）。在教学阅读中宣扬甚至援用后结构主义的自然阅读观是绝对错误的，有害的，它与提倡和鼓励发散性思维、创造性思维、独立思考和个性化阅读感悟完全是两码事，后者主要处在方法和途径的层面，若把后者强调到须刻意追求的目标和严加遵守的原则的高度，则必将导致教育取消论的合理化和异端、“另类”学生的成批出现。我们需要培养的是正道上的奇才，而不是邪路上的异端和“另类”。

3.2.2 教育理念

教育的传承、启悟功能。在适当引进实用主义教育理论的“做中学”的这种教育方法和创造条件让学生在生活实践中去体悟学理这种教育途径的同时，必须反对否定教育的知识传承和教师启悟两大功能的以返祖认知为特征的教育取消论的倾向。一些只需授予简单的公式或只需教师点拨一二就能讲清的前人或师辈已经悟出的道理，要让学了们返回到社会生活和生产实践的祖本上去花大量时间和精力体悟出这一同样的道理，这简直是倒退到前教育时代的愚蠢做法。总而言之，教师应该把握规律，掌握理论知识，并采取适当的方法，把这种规律和知识传递给后学。言语结构学有望向教师们提供有关言语交际的规律性知识，用以提高学生的读写水平，优化学生的智能素质。

教育的引导、教化功能。我们认为，既要承认个体在认知和创造能力上存在差异的客观必然性，更要看到这种差异的可变性。办学、设课、师授，就是要通过引导和教化，尽可能缩小这种差异，使后学向前贤靠拢。要注意，本着教育理念，在反对教师滥用师尊对学生进行认知误导的同时，必须坚持教师主导作用的正常发挥；在鼓励和提倡学生独立思考、优化其智能素质的同时，必须反对放任学生的盲目自信和自以为是，更必须反对信奉不可知论和教育取消论者放弃理喻和师教的倾向。言语结构学的理论和方法有望向教师们提供语文和语文教学中可资理喻和师教的手段，这些手段能有效地提高学生的语文水平。

3.3 基本方法

从结构入手，重结构考察。我们所说的结构，既非语言学结构主义的原型，亦非哲学结构主义的翻版，而是融合了新老三论的系统结构观念。

我们认为，人类与许多高等动物一样，都有感应简易结构的先天机制，而人类则能通过后天的对自己实践经验的总结和对身外间接知识的学习，特别是经与人类特有的思维和言语的结合，达到对复杂的、精密的甚至抽象的意识结构的准确、敏锐的把握。

我们认为，从结构入手，重结构考察，循着事物自在的结构理路到达事物的各个大小的结构环节乃至最精细的结构末梢和最深层的结构底蕴，这是已经得到许许多多自然科学和社会科学验证的有效、可靠的科学方法，它既是认知和解构任何事物的通途捷径，也是建构和组装万千造物的不二法门。我们也在自己的语文教学实践中，从指导对课文的阅读分析，到指导对作文的构思和评改，都或自觉地或被动地感受到解构和建构的理论和方法的巨大威力。叶圣陶先生所说的“作者思有路，遵路识斯真”，也就是在提倡从结构入手，进行思路教学，我们切实地体会到了这一教导的正确、精辟；我们还深切地领悟到一千五百年前刘勰在《文心雕龙 · 附会》中所说的“整派者依源，理枝者循干。是以附辞会义，务总纲领。驱万途于同归，贞百虑于一致……首尾周密，表里一体”这些有关文本结构的至理名言的永恒和普适的价值。总之，我们是在自己的实际工作中感悟到结构观念在读写教学中的巨大作用和不可或缺，才选择结构考察作为我们这项课题研究的基本方法并以此区别于他人的同题或近题研究的。

根据言语结构学的基本理念，所读所写的文本都应该是具有高度的严密系统性的有机整体，均应该运用系统结构观去分析、解悟和指点、评论。在作这样的分析、解悟和指点、评论时，应确立以大制小（即由较大、较高一级的结构统制较小、较低一级的结构）的原则，遵循从大到小（即从最大、最高一级的结构逐步细化到其下各级结构）的程序（这样一种程序化的解构可形象化地比喻为“剥笋壳”的过程，它既与传统的遵循线性序列的顺文串讲不同，也与文学评论中惯用的没有发现过程，只有研究结果的堪称“擢美拔秀”式的思想性、艺术性之类的讲析不同）。在言语结构的解构过程中，若发现其中有“附赘悬疣”性的部件，或失闪缺漏的环节，那么不管它出现在课本范文中，还是出现在学生的习作中，都要一视同仁地给予指出并加以剔除或修补，或启发和鼓励学生自己去发现、思辨；也不管它出现在大的段落，还是小的词语，甚至一个标点，都不能轻易放过，就像眼睛中容不得一粒尘沙，都必须通过适当的教学步骤予以处置或矫改，这是提高思辨鉴别能力、优化智能素养的绝好机会，也是树立科学权威、培养科学精神的最具体、最实际的举措。

3.4 基本内容

言语结构学或语文教学科学化探索的富有自己特色的基本内容将由对整个言语交际过程的滋、发、顶、归四个环节的结构考察组成。

"滋"节，将考察在言语发放程段的起端的求交意识和外化冲动的形成机制。这个环节首先将考察人们在调动自己头脑中100万亿个记忆细胞（其实，根据脑科学的实验统计，人们只动用过其中的3%—10%）去关心、观察和识记周围事物时所表现的不同涉域度和容留量；然后将考察人们在关注和发现自己与外界的认知异同并勃发外化求交冲动时的不同激化率和激奋度。进行上述考察旨在提倡向广涉域度、大容留量和高激化率、强激奋度转化。这恐怕是写作指导和提高写作能力的首要课题。

"发"节，将考察言语发放程段的指向外化的意识重组过程，亦即腹虑建构过程的结构运动机制。这个环节首先将考察在求交意识的驱动下，主要由脑细胞的轴突和树突上的突触承担的从散装的、原处抑制状态的记忆仓库中搜索和抽调有关记忆信息使之激活、兴奋的结构变化状况；然后将考察在求交意识的调控下，对搜索和抽调到的众多信息进行甄别、筛选和重组过程中结构调整的状况。这恐怕是习作构思的基本课题。

"顶"节，将考察存在于言语交际中枢的言语媒件产生过程中的由立体意识向单线语流转化这一至为关键的结构置换运动的规律。这个环节首先将考察立体向单线的结构置换规律；然后将考察由立体转化过来的单线语流中蕴涵在深层的立体印痕；此外，还得去考察和发现文本语流中从宏观到微观各级结构环节及其各种结构形态（按功能价值划分，有规律性的裸体式结构模式和概率性的全装式结构套路两类，此外，还有随意性的便装式结构格局；按内构成分划分，不外乎纯质结构和带饰结构两类）和构成部件（不外乎内质性成分和表饰性成分两类）。在这一系列结构考察中，我们还将发现如文本预制件的各种言语体式的存在，以及这些体式在解构和建构文本中的巨大功能。对本环节的结构考察将是提高读、写能力的最关键的课题。

"归"节，将考察言语接收程段阅读解悟过程中结构形态发生逆程置换运动的结构状况。这个环节将首先考察由线性阅读向多元立体型的领悟意识转化的结构形态逆程置换规律；然后还将考察在全面置换后（或跳过全面置换环节）的有限吸收的结构重组现象。这个环节的结构考察将是提高阅读吸收能力的又一重要课题。

作为言语结构学或语文教学科学化探索的基本内容的对整个言语交际过程，特别是对其中枢环节——接交媒件的运动结构考察和以大制小、从大到小的系统结构分析，有可能将文本从超宏观的文外背景到超微观的言外感应，包括从篇级宏观到每一个微观词语甚至每一个标点，均能从外在的单线性的物质信号系统，经平面型的表层语音、语义、语法和文字版面系统，到立体型的深层意识系统，最大限度地揭示得晶莹剔透，使人面对语文问题，变得心明眼亮，脑灵手巧，这就是我们全部研究内容的理想指归。

2003年

下编·实验篇

（文析）

《小石潭记》解析 ①

阮 尉

前言

近读几篇就《小石潭记》的语言分析问题进行争论的文章 ②，颇有点“公说公有理，婆说婆有理”的味道。而在笔者看来，又似乎公婆双方都不怎么在理。因为笔者认为对成篇的言语作品作纯形式的、静止、机械、割裂的语言分析，将其中的言语片断当作既无来龙也无去脉的片言只语看待，把好端端的有机体分解得支离破碎，满目都是一些简直看不出对阅读、欣赏，对写作、表达有什么实际用处的、枯燥乏味的语言知识，这种做法本身就不怎么合理。

于是，笔者想就同一篇作品，试用一种新的方法进行重新解析，也就是作堪称“言语·语言通构”的新读新解，看看会不会还有那么多莫衷一是的分歧，看看能不能对阅读、欣赏，对写作、表达提供些有益的启发。

本文不准备对《小石潭记》进行全面的言语·语言通构解析，这是因为考虑到光就言语的多元系统分析原理来说，除对该文的交际背景的把握历来较为一致之外，关于交际场合、交际角色和交际意图等，都还存在一些不甚一致的说法或看法。譬如，就交际对象说，它究竟是以自我为交际对象，带有自娱自泄的性质；还是以社会为交际对象，带有求取社会共享或同情的性质；抑或是以当政者为对象，用作投枪匕首，带有存心刺人的性质？再从文体看，它究竟是以客观地描写景物为主的纯游记散文；还是为求得自我的心理平衡，寄情于山水，借景以忘忧，因而该属于以刻意美化自然景物为主的记游·抒情散文；抑或是全文都在宣泄由遭贬谪带来的心理不平，连所描写的每一个景物都有明显的影射或寄托，因而完全是以写意为主的杂文？细细比较各家的注释讲析文章，不难发现这些分歧的影子。照理，评议这些分歧，表明我们的观点，原也是言语系统分析的分内职责，但由于本文的主旨在于针对由纯语言分析滋生的纷争而注入言语意识来重新通读和理解文本，同时也为了节制篇幅，

① 此稿曾以《〈小石潭记〉新读》为题，摘要发表于《海南师范学院学报》。

② 就《小石潭记》的语言分析问题进行的争论，指张拱贵、黄岳洲先生与于北丁先生在《中学语文教学》杂志 1980 年第 11 期、1981 年第 11 期和 1982 年第 8 期上开展的论争。

所以把主要精力和大量笔墨都花在对文本中字、词、句的随文注疏和穿插在随文注疏中间的思路梳理上，至多只能涉及对文心的概括，而有意避开就潜隐于文心背后的题旨的领悟问题展开讨论。虽然在梳理宏观思路时，有时也会有意无意地顺便谈到些我们的有关看法，但这与专门立题探讨还有很大的距离。即使对一些有歧解的词句和标点落段方案，也仅以正面表述我们单方面的认识为主，对歧见则只是点到为止（请自行随处对照查第134页注释②所提示的有关论争文章），也没有展开充分的辩驳，以避免中断或干扰了通读文本这一主旨。

正文

以下试用前言中所谈的“言语·语言通构”原理，对柳宗元的《至小丘西小石潭记》这个成篇文本重新进行随文的标点落段处理、语义训释和思路梳理。

先列两套对原文的标点、落段方案，请比较：

方案之一

（通行处理）

从小丘西行百二十步，隔篁竹，闻水声，如鸣佩环，心乐之。伐竹取道，下见小潭，水尤清洌。全石以为底。近岸，卷石底以出，为坻，为屿，为堪，为岩。青树翠蔓，蒙络摇缀，参差披拂。

潭中鱼可百许头，皆若空游无所依。日光下彻，影布石上，佁然不动；俶尔远逝，往来翕忽，。[①]似与游者相乐。

潭西南而望，斗折蛇行，明灭可见。其岸势犬牙差互，不可知其源。

坐潭上，四面竹树环合，寂寥无人，凄神寒骨，悄怆幽邃。以其境过清，不可久居，乃记之而去。

同游者：吴武陵，龚古，余弟宗玄。隶而从者，崔氏二小生：曰恕己，曰奉壹。

方案之二

（重新处理）

从小丘西行百二十步，隔篁竹，闻水声，如鸣佩环。心乐之，伐竹取道，下见小潭。

水尤清洌。全石以为底。近岸，卷石底以出，为坻，为屿，为堪，为岩；青树翠蔓蒙络，摇缀参差，披拂潭中。

鱼可百许头，皆若空游无所依；日光下彻，影布石上。佁然不动；俶尔远逝；往，来；翕，忽：似与游者相乐。

潭西南而望：斗折蛇行明灭；可见其岸势犬牙差互，不可知其源。

坐潭上，四面竹树环合，寂寥无人；凄神寒骨，悄怆幽邃。以其境过清，不可久居，乃记之而去。

同游者：吴武陵，龚古，余弟宗玄。隶而从者：崔氏二小生——曰恕己，曰奉壹。

以上为对《小石潭记》的两套标点、落段方案的对比。方案之一是现正通行的，可以全国统编中学语文课本为代表。偶有出现两种标点并存的，那是酌录了影响较大的其他选本的标点。方案之二则是笔者运用“言语·语言通构”原理重新阅读理解之后试拟的。

① 作者保留外界的两种标点。

以下试作语义训释、流段梳理和思路分析。流段梳理和思路分析，穿插在随文解析中间，一般是先作点性的语义训释、再作线性的流段梳理、最后在各级篇素段之后和文末作立体·单线综合的篇章级思路结构分析。凡属篇章级思路结构分析的文字，均用方括弧标出。（行文体例，仿张拱贵、黄岳洲先生的《〈小石潭记〉语言分析》）

1.1 从小丘西行百二十步，隔篁竹，闻水声，如鸣佩环。

（1）“小丘”，指钴鉧潭西小丘。永州八记虽不能算作一个有机整体，但却连成一游程系列。各记间用定向推移法系连。此为第四篇。前承《钴鉧潭西小丘记》：故自小丘出发，并据小丘定位。游历踪迹清晰，游地方位明确。

（2）“闻”，传来，不是听到。《段注说文》：“往曰听，来曰闻。”“佩”，通珮。“鸣”，自动词用作他动，非使动。“如鸣佩环”的主语承前宾省。“环”，带韵味，与后之“潭”协。

（3）至此，为一承接复句，以“闻”承“行”。但从言语流向看，以“闻”句为主，“行”句只是“闻”句的处所副句。“隔篁竹”是“闻水声”之处所状语，意为隔开一片竹林，即从竹林那一边传来水声。“如鸣佩环”是补描“水声”的后置附句。有人以“行”“隔”“闻”“鸣”以及下句中的“乐”等动词接踵出现为根据，把这一至多仅二节承接的复句说成四节五节相承的复句，这样的语言分析于理解文意何益？！实不敢苟同。

1.2 心乐之，伐竹取道，下见小潭。

（1）“乐”，表心理活动的动词，由爱、喜欢义引申为“对……感兴趣”。与“乐此不疲”的意动用法有异。更不是形容词。张、黄答于文所举《捕蛇者说》中的“余悲之”，则是为动用法，亦与此处不同。“之”，代如鸣佩环之水声，不是句末语气词。此句是下一分句“伐竹取道”的动源，前后构成承接关系。通行本把“心乐之”看作上文的抒情结句，就此句断，导致叙述中断，并使抒情流于轻率。不取。

（2）“下”，方位词，释眼下、脚下、地面下均无不可。不是行为动词。张黄——于论争中所涉《曹刿论战》中之“下视其辙”的“下”，其实亦非行为动词，同是方位词，因为分辨车辙之序乱直曲，大可不必下车近视细察。

（3）“见”，音 xiàn，通“现”，义为现露。指伐竹取道过程中，完全不经意地在眼前（脚下）显露出来的。

（4）有人以“下”为行为动词，将“见”读 jiàn，这就使行为有了专意寻潭的方向性和目的性，失去了由寻水声之源而无意中发现小潭的本意。此外，让“下”与“见”两个行为动词相承，其间既不停顿，也无连词，亦不太符合古文构句规律。

（5）有人将下句“水尤清洌”也拉入，亦作为“见”之宾语，则不管就语法，还是就语音节律说，都颇不宜。就行文章法或言语结构而论，更可谓不通。

（6）“潭”协“环”。

（7）此为三节连锁承接复句。由水声诱发（即“心乐之”），经“伐竹取道”，以发现小潭为归宿。

以上为一段，叙述发现小石潭的经过。

大凡游记体文章，总少不得以游程叙述为最大的结构框架。先是导叙，即通过简洁的叙述，导向目的地或游览点的出现；待抵达了目的地或游览点，则足迹的叙述即为对景物或名胜的记描和介绍所代替，文章也就进入了决定着游记体文章的价值的主体部分；待主体记描结束，文章还要回到叙述框架上，是为终叙，即叙述离场转移或返归的足迹。这可谓一切游记体文章最基本的结构模式。阅读和分析游记体文章，首先必须摸清这一最基本的行文脉络。

本篇的导叙，只用由两个复句构成的一个顺叙流段，共三十个字，就完成了对无意中发现小石潭的经过的叙述，中经闻声、伐竹，写得蹊跷曲折，饶有兴味。构句如洗，节奏爽利，自然协调，连成一气，真乃导叙中之上品。

有人在把“见”误读为 jiàn 之后，又以“水尤清洌”必为目之所见为由，遂将此句并到导叙部分，并作为导叙的结句。有人甚至将“水尤清洌”分析为“见”的宾语。殊不知以下所有景物的描写，都是以视觉反映为前提的，难道能将它们都当作“见”的宾语吗？光以“水尤清洌”句挂于“见”后，不有点“挂一漏万”吗？且不说这么一挂，一段自然协韵的散文诗的韵味，全给破坏了。其实，“下见小潭”中的“见”（应读 xiàn）与“水尤清洌”是毫无关系的，其间应该画上一条大得多的结构剖分线，前者属导叙部分，后者则属记描主体部分，故笔者在“下见小潭”处断句落段，而将“水尤清洌”句划归属记描主体部分的第二自然段。

2.1 水尤清洌。

（1）“尤”，与前钴鉧潭的水质比较而来，八记相续为一游程系列，此亦可见。

（2）“洌”，旧本作“冽”，非也。所差一点，所失全篇。在有“青树翠蔓”的时令，水温怎至于“冽”？且刚见潭，用目，只能见水质清洌，未见触水，怎知水温冷热？下文所谓“凄神寒骨”，实为意境感，非实写气温水温。“清洌”是近义词素合成词。

（3）描写潭，先写水质，当然。但用意又非尽于水。

2.2 全石以为底。

（1）唯水清，才能见底，才能见石潭构造的底细。上句先写水清，原来还有此用意。

（2）“全”，动词，带使动性。非范围副词，亦非形容词。“全石”犹如“全力以赴”中之“全力”，“完璧归赵”中之“完璧”。

（3）“以”，连词，可说处一般所谓的“兼语词组”中间，连接前后动词，实宜看作起使复句紧缩为单句形式的作用。非介词。全句结构如“完璧以归赵”。主语隐而未现。下文“卷石底以出”的主语及句型，与此句同。子厚是在赞美伟大的造物主，神奇的自然构筑师。是她“全”其“石”“以为底”，是她“卷石底以出”，使得这个小石潭的构造别具一格，值得一记。有人释“以”为介词，释“全”为形容词，释全句为“以全石为底”，释下句为“以石底卷出”。照此，则隐含的有生命的主语被杀，带赞美之情的生动描写，一变而为对小石潭构造的索然无味的说明介绍。且“卷石底以出”句，照此处理，于逻辑、语法，都还欠通。张、黄文所举的“凿以写龙”“乐以忘忧”中之“以”，均非介词，而属连词，如“俭以养德”与“以俭养德”在意念上微异一样，这类结构的首发动词均有较大的独立性，不全受介词“以”支配，与“以民为本”和“以一当十”中的介词“以”不同。

2.3 近岸，卷石底以出，为坻，为屿，为嵁，为岩；青树翠蔓蒙络，摇缀参差，披拂潭中。

（1）“近岸”，始于潭底，靠近岸边，未到岸上，仍属潭内。作为状语，仅表“卷”“出”的处所。有人将上文的“下”和这里的“近”都说成对作者足迹的叙述，简直把子厚当作患多动症的顽童了！有人把“近岸”说成对描写对象所处方位的点示，意谓行文至此，描写点已由潭中转移向岸边。此说亦欠确，详后。

（2）“出”，冒出水面也。“以”，连词，参见上句评注。

（3）四个“为”，可译“成”“成为”。四“为”句与“卷……出”句为承接关系。“坻”“屿”“嵁”“岩”，虚列四种，实表各具形状，丰富多彩。“为岩”处不宜句断，以示以下各句都是描写这些姿态各异的石头的。

（4）有人以“近岸”为“近岸……”句的主语，即将“近岸”看作描写对象或描写区域。其实，前后都未出现与“近岸”相当的其他什么对描写对象或描写区域的提示（对“潭中”的处理，见下文），故不宜将“近岸”的结构地位提到这样的高度。其实，“下见小潭”开始，一直到最后的“坐潭上”，无任何足迹的交代。在“潭西南而望”前，也未出现过描写对象或描写区域的转移。

（5）“蒙”，由上网下；“络”由下网上。“青树”主“蒙”；“翠蔓”主“络”。“青树翠蔓”四字不能成句，亦非主语，更不是描写对象已由潭中近岸之石而转移到了潭岸四周的树蔓。主语承前，仍为隐而未现的造物主，描写对象仍为全潭的潭体轮廓，这里是刻画为潭体轮廓的构成部件的近岸处诸石的外表装饰。“青树翠蔓”是“蒙络”的状语，其前按习惯省略介词“以”。补足之，则为“伟大的自然构筑师用青树翠蔓把这些怪石蒙络起来”。

（6）“摇”。扶摇，向上冒出者；“缀”，垂缀，往下拖挂者。“摇”“缀”皆相对于“蒙络”

而言。何不按通行标点让“摇缀”与“蒙络”联句？这是因为“参差”由“摇缀”而来，“蒙络”无所谓“参差”，有“摇”者，有“缀”者，才能见“参差”。“摇缀参差”，正可组联，比让“蒙络”与“摇缀”联句为优。“摇缀”指上窜下挂之树枝藤蔓，皆为“蒙络”之外的突出者。有人译“摇”为“摇摇晃晃”,“缀”为“牵牵挂挂”或“缠缠绕绕”的，让“摇晃”和“牵挂”或“缠绕”相组合成对，似嫌勉强，故不取。

（7）“披拂潭中”句描“参差”的“摇”枝“缀”藤在微风中的动景。通行标点让“参差”与“披拂”两个双声连绵词联句，从音韵上说，至为可取；但从语义上说，则“参差”与“披拂”不能构成适合当时场景的语义关系。说偏正关系吧，费解，连说成静态与动态的对待都难以成立。“潭中”之前按习惯省略介词“于”。“于潭中”，介词结构，作为“披拂”的补语，则足见以上所写皆未离开潭中的景物。通行标点将“潭中”划归下段，则成了可有可无之赘语。桐城派名师何义门先生把“青树翠蔓”等句说成是“先写潭周围上的”“四面竹树”，今人仍有承何义门先生之说者，其实，这里根本没有交代描写点已转移到“岸上”“潭周”。再说，其后写游鱼，仍在潭中，当中没头没脑地插入几句写岸上潭周景物，既不符合描写的一般程序，也不符合视线移动的规律，更何况下文已有专节写及潭周环合的竹树。

（8）从“近岸”开始，到“披拂潭中”，是一个具有递补关系的多重复句。“披拂潭中”是对“摇缀参差”的动态补描。“摇缀……潭中”是对“青树翠蔓蒙络”的补充描写。“青树……潭中”是对“坻”“屿”“嵁”“岩”的补充描写。而这整个多重复句又是对小石潭潭体轮廓描写的组成部分。

以上是全文记描主体的第一个层次，写潭体轮廓。可立一自然段。

描写小石潭，先从小石潭本体的结构轮廓着手，这是非常得体的。写潭体轮廓，作者抓住了写居中的潭水、水下的潭底和近岸水面之上的各种岩石三大件，潭体的轮廓就立体化了。

写三个立体构件，孰先孰后是颇费斟酌的。按照空间程序或视觉感应程序，似都应先写立于水面之上的，因其形状各异而又全身披挂，故特别引人注目的近岸的各种岩石，再写居中的潭水，然后再写透过清水才能看到的水下的潭底。如果按说明文的程序，介绍小石潭的特点，水清是由石质潭体，特别是石底使然，则理应先写石底、石壁，后写水质之清。子厚却不取这些常序，而自有巧妙的安排。他先写水质之清，仅一笔带过，正合适。写潭，自然有水，水不能不写。写水清，仅一句足矣。石底长势以及下文的石上鱼影均可补衬水质之清，并非什么“侧写”。同时，先点出“水尤清洌”，才能见石潭构造的底细，也可为下文游鱼提供特定的环境。作者将本段的描写重点放在“石”上，是非常切合实际的，“石潭”的最大特点就在于由石构成。先写了石底，再随石底的长势，写到近岸处冒出水面的各种岩石，也极自然。水底之石，完整无缝，颇有特色，值得一写，但作者仅用“全石”二字，真是惜墨如金。至于冒出水面之石，除各具形态外，因与空气接触，发生风化，聚集尘埃，承受了飘落的物种，致长出各种植物，让这些石头带上帽子，穿上衣裙，成了小石潭中最招人的点缀，这是天赋的美景，也为对石潭轮廓的描写提供了丰富、生动的素材。作者就抓住这一特色景物，大笔挥洒一番。勾勒整个小石潭轮廓的三大件，仅用三十八个字，而用三级递补的多重复句，写冒出水面的各种岩石，竟用了二十九个字，占四分之三强。这样的轻重调配，也完全是从实际出发的。这样的石潭轮廓描写，避免了平板枯燥，而显得形象、生动。此外，用“全”“卷”“蒙络”等动词来描写静态的潭体结构，生动之余，还富有情趣。真不愧为文豪彩笔！一个无名野潭，经子厚一描绘，竟成了人人向往的稀世名胜！

3.1 鱼可百许头，皆若空游无所依；日光下彻，影布石上。

（1）“可”，估断副词，处状位。“许”，计数助词，与“百”合成为计数的当词结构。“头”，由名词虚化而成的早期量词，当时还属口语成分，少见于书面。今量词丰富，计鱼量词改用“尾”，有些方言用“条”，也有承用“头”的。质石、体小、水纯之潭，一览无余，故游鱼几尾，依稀可数。

（2）第二分句的主语“众鱼”承前省。谓语中心，“无”。名词性的所词结构“所依”作“无”的宾语。“依”，依傍。“无所依”，表示鱼在游动时，身边没有任何遮阴和依傍之物。可见整个小石潭除了近岸的各种岩石上的摇枝缀蔓“披拂潭中”之外，水里面是不长任何水生植物的，这里主要不是表现水之清冽，而是表现水域之纯净。“若空游”这个譬况状语，固然也可衬出水清，但主要是表现鱼周围的空荡无物，鱼游其中，犹如神鱼行空。“皆”是递附上去的范围状语。以“空游”和“无所依”为互补关系的并列式复杂谓语，欠确，且漏了“若”。通行标点均于此断句，嫌操之过急。今改用分号，理由详后。

（3）“下”，方位词，作“彻”的状语，义为向下，向水下。“彻”动词。犹说“穿射”“透视”。“影”，指“皆若空游无所依”之鱼影。“石上”，前省介词“于”。“于石上”，“布”的补语。此句表示潭中除清水、游鱼、石底之外，无任何他物相间，故鱼影能直布于石底之上。

（4）至此，是一个补描复句，以日光下彻时可见的石上鱼影，补描“皆若空游无所依”的游鱼，故其间用分号隔开。前面为主句，它还带一个插入性的介绍数量的附句。后面为补描副句，它也带一个条件附句“日光下彻”。有说带时间饰句的，欠确。

分析复句和句群时，应突出语流的流动主线，这里的主线是“鱼皆无依，影布石上”。

所有用新式标点处理过的文选，几乎都在“无所依”后就句断，前面说嫌“操之过急”，就是指未看到“影布石上”与“鱼无所依”的同一关系。通行标点在断句不当之后，又将“日光下彻，影布石上”与当属后一复句的“佁然不动”联在一起，其间均用逗号。有人还居然点明“佁然不动”的主语是上句的“影”，这就错上加错了，以至违背了生活常识和描写常规。因为照此标点，则分布在石底上的鱼影，都是“佁然不动”的了，言下之意，一经游动，鱼影也就没有了，这岂不违背了光学和生活的常识？还因为照此标点，那么柳宗元对鱼的描写，先是穿过鱼体，来写其在石上的佁然不动的投影，然后再把目光上提，写水中游鱼的活动。有人居然还盛赞这种避开鱼体而特写其投影的描写术！简直把子厚当作好用蒙太奇手法的现代电影导演了！其实，柳宗元在这一段里描写的是游鱼百态，此段结语“似与游者相乐”的是鱼，而不是它的影。这里写到的“影布石上”，是不分动静的，是笼统的。这只是在介绍游鱼百态的表演舞台，近乎一幅画的背景底色，根本还没有开始描写鱼的动静。从“佁然不动”开始，才是对游鱼百态的描写。

3.2 佁然不动；俶尔远逝；往，来；翕，忽：似与游者相乐。

（1）“佁”，音 yǐ，痴呆貌，有作“怡”，音 yí，悠闲貌。清桐城派后期古文家吴汝纶定“作佁是”，笔者认为吴汝纶的裁断是完全正确的。“然”，形容词词尾。“俶”，通“倜”，音 tì，机灵，灵动貌。据《方言》十二：“俶，动也。”“然”“尔”，作为形容词词尾，据王力《同源字典》，系元歌对转的同源关系。“佁然”与“俶尔”，构成反义关系。“佁然不动”与“俶尔远逝”是堪称工整的对仗句。

（2）“往”与“来”也是两相对举的反义动词。“翕”音 xī，会意字，《说文》释本义为“起也”，段注“鸟将起必敛翼也”，即指鸟欲飞时合羽振翅的动作。《尔雅·释诂》注“合也”，此引申为聚集，动词。“忽”，新会意字，勿亦声，《说文》注本义为“忘也”。可引申为不经心、无心、无魂、心乱、神散等义，这里由心乱神散引申为散乱。《中华大字典》释“忽”的第五个义项为“乱也”，举《书·益稷》中之“在治忽”为例，并引《传》曰：“在察天下治理及忽怠者”，与笔者之见契合（但按《中华大字典》载王引之《经传释词》将用作此义的“忽”读若“滑”，注音“古忽切”，因笔者在《经传释词》中未查到“忽”这条词目，故不取这一读音），可见“翕”与“忽”也是两相对举的反义动词。

（3）“相”，副词，本为相互，此虚化为单向。“乐”，动词，此表示玩乐、游乐。“与游者相乐”，义为跟游者逗乐。有人硬守“相”的互指作用，并说成代词，致把全句译成“（鱼儿）好像是与游客们共享（大自然）的乐趣”。其实，按上文所描，鱼儿像在表演，哪有什么与游客共享乐趣的味道？再说，游客又何乐之有？人鱼共享的是大自然的什么乐趣？如此译意，令人费解。

（4）这是一个分合式补描复句。先分描游鱼百态的形象，后补以合描游鱼百态的意象。现根据纯语义关系，不考虑节奏停顿，特地将这一分总式补描复句标点为，“佁然不动，俶尔远逝；往，来；翕，忽：似与游者相乐”。这里描写了六幅游鱼图，两两成组，共分三组。这是经过作者细致的观察、精到的筛选，并进行巧妙的组排才描绘出来的，光就单一动作来说，这六幅图并不是没有交叉重复的，如“逝”“往”“忽”，就完全可以是同一个行为。但这六幅图一经编入三个组，那么组与组之间的区别性特征就非常鲜明了：第一组是写神态的，第二组是写游向的，第三组是写队形的。第一组是就个体写的，第二、第三组是就群体写的。第一组写得较详，用四字句，既有神情，又有动态。第二、第三组写得极为简约，都只用一个动词写一种动态。每一组内的两种动态都是恰好互相对待的。要写出这样的鱼态集锦，用分面描写的体式是再合适不过了。这种体式不仅能将游鱼的诸态写得形象生动，而且能让作者有选择和调配的最大自由。若换用说明体，选择调配的自由是有的，但形象性和生动性就要丢失。若用叙述体，就形象生动来说，虽不亚于描写，但选择调配的自由则往往不及。柳宗元在这里就采用了分面描写体式，加上其语言简古，构句讲究节律、对仗，最后还补了句拟人的意象描写，故在他的笔下，仅用十八个字竟将游鱼百态写得如此丰富多彩，栩栩如生，意趣非凡。你看，这些小生灵在清净如明镜的潭水里——时而呆若木鸡的样子，一动不动，时而又像一支离弦的箭那样直射远去；时而背着你游去，时而又向着你游来；时而从四面八方聚集拢来，时而又向四面八方离散开去：就好像有心跟游览的人在逗乐。清·沈德潜说“记潭中鱼数语，动定得妙”。桐城派古文家刘大櫆说“如化肖物”。李刚己则说：“此八句摹写物状，尤为穷微尽妙，具此笔力，可以镌镵造化，雕刻百态矣。”这些评论，确不为过。

（5）通行标点本和一些讲析文章对这描写游鱼百态的十八个字的标点、断句和注释，存在不少值得商榷的地方，致使这段历来脍炙人口的文字的妙趣大打了折扣。现特提出以下三点讨论。

第一，关于断句的问题。

有许多标点本在“无所依”后面用上句号之后，将分号用于“佁然不动”和“俶尔远逝”之间，其余，包括“翕忽”之后，都用逗号。照这样标点，那么只能把这节文字理解为：分号之前写静止的鱼影（不是鱼本身），分号之后写鱼的快速游动（未及鱼影）。而且“似与游者相乐”的表现也就是分号之后的表示快速游动的那八个字，不包括“佁然不动”。舍体就影和静取影、动取体的写鱼方法，违背文学描写的常规，这已如前述。这里还须指出的是“似与游者相乐”的表现，应该是千姿百态才合适，把“佁然不动”排除在外，实无道理。有些标点本，虽然注意到这一点，在“翕忽”之后用上句号，使得“似与游者相乐”句的结构地位提高到能关涉分号两端的静、动两面，但仍然保留分号之前的“佁然不动”的结构地位，那么这个“佁然不动”就只是布在石头上的鱼影的神态。这么一来，“似与游者相乐”的就既有鱼，还有鱼影了，显然也不合适。而按我们现在这样重新标点一下，上述这些弊病似乎都可避免，是否较合乎子厚的本意？

第二，关于“俶”字的注音释义问题。

历来的选注本都注“俶”音为 chù，释“俶尔”为“忽然”。张拱贵和黄岳洲先生的文章对此释义提出了怀疑。其根据是读 chù 的“俶”从没有“忽然”这个义项，并估计释“忽然”者是由于误“俶”为“倏”所致。

确实，当“俶”读 chù 音，并单用时，其常见义项主要是善也，始也，作也，整也，厚也，等，通过义素分子的连锁放射，人们可以在这些基本义项之间找出引申关系。而“忽”则确与上列诸义项不存在引申关系，古籍中确也找不到用“俶尔”为“忽然”的先例，于是张、黄两位就将“俶”重新释为“始也”。但把这一解释用于“俶尔远逝”这个句子，则确有些别扭，倒不如原来作“忽然”解那么顺畅，致被于北丁先生奚落了一番。

我们认为怀疑、否定“忽然”说，是完全应该的。对古文中一个词的解释，要持科学的态度，不能想当然，这也是必须坚守的原则。但在寻求新解的时候，张、黄二位先生似乎思想还不够解放，只拘泥于 chù 音的几个现成义项，能不能想得更开阔些呢？“言语・语言通构”的原理要求对任何一个古语词的解释，一定要顾及语言和言语两面。所谓顾及语言的方面，就是必须有传统小学的根据，或音训，或形训，或义训，均不得违背这个词语的历史轨迹。作任何新的义训，起码得符合词义引申的规律，亦即必须让它处在义素分子的放射线上，不能作随心所欲的任意解释；所谓顾及言语的方面，就是必须考虑交际场合和言语环境，亦即保证语流的顺畅通达，力避生搬硬套。

从语言规则说，按训诂惯例，当“俶”读 chù 音，并释为“始”“作”等义时，绝不尾随“尔”“然”等后缀而处状位。有些能处状位，但不带后缀。《释名・释亲属》中出现过“见嫂俶然却退也”的句子，这是“俶”既带后缀“然”而又处状位的难得用例，但朱起凤《辞通》收此用例时注“俶然”为“肃然”的变体，“俶”“肃”为同音通假。释“严敬貌”，显然也与这里写游鱼百态的言语环境不合，故也不能取此义。

根据言语环境，这里的“俶尔远逝”显然与“佁然不动”对仗，是描摹游鱼的两种相对待的神态的。“佁然”作呆滞貌解释，与其后的“不动”搭配成状谓偏正关系，当比“怡然”为好。与作呆滞貌解释的“佁然”相对待的“俶尔”，似应解释为机灵、灵动貌之类方合适。那么能不能在古籍中找到照此训释的先例呢？

我们终于在《方言》中找到了“俶，动也”这么一条注释，似与此处用例契合。又考虑到“倜然”一词早已出现于先秦古籍，如《荀子・非十二子》中有“倜然无所归宿”句，又《荀子・强国》篇有“俄而天下倜然举去桀纣而奔汤武”句。这些用例,“倜然”都是带后缀的形容词,都处于状位。词义均与《方言》注“俶”为“动也”有引申关系。我们还知道,“倜”与“俶”都是形声字,其声旁“周”“叔”的声母上古都属“端”系,故这两个字在上古的读音极为相近,因而存在着通假的可能。我们还可举出双声联绵词“倜傥”本来就可以写作“俶傥”,可见“俶”和“倜”已有同音通假的先例。与韩愈齐名的古文运动的创导者柳宗元的语言风格向有“尚古”之誉,他完全可能按上古音读,将“倜”写成“俶”。——有了以上这些传统小学的根据,我们才大胆地将“俶尔”说成是“倜然”的通假,并释以“灵动貌”,注“俶”音为 tì,以便在语义上与“佁然”相对待。再说“佁”也是形声字。yǐ 是今音,按上古音,其声母也属“端”系,当是全浊声母“定”纽。根据上古读音,“佁”与“俶”还有同系旁纽双声的关系,“佁然”与“俶尔”还是一对近音反义词呢!

这么一来,“佁然不动”和“俶尔远逝”两个句子,就不光是一般结构上的对仗句了,而且在音义上还有更密切的关系。子厚用这八个字写出了这些鱼儿两相对举的活脱脱的神态,其用字构句之考究,怎不让人叹服?

第三,关于“翕忽”的释义问题。

一般注释本大概均据朱起凤的《辞通》(或《辞源》。笔者因未查到早于《辞通》问世的旧版《辞源》不知有无这一词条,故只得以《辞通》为根据),将“翕忽”当作与“倏忽”相通的复义合成词,以“翕”为“倏”的双声通假字,解释为“疾貌”,即“很快的样子”。

诚然,“倏忽”早于先秦两汉古籍中就已合成为一个词,而且有“倏忽往来”(《吕氏春秋·决胜》)和“往来倏忽”(《楚辞·招魂》)等成句。今以“翕忽”为“倏忽”的变形,用于此处,在语法、句义上,当然也都成立。

但是,即使光是从语言结构上看,“翕忽”和“倏忽”恐还不能完全等同。首先,“倏忽”一词的合成,早在《战国策》中就已出现,如《楚策四·庄辛谓楚襄王章》中,就有“倏忽之间,坠于公子之手”的用例;而“翕忽”的连用,则要到魏晋的时候才出现。其次,“倏忽”因为属复义合成,故可以等义拆用。如《楚辞·九歌·少司令》中就有“倏而来,忽而逝”的用例。“翕忽”一经拆开,却就绝不是等义。而“翕”单用作“聚合”义,早已见诸《诗·小雅·棠棣》“兄弟既翕,和乐且湛”。“忽”作“散”更是本义“无心”“不经意”的一念之转(引申),《书·周官》中就有“怠忽荒政”的用例,此“忽”即可作“松散”解。其三,从表义上看,“倏忽”纯粹表示过程的迅疾或时间的短暂,而“翕忽”却总带有出没、聚散、变换等含义,其义素,似非“迅疾”二字所能包罗。即以《辞通》和新版《辞源》同举的两个用例看,左思《吴都赋》“神化翕忽,函幽育明”句中的“神化翕忽”,就应释出“神出鬼没”“出神入化”之类的意思,才能与其后的“函幽育明”句相搭配。又符定一《联绵字典》注“翕忽”为开合之貌,所举例句为《汉书·杨雄传·甘泉赋》“翕赫曶(笔者按:系“忽”古字）霍雾集蒙合兮，半散照烂粲以成章”。师古注“翕赫曶霍”为开合之貌也。又《联绵字典》对“翕赫”的注四云：“翕赫可转写为翕忽。”张协《七命》“翕忽挥霍，云迴风烈”（按《辞通》误作“夙列”）句中的“翕忽”，更显然包括“聚散”两个过程的变换，其后的“挥霍”，也含有两种动作的变换。按：“挥”，形声字，军为声，经过对转，义为振奋举扬之类，如～刀，～扬，～发，～鞭，～袂，～杯，～毫等。“霍”，会意字，一说指事，大篆作雨下三鸟，说文小篆省作雨下两鸟，隶、楷再省作雨下一鸟，原谓雨下众鸟溃散发出之声。如张衡《两京赋》中之《西京赋》有句“跳丸剑之挥霍”“丸剑”即带铃之剑，“挥霍”谓上下貌。又明《焦竑字学》云：“摇手曰挥，反手曰霍。”谓动作轻换也。《联绵字典》还载《韵会》亦有此说，虽谓其“杜撰不可为据”，而只承认释变易貌，但笔者依然认为焦竑《韵会》之说是，定一之断未必可信。可见“翕”与“忽”“挥”与“霍”合成之后，才都孕育出了“变幻神速，时间短暂”的新义。总之，把《小石潭记》中的“往来翕忽”完全看作对《楚辞·招魂》中的“往来倏忽”这一成句的套用，将“翕”完全看作是“倏”的双声通假字，恐怕还值得商榷。

再从言语环境来看，这样的解释似乎也不够味。按这样的解释，可以说“似与游者相乐”的游鱼的表演就略嫌贫乏了。不是吗？它要么“佁然不动”，要么“俶尔远逝”之后，就像发了疯似的高速游泳，且其线路也极单调，总是或往，或来。这哪儿谈得上与游者相乐呢？调皮可爱的小生灵，经这么一解释，倒反而成为一群傻里傻气的蠢货了。再说，观察过游鱼的人们都知道，在恬静的环境，没有什么特殊刺激，鱼儿不总是在快速游动的，更经常的倒是悠哉悠哉的漫游。很会观察生活、对游鱼又特别感兴趣的柳宗元，对鱼的习性难道会这样无知？所以对“翕忽”作这样的解释，我们是怀疑的。

当我们将“翕忽”拆为两个两相对待的动词解释的时候，我们不光考虑到言语环境的需要，即可增加两副游鱼戏乐图，我们还考虑到作者的言语风格。大家都知道，柳宗元用词简古，特别喜欢将四个动词联用成句，如《三戒》中写临江之麋节有“抵触偃仆”句，永某氏之鼠节还有“窃啮斗暴”句等。再说，根据汉语词汇的发展史，在古汉语中，绝大部分合成词的词根，都是根词，都能够独立运用。一些近义素、反义素的联合式合成词，常常可以拆开当作两个词。“翕忽”即使作为双音节词，恐也不宜看作与“倏忽”完全等同的复义合成词，而应看作反义素联合式合成词。“迅疾”这个义项也很可能正是基于出没、聚散、合分这些两相对待的过程的变换之快这一义素分子的放射才得以形成的。

综上可见，我们把“翕忽”当作两个相对待的动词解释，是在既顾及语言结构的可能性，更充分考虑到言语结构提出的必要性这样的基础上才作出的，妥当与否，恳请专家和读者批评。

以上是记描主体的第二层，写游鱼百态，可立一自然段。这是作重点详描的部分。

这一段先对游鱼的活动环境作一总体介绍（至“影布石上”），突出“无所依”三字。然后就用分面描写的方法写游鱼百态，共写了三组六幅游鱼戏乐图：第一幅写神态，有“佁然不动”和“俶尔远逝”两幅；第二幅写游向，有“往”和“来”两幅；第三组写队形，有“翕”和“忽”两幅。最后以“似与游者相乐”的拟人辞格补描诸态的意象。

4 潭西南而望：斗折蛇行明灭；可见其岸势犬牙差互，不可知其源。

（1）“潭西南”前省介词“向”。“而”连词，处状谓之间。“望”向高处远望。主语因自述而省略。由潭水而将视线转到潭水的来路，且前述诱发游兴之水声，亦当是溪流注入石潭时发出，故在一览小潭风光之后，再通过远望寻找一下溪源，非常自然。不过，这里的记描对象已移向潭外的附景。

（2）“斗折”，状谓偏正词组，义为像北斗星那么曲折。这是取溪床的静止形象。“蛇行”，状为偏正词组，义为像蛇游行那样流动。这是取溪水的流动形象。“明灭”，反义素联合式合成词，义为隐隐约约。这是远望的视觉反映。全句主语“入潭之溪流”因可想而知，故略。足见子厚行文的简约。“斗折蛇行明灭”是对“入潭之溪流”的描写性谓语，“明灭”是“斗折蛇行”的补语，用以补描其清晰度。“斗”“蛇”，名词作状语。“明灭”，似不宜看作两个词的连用，致解释为“明灭相间”，或“时明时灭”，或“或明或暗”等，而应该看作是一个反义素的合成词，宜释为“若明若暗”“隐隐约约”之类。因为远望，光线的明暗不宜分清，再说，若真的明灭相间，或时明时灭的话，那么一条溪流只能断断续续了，难以形成“斗折蛇行”的形象。“明灭”作为反义素的合成词，到唐朝才出现，大多词书都不收此词条。《辞源》虽列有此词，但释义如反义词连用，不当。其所举用例也一误一确，以王右丞句“寒山远火，明灭林外”为例，误；而以杜甫《北征》句“回首凤翔县，旌旗晚明灭”为例，方确。其实韦应物有“寒树依微远天外，夕阳明灭乱流中”之句，让“明灭”与“依微”对用，更是反义双声合成词的最好用例，其与迭韵连绵词“依微”同义，也显而易见，毋庸置疑。

（3）通行标点将该属下句的“可见”二字拉来与“明灭”组合，确可成句，且属套用陈句，但细细推敲这里的上下文，则如此句读，就使得“可见”二字成了可有可无的闲字，想子厚行文，不至于如此破费。更为重要的是，这么一断句，破坏了下句的完整性，也使全段文笔显得失去文法，有些零乱。详见后面评述。

（4）至“明灭”，本可句断，但考虑到后面还有“可见”句和“不可知”句都是关于远望所见的补充说明，故将句号降为分号。

（5）两个“可”，皆为评断副词，义为“能”。两个“其”，均称代“斗折蛇行明灭”的入潭溪流之远景。“见”，看到。“岸势”，指溪岸走向的线型结构。“犬牙差互”，主谓式固定词组，带形容词性，是对“其岸势”的描写性述谓。“犬牙”，指狗的上下两排牙齿各自长短不齐而又相互搭配的那种状况。以狗的上下牙齿比喻曲曲折折的溪流的两岸，既通俗，又贴切。“源”，“源头”。“可见”与“不可知”相对举，以补充说明“潭西南而望”除得到溪流本体“斗折蛇行明灭”这么一个隐隐约约的浑然的印象之外，还有具体地就见到什么、望不见什么作简单的交代。“可见”的宾语是主谓词组“其岸势犬牙差互”。“不可知”的宾语则是偏正词组“其源”。此二分句皆为说明体无主句，不宜看作省略第一人称的叙述句，以评断副词“可”与“不可”为状语，且连未见之“源”也要交代一下，也足见它们都不属记叙体式，而属于说明体式。点出“不可知其源”，正说明“潭西南而望”的本来目的是寻源，因而所见也尽是远景。

（6）这是一个较为简单的流段。“潭西南而望”是提领句，可处理为外位插入成分。其后是一个补说复句。主句“斗折蛇行明灭”是一个省略主语“溪流”的描写句。正因为有此主句，才可将这整个句群看作基本上属记描体式。补说副句由逆联复分句“可见……”句与“不可知……”句充当。照此标点和分析，此段文字文法井然。若按通行标点，将“可见”归到上句，则“其岸势犬牙差互”这个应处宾语地位的主谓词组倒要提升为全段唯一的完全句了。从文气上看，这一完全句显得有点突兀，而且会给后一句中的代词“其”带来歧解，即易于将这个“其”看作是代“岸势”的，而不是代溪流的。更为严重的后果是，这么一来，使得全段文章文法零乱，难以理出各分句在整个流段中的地位和功能，以及各分句之间的关系。何义门误将“不可知其源”的原因说成是“为岸所蔽”，就是由于把与“不可知”相对举的“可见”二字提到上一句，致把逆联复分句看成因果复句。

以上是记描主体的第三层，写溪流远景。可立一自然段。这是略写的部分。

这一段所记描的对象已经不是小石潭的本体，而只是与小石潭有关的潭外的景物，即在观赏了潭体轮廓、游鱼百态之后，逆溯潭水的来路，抬头朝西南方向眺望时所见到的入潭溪流的远景。李刚已评述此节文字是“溯潭水之来源，语妙而神远”，可谓已读出了其中的滋味。

至此，全文的第二部分，即记描主体部分已经结束。整个记描主体部分，共写了潭体轮廓、游鱼百态和溪源远景三层。先写潭体轮廓，犹如一般小景记描常先写总体印象，小石潭作为石质构造的小潭，尤有必要从记描潭体轮廓着手，接着，着重描写游鱼百态，犹如经过筛选的特景描写。小石潭中因别无他物，游鱼是清净如镜的潭水中的唯一生灵和点缀，尤有必要作重点细描。最后略写溪源远景，可谓附带记描与石潭有关的次要景物。这样的对象选择，程序安排和详略调度，都是极为得体而又切合实际的，可为记描之楷模。

5.1 坐潭上，四面竹树环合，寂寥无人；凄神寒骨，悄怆幽邃。

（1）“坐”，示观赏之后的停歇和小憩。主语因自述而省略。“潭上”，并不是确指潭的某个部位，犹今之说“村庄上”“路上”“位置上”。“坐潭上”意味着记描的结束和将转回到叙述框架，以下所承，全是叙述，先叙述“凄神寒骨”“悄怆幽邃”之类感觉的产生，继而叙述“不可久居”这一认识的形成，最后叙述“记之而去”这一行为的成行。

（2）“环”，状位名词。“四面”，潭的周围，显然指岸上。“竹树”，自然客物，与下句的“人”相对。“竹树环合”与上文之“青树翠蔓蒙络”不可能写同一部位。此句写构成潭上环境的第一因素。

（3）“寂寥”与“无人”是互补关系。此句写人事客物，与上句的“竹树”相对，系构成潭上环境的第二因素。

（4）“凄”“寒”同义，皆为形容词用作他动，谓让人感到寒冷之气侵袭心骨，即谓寒气钻心透骨也。与意动、使动用法皆微异。此系潭上环境所带给人的一种较为直接的主观感觉——凄紧寒切之感。

（5）“悄”，此读上声，表忧愁的心绪。若读阴平，作静寂解，欠确。“怆”，音chuǎng，据《广韵》《集韵》均注音初两切，均举“怆怳”（按即“恍”）连用，谓失意的心境。与同载之初亮切、初良切作伤悲解有异。“幽”，幽隐、黜退、幽囚之类感觉。“邃”，深陷穴底难以自拔之类感觉。这是四个描写心理状态的形容词的递进性联合，较之“凄神寒骨”那种较为直接的、初浅的主观生理感觉，“悄怆幽邃”已是潭上环境所带给人的一种较为曲折、具体而深刻的主观心理反应，已与作者当时的境遇联系了起来。写主观身心感应的八个字是按照步步进深的原则安排先后次序的。

（6）此为一个承接复句，前件是“坐潭上”，后件是个表即景起兴关系的复分句。描景副句是“四面竹树环合”和“寂寥无人”这两个并列关系的单分句。其共同主语是“潭上环境”，省略。起兴主句是“凄神寒骨”和“悄怆幽邃”这两个在意念上步步进深，但在形式上仍为并列关系的单分句，它们的共同主语均因作者自述而省略，谓语动词“感到”亦随之省略。如果将各分句的省略成分补齐，那么这个多重复句就可译为：（我）（在观赏小石潭的景致之后），歇坐在潭上，（看到潭上）四面竹树环合，（同时又）寂寞空虚，人迹罕至；（致使）（我）（顿时感到）凄神寒骨，（同时还滋生出）忧愁、失意（甚至有犹遭到）幽禁和深陷（囹圄不能自拔）（之类心绪）。

5.2 以其境过清，不可久居，乃记之而去。

（1）“以”，表因连词。“其”，代潭上。“清”，冷落也。一个“清”字概括了介绍潭上客观环境的十个字“四面竹树环合”“寂寥无人”，与前面“水尤清冽”中之“清”含义迥异。

（2）“可”，评断副词，宜也。与前面写鱼尾数的“可百许头”之“可”用作估断副词有别。“居”，留也。“不可久居”是据“其境过清”推导出的结论，主语承“坐潭上”之主语，皆因自述而省略。

（3）“之”，代游小石潭之事。这是一个连谓句，主语承“坐潭上”之主语，皆因为自述而省略，表果连词省略。“乃”副词，同今之“就”。

（4）此为一个套节因果复句。“其境过清”是“不可久居”之因。这个因果复句又导致“乃记之而去”的最终结果。

以上为一段。叙述潭上小憩和记游、离潭等游后余事。这是一段终叙。

大凡游记体文章，在记描主体之后，总得有一段简单的终叙，使文章回到叙述框架上。

在这段终叙里，作者先叙述在观赏小石潭景致之后歇坐在潭上，由潭上环境的过于冷落致引起了某种凄清难堪的心绪，然后继续表述因之而得出了“不可久居”的认识以及基于这一认识而“乃记之而去”的行为。

行文至此，作为游记体文章，已经完篇。由水声诱入，至境清致去，中经对潭体轮廓、游鱼百态和溪流远景等的观赏和记描，从叙述框架看，来龙去脉清晰；从记描景物看，取舍详略精当。

写潭体轮廓，抓住清水、石底、岩状三大件，有纵有横，有形有色，有静有动，能如实显示对象的特性，富立体感。

写游鱼百态，抓住三组六幅画面，有背景，有舞台，有个体，有群体，有形有神，有静有动，观察细致入微，文理精密对称，形象栩栩如生，意趣生动盎然。

写溪流远景，抓住溪型、岸势、源头三点，有静有动，有现有隐，紧扣望远特点，带朦胧色彩，恰到好处。

思路有机完整，章法严谨精巧，外加文笔古朴简洁、炉火纯青，这种文章，耐深探细究，仍无懈可击，经百世千古，总有口皆碑，足可为游记体之模式范文，供学文者观摩仿效。

6 同游者：吴武陵，龚古，余弟宗玄。隶而从者：崔氏二小生——曰恕己，曰奉壹。

（1）“隶”，附隶，动词。“隶”表身份，“从”表行为，“隶”与“从”的关系是偏正，不是连谓，也不是互训联合。崔氏二小生，一般认定是子厚的外甥，尽管详考有疑，但此二小生系所携晚辈，当属无疑，不宜说成“随从僮仆”。

（2）崔氏二小生的名字，宜以插入补介处理。其结构地位不同于“同游者”后面的列名，故标点处理亦应有异。这里前后两个冒号不表总分关系，而是表示其前为记述项目的标首提领。

（3）这个流段仅由在意念上属后补关系而形式上为并列关系的两个简单的记述句组成。

以上为旧游记文章的落款式，简记或自己、或同游者（有时还有从游者）的姓名，有时还有记时。这已非游记的本体，属附记性质。

1983年暑假初稿

1984年寒假改定

《荔枝图序》透视

阮 尉

前言

一、原文选自《白氏长庆集》，据宋绍兴刻本。标点、落段为本文笔者处理。

二、本文加注的地方，不限于生疏知识和生词古语，而是扩及音韵、文字、训诂、构词、语法、标点、句群、修辞、逻辑以及汉语史等各个方面。凡线性语流中需注释阐发以助读的点和线段，均入随文注释。本文注释，不止于释其然，必要处，当力求进而阐明其所以然。

三、本文中之“鉴赏”，避免架空的泛泛而谈，而是沿波讨源，即从结构入手，先抓住文章的宏观结构，然后循路探索，理出全文的结构网络，以洞察微观。就这样，从大到小，以大制小，宏、微照应，言、语贯通，识其有机，见其精妙。

原文

荔枝生巴、峡间[①]。

树形团团如帷盖[②]。叶如桂，冬青[③]；华如橘，春荣[④]；实如丹[⑤]，夏熟[⑥]。

朵如葡萄，核如枇杷[⑦]；壳如红缯，膜如紫绡[⑧]；瓤肉莹白如冰雪，浆液甘酸如醴酪[⑨]（大略如彼[⑩]，其实过之）。[⑪]若离本枝[⑫]，一日而色变[⑬]，二日而香变，三日而味变，四五日外[⑭]，色、香、味尽去矣。

元和十五年[⑮]夏，南宾守[⑯]乐天命工吏图而书之[⑰]，盖[⑱]为不识者与识而不及一、二、三日[⑲]者云[⑳]。

注释

① 巴、峡间：据这里的语法、语义结构，既可作包括巴、峡两地的空间范围解，也可作巴、峡两个空间范围的接交处解。据唐经济地理常识，此句中的“间”，应取前义，犹今说“一带”。巴、峡：古地名巴州、峡州的简称，当处今之四川东部和湖北西部。（我国当时的荔枝产地，事实上还有别处）

② 树形团团如帷盖：（荔枝树一年到头枝叶繁茂），（其整棵）树的形状圆蓬蓬的，

像篷帐的样子。团团：圆而饱满状，形容词，在此句中是谓语中心词。帷盖，原是两个词，分指两件物：帷是围在车子周围的布质帷幔；盖是车的顶盖。帷盖在这里是一个临时合成词，合成以后，专指一件既有帷、又有盖的像篷帐之类的东西。如帷盖：是一个动宾关系的形象譬况结构，在句中充当“团团”的补语。

③ 叶如桂、冬青：（荔枝树的）叶子（的形象）像桂花树（的叶子的形象），（荔枝树的叶子）（到了）冬天（仍呈现）青绿色。这是一个联合复句，前一分句是一个类比结构：本体承前省略限制词；喻体赖主宾对待法则省略中心词，而以限制词代替；喻点是形象，隐而未见，现凭常识确定；喻词“如”充当谓语中心词。后一分句的主语承前一分句的主语而省略。青：原形容词，现动用，蕴“呈现”义。这一复句在介绍有关荔枝的知识中的功能（下简称“表介功能”）是：前一分句用类比方式介绍（下简称“比介”）荔枝叶的生长形象，后一分句直接介绍（下简称“直介”）荔枝叶的生长规律。

④ 华如橘，春荣：语法结构、修辞手段（包括类比结构的省略形式）、表介功能均同③。华，大而别之，有二音二义：读阳平，形容词，意为繁华、华美；读阴平，名词，同花。此据排句结构类推，当同花。荣：初名词，树名，转为形容词后，表花草树木茂盛状。此据复句语义和排句结构类推，当为形容词动用，表花盛开。

⑤ 实如丹，夏熟：语法结构、修辞手段（包括类比结构的省略形式）、表介功能均同③。实：兼名、形、副三性，多义。此据排句结构类推，当属名词，果实义，指荔枝果。丹：名、形兼属，多义。此据排句结构类推，当属名词，朱砂义。朱砂是一种红色矿石，常见块状。熟：动、形兼属，多义，此据排句结构类推，当属动词，成熟义。

⑥ 叶如桂，冬青；华如橘，春荣；实如丹，夏熟；这是一个由三联排句组成的句群。其内部结构的严密精巧，不仅表现在组成这一句群的三个复句在语法结构、修辞手段和表介功能上的完全对应，而且还表现在韵律上的高度协调：每个复句都是“3+2”节奏；三个三言分句的收尾，成“仄——仄——平”协调；每个复句内部前后两个分句的尾字，则“平——仄”互换。整个句群的声音信息，给人以节奏明快，音律和谐、韵味浓厚的感觉。

⑦ 朵如葡萄，核如枇杷：（荔枝果）串（的形象）像葡萄（串）（的形象），（荔枝果）核（的形象）像枇杷（核）（的形象）。这一联合复句的两个分句的语法结构、修辞手段（包括类比结构的省略形式）、表介功能以及基本韵律，均与“实如丹”句无异。只是处在宾语地位的喻体由一个平声单音节词换成了一个由两个平声音节组成的联绵词而已。被省略的喻点，仍凭常识确定为“形象”。朵：原名词，指花盛果累之树，此指成串的荔枝果。今转用为计花之量词。

⑧ 壳如红缯，膜如紫绡：（荔枝果的）外壳（的色泽和品貌）像红色的丝绸，（荔枝果的）内膜（的色泽和品貌）像紫色的绡头。这一联合复句两个分句的语法结构、修辞手段、表介功能以及基本韵律，均与上句近似，只是处在宾语地位的喻体，由一个双音节联绵单纯词变成了由两个单音节词构成的偏正词组，即在宾语部分增加了一个标色定语。因此，

作为喻点的形象，也就宜于特指“色泽和品貌”两个方面了。此外，从音律看，句末收音仍为平声，但其前一个音节则平（红）仄（紫）不论了。缯：音 zēng，古丝织品总名。绡：音 xiāo，指生丝织物，也特指用生丝织成的绡头，即一种薄型饰头巾。有些传本作“紫绢”，但从整个句群的韵律推测，这一分句以平收为宜，故取“绡”弃“绢”（参注⑪）。

⑨ 瓤肉莹白如冰雪，浆液甘酸如醴酪：（荔枝果的）肉，晶莹得像冰一样，洁白得像雪一样；（荔枝果的）汁，甜（里带）酸（的味道）类似醴酪（的味道）。瓤肉：是连用两个义近词组成的一个临时合成词。莹：形容词，透明、光滑、晶莹也。白：形容词，表质纯、色白，犹今说“洁白”。冰、雪：分别为一个词。浆液：构词法同“瓤肉”。甘酸：原是两个表味形容词，但据事理常识，此“甘酸”宜理解为由甘酸二味素混合中和后产生的一种味类，犹颜色之中有“灰白”，故应视作一个临时合成词。醴酪：原可分指甜酒、酸醋二物，“甘酸”既为一种混合味，那么“醴酪”亦宜当作一种物，恐系指酿酒过程中，初酿出来的尚未成酒的带甜酸味的酒澧。俗注“醴”为甜酒，“酪”为牛羊乳之制品，颇不妥。因为历古当醴酪连用时，不管是一个词，还是两个词，总是与酒类有关，不会让作为一种酒的“醴”和作为乳制品的“酪”放在一起构成一个有密切关系的联合词组。这两个七字句以其表介功能、句型结构、修辞手段以及基本音律近似，可组成一个联合复句。其前后两个分句的修辞结构大同小异。“瓤肉”“浆液”各为主语，充当类比结构中的本体；“莹白”“甘酸”各为谓语中心，充当类比结构中的喻点；“如冰雪”“如醴酪”两个动宾譬况结构各为谓语部分的补语，其中“如”为类比结构中的喻词，“冰雪”“醴酪”均为喻体：这是大同的方面。而前一分句的谓语部分是“莹如冰”与“白如雪”两个谓补结构的双线差互组合；后一分句却似不宜生硬地拆解为“甘如醴”与“酸如酪”，还是以分析为“主——谓——补”单线组合为宜：这则是小异的方面。前后两个分句的音律，也是大同小异，如节奏上都是 2+2+1+2=7，又如处一、二、三、五、七位的五个字的声调、平仄完全相当，其中第二、第七位都用入声字。因此读来节奏感很强，韵味很浓。

⑩ 大略如彼，其实过之：（荔枝果的浆液的甘酸味儿，）大致上像它（指醴酪），（这是从味道的类别说的，）（如果真要比一比味道的浓度，那么，）其实（荔枝果的浆液的甘酸味儿还要）超过它（指醴酪）。大略：偏正式合成副词。其实：合成词，“实”是副词性词根，“其”是由转接连词虚化来的虚词素。在唐宋口语中，“其实”早已合成为一个词，兼有表更转的连词和表语气的副词两重功能。俗将“其实”分析为代名偏正词组，释“它的实际情况”，颇为不妥，因为上文无与“实”对举的“虚表”处在陈述对象的地位。

从言语的深层流向考察，这是一个主补关系的倒偏正复句。前一分句主介荔枝果汁的味类，后一分句是从味度上对前一分句的类比作强化补充。前一分句的主语该是味类，后一分句的主语该是味度，均隐而未见。前后两个分句的谓语分别是由“如彼”和“过之”两个动宾词组充当，这两个动宾词组是类比结构的省略式，宾语“彼”和“之”是同义替换的两个代词，同代上句已现的喻体“醴酪”。“大略”和“其实”都处状语地位，其中“其实”还作为更转连词提领后面的一个补充分句。

这整个复句是对“浆液甘酸如醴酪”句的插说性补释，故用括弧标号标出。俗将此复句看成对前列所有类比句子的总结，于事理不通，故不取。本文对此句的标点，着眼于事理。若着重语气，又似不宜如此标点。还未形成能兼顾事理和语气两面的理想处理方案。（互参《鉴赏》部分的有关评论）

⑪ 朵如葡萄，核如枇杷；壳如红缯，膜如紫绡；瓤肉莹白如冰雪，浆液甘酸如醴酪：这是本文中又一个结构严谨、组织精巧、音律和谐的重要句群。这是由六个连续排比分句组成的，更确切些说，则是由三组处排比关系中的复句组成的联排句群，其各组成部分之间，不仅存在着基本句型、修辞手段、表介功能上的一致，而且在音律上也是相当协调的。如，从四个“1+1+2”的四字句转入两个“2+2+1+2”的七字句：节奏平稳而有起伏，又前面四个四字句都是仄起平收，后面两个七字句均改为（平）仄起仄收，而且除“朵”句外，其余各句的仄声起收字均用入声，读来：节奏明快、旋律和谐，颇有诗风乐味。而且节奏和收韵的变化，还能收到表意上突出重点，暗示主的之效。

⑫ 本枝：为求双音节化而临时合成的并列偏义复词，“本”是名词性陪衬词素，取其与“枝”相近的“根”义，以与“枝”合成，合成后，实弃“本”义，仅取“枝”义。若将“本枝”看作两个词，不管分析为联合词组，还是分析为偏正词组，于事理不甚贴切。

⑬ 一日而色变：（只要过了）一天，颜色就（会）变化。这是充分条件复句的紧缩形式。“而”处在两个分句之间，起紧缩作用。有将此句当作简单句，“一日”当作状语的。这么一来，深层意识中的规律说明，就变成了简单的现象叙述，与文意不合，故不取。

⑭ 四五日外：（只要）超过四五天。外：原方位词，这里蕴含动性。

⑮ 元和十五年：相当于公元820年。元和：唐宪宗年号。

⑯ 南宾守：古官名，南宾郡的太守。南宾：又名忠州，唐贞观八年即公元634年，已改临州，辖区相当于今之四川忠县、丰都、垫江、石柱等县地。白居易曾在此任刺史，故自称“南宾守”，其实，唐朝无此地名和官职，古人好古，这里是以古称今。

⑰ 命工吏图而书之：派工吏绘制荔枝图并抄上这篇题序。按流行语法体系，这是兼语词组，“工吏”是兼语成分，兼作“命”的宾语和“图而书之”的主语。其实，将“图而书之”处理为“命工吏”的补语，更符合语感和析句原则。“之”在这里是兼职代词，既处“图”的宾位，代荔枝图，又处“书”的宾位，代这篇题序。按：“宾位”是法位范畴，与句法范畴的“宾语”有异。工吏：这里指主事画工的小吏。

⑱ 盖：引发承前申说的连词。此引发承前申说“命工吏图而书之”一举的目的意图。

⑲ 识而不及一、二、三日：（虽然）识得（荔枝），但还没有识及一、二、三日内的（鲜荔枝）。这是一个转折复句形式，充作辅助性代词“者”的定语。及：动词，犹今之接触到、了解到、认识到等。

⑳ 云：这是篇末语气助词，仅表全文的结束。与句末语气助词的结构地位和表达功能有异。

鉴赏

作者白居易（772—846），字乐天，晚年自号“香山居士”，原籍下邽（guī）（今陕西省谓南县），唐著名诗人。其诗文全收在《白氏长庆集》里。另有一种传本，将该文取题“荔枝图说”，因与文章内容、体式不切，故不拟袭用。又“膜如紫绡”句，另有作“膜如紫绢”的，因从音律看，不及“膜如紫绡”句佳，故亦不取。本文估计原是画面题词，原画失传，这篇题词则因早已收入白氏的各种诗文集中而流传至今。

题词，有称“题序”。内容灵活，既可针对被题对象（人或作品），也可借机生发。体式不拘，既可片言只语，也可吟诗作文。仅就其篇幅短小，作用共同，可并为一类，只是应用类别，实非文体类别。此文虽以“图序”为题，体式也确系介绍型的说明文，但究其内容，却全非对荔枝图作什么评介，而只是借给荔枝图题序之机，向对荔枝“不识者”和“识而不及一、二、三日者”介绍有关荔枝、特别是有关鲜荔枝的一些知识，目的是要让读者长点见识。可见，与评介性的序跋类文章中的序文有别，亦非赠序。此文取题“荔枝图序”，仅表明这篇文章是在荔枝图上的题序。因图上画的是名贵稀罕的荔枝，故要介绍一下荔枝的有关知识。

本文在介绍荔枝的有关知识时（“树形……尽去矣”），先简单介绍一下活着的荔枝树（“树形……夏熟”），后着重介绍已离本枝的鲜荔枝果（“朵……尽去矣”）。对树和果的介绍，均既有对其相对静止的形象特点的介绍，又有关于其运动变化规律的介绍。在介绍荔枝树的相对静止的长相特点和生长规律时，先介绍整体树（“树形”句。这一句既是对相对静止的形象的介绍，同时也已蕴含着对其四季常青的生长规律的揭示），再分介三个主要部件（“叶……夏熟”）。分介每一部件时，均先介长相特点（“如桂”“如橘”“如丹”），再介生长规律（“冬青”“春荣”“夏熟”）。在介绍鲜荔枝果时，也是先介绍其相对静止的特征（“朵……过之”），后介绍其易于失鲜变质的运动规律（“若离本枝……尽去矣”）。这样一种先整后零、由静及动的结构安排，既合乎逻辑系列，给人以全面完整的印象，又合乎行文章法，给人以层次分明的感觉。这与一般说明文的序列模式并无二致。

但是如果以为作者这样的结构安排只是在消极地套用一般说明文的结构模式，就像植物学教科书中的植物知识介绍那样，对有关知识既不作选择取舍，也无所谓侧重偏爱，而只是客观、平板地按从大到小、先主后次的序列法则一一介绍，那就错了。其实就是以上所述的先整后零、由静及动的结构安排，就已经是在对材料作了精心的选择取舍和巧妙的轻重配置之后所作的安排。如在分介树的部件时，舍弃了根、干、枝、皮等部件，只取叶、花、果三件；又如在介绍鲜荔枝果的运动变化规律时，不再对朵、核、壳、膜的变化情况一一作出交代，而仅就肉、汁的色、香、味易变进行介绍。这是因为荔枝的主要功能不是供人观赏，而是供人食用，故在有关荔枝的各种知识中，有关果、液、味的知识当然该是最引人关注的，当然应着重选介，并让它们处在主的地位，可见先整后零、由静及动的结构安排，只是一种形式，骨子里则蕴藏着“逐步入的”的程序。也只有理解到这一层，才算领略到了作者的“匠心独运”。

“逐步入的”这一序列原则，在对同级并列成分的先后位序的安排上，表现得尤为明显。如介绍荔枝树各主要部件时，先“叶”，次“华”，以“实”终；介绍鲜荔枝树各主要部件时，由“核”而“壳”，而“膜”，而“肉”，末及“液”；介绍鲜质易变规律时，从“色”，经“香”，后到“味”，让“实”“液”“味”在各自的同级并列成分中殿后，所循的正是一条逐步移向主的序列原则。

为了突出主的，作者不仅在知识材料上作了精心的选择，在结构程序上作了巧妙的编排，而且还调动了语言手段。如介绍叶、花、果的句群，各分句的语法结构无异，而在韵律上则让“果”句特异于“叶”“花”二句。又如在介绍鲜荔枝果各部件时，前四句用四言句，均平收，待介绍到肉、汁时，突然换用七言句，改仄收，并在类比结构中特别加入了前面大都略去的喻点（莹白、甘酸）。这还不够，在介绍浆液之味的时候，又非常细致地拖上两句关于味类和味度的补释，真是用心良苦。再如在介绍鲜果易于失鲜变质的规律时，不厌其烦地，甚至还有点言失其实地排出了一个失鲜变质的日程，显然也是为的强调鲜果肉、汁的珍贵。所有这些，我们都不宜于把它们看作仅仅是作者在追求句型、节奏和韵律的多变，事实上，这些在形式上的讲究都是与表达上“逐步入的”“突出主的”的需要相一致的。

这篇文章仅用八十九个字介绍荔枝的有关知识，大大小小的知识点却有十六个，可见内容倒是相当丰满的。由于作者的思路是按逻辑系列展开的，并遵循“逐步入的”这一程序原则的，所以各项知识都能在一个严密的结构网络中对号入座，各得其位。

此文对荔枝的有关知识的介绍，是用交代荔枝产地的一句话引出的，这就犹如在介绍一个人的性格之前，先报一报这个人的姓名籍贯，这个话头开得自然，必要。在按逻辑系列级次严谨、位序井然地完成了有关荔枝的知识介绍之后，文末又以交代图、序的作者以及画图、书序的时间和意图落款，这虽是为应“图序”之题，似乎与上文介绍荔枝的有关知识无什么内在联系，其实，落款处将“图而书之”的意图一交代明白，我们就可以意识到，上文的知识结构正是根据“不识者与识而不及一、二、三日者”的需要设计的。也只有读到最后的落款，全文篇章结构的有机性、完整性、严密性、精巧性才充分地显示了出来。

此文在介绍荔枝的各项静止的形象特点时，广用类比的方法，使得抽象的特征变得具体、易感，枯燥的材料变得生动、有趣，明明是知识的介绍，却俨然如形象的描绘，以至于有些评论文章误将该文所作的特征类比，理解为形象比喻，误将有关荔枝的知识介绍，说成是对荔枝的描写，甚或说成是什么对荔枝图画面形象的言语复现。

作者驾驭语言的本领，已达炉火纯青的地步，遣词构句，堪称工稳老练，文中，精彩的排比纷呈，句群组织严谨，甚至匀节奏，调平仄，协韵脚，颇讲音律，赋予一篇介绍知识的说明文以诗的风格，读起来，节奏感、旋律感很强，极富音乐美。知识材料如此全面、充分、细致、具体，思路结构如此有机、完整、严密、精巧，语句韵律又如此优美、生动、严整、讲究的一篇文章，竟只用了一百二十九个字，可见作者文笔的经济。但为突出主的，又可以用墨如泼，足见作者行文是轻重有度，详略有致。

不过，作者在追求言语形式美的时候，个别地方忽略了思维的缜密性和内容的切实性。如以“朵如葡萄”与“核如枇杷”相对，其后承以壳、膜、致使言语结构与逻辑结构发生龃龉。又如对色、香、味变质程序的说明，似乎不甚切合实际。“色—香—味”的习惯搭配程序原是根据人的易感度排列的，若从其本身的易变度考察，实际程序恐非如此。再如“大略如彼、其实过之”句的“彼”和“之”，凭自然语感，似可理解为代前列的所有喻体，省略的主语则相应地指前列的所有本体。但是，作者这样表达也好，读者这样理解也好，都不合事理。若将此句标点为“浆液甘酸如醴酪（大略如彼，其实过之）”，这样一来，于事理是通的，但起码将言语结构地位完全相同的“瓤肉莹白如冰雪”句排除在外，于自然语感，总觉有些别扭。

阅读这篇文章的时候，对作者费了匠心的一些值得学习借鉴的优点，要作充分的挖掘分析。要看清，不管从材料的取舍上，还是从结构的编排上，不管言语的风格上，还是从介绍手段的运用上，它都显然不同于客观、平板的一般科技说明文，而是一篇饱含诗风乐味的优美的说明体散文。读这样的文章，不能止于获得若干知识，而是要反复咀嚼，细细玩味。至于对其个别小疵，也应如实指出，并揭示出出现这些毛病的根源正在于片面追求形式美，以便引以为戒。

1980年寒假初稿

1984年寒假改定

苏洵《六国论》新识

阮　尉

前言

苏洵的《六国论》几乎是文选必列的名篇。古今许多专家学者都对它作过标点、段落处理和深入细致的注释、讲析，有些问题还在当今的一些语文刊物上开展过讨论。现用言语结构分析的原理，潜入言语深层，致力于探索作者的思路逻辑，并将语言分析置于语流流程之中进行，则发现以往各家的标点、落段、注释、阐发，乃至于对该文结构的分析、中心论点的提示和文体类属的辨认，似乎都还有一些颇值得继续发露的地方。今以"新识"为题，不揣浅陋，是为寻求评判和指教。

本文是在广泛吸收他人的研究成果之后写成的，有许多是直接袭用他人成果，谨此申明，以示无掠美之意，兼表谢悃。

原文

（标点和落段是笔者根据"言语·语言结构通析"原理自行处理的）

六国破灭，非兵不利，战不善；弊在赂秦。①——赂秦而力亏，破灭之道也②。

或曰③："六国互丧④，率赂秦耶⑤？"曰：不赂者以赂者丧，盖失强援，不能独完⑥。——故曰："弊在赂秦"也。

秦以攻取之外，小则获邑，大则得城⑦。较秦之所得⑧，与战胜而得者，其实百倍⑨；诸侯之所亡，与战败而亡者，其实亦百倍⑩：则秦之所大欲，诸侯之所大患，固不在战矣⑪。

思⑫厥⑬先祖父，暴霜露，斩荆棘，以有尺寸之地⑭；子孙视之不甚惜⑮，举以予人⑯，如弃草芥⑰。今日割五城，明日割十城；然后得一夕安寝⑱——起视四境⑲，而秦兵又至矣。然则⑳，诸侯之地有限，暴秦之欲无厌；奉之弥繁，侵之愈急㉑：故不战而强弱胜负已判矣㉒。——至于颠覆㉓，理固宜然㉔。古人云："以地事秦，犹抱薪救火——薪不尽，火不灭。"㉕，此言得之㉖。

齐人未尝赂秦，终继五国迁灭㉗，何哉？——与嬴而不助五国也㉘；五国既丧，齐亦不免矣㉙。燕、赵之君，始有远略，能守其土，义不赂秦㉚，是故：㉛燕虽小国而后亡，斯用兵之效也[32]！——至丹以荆卿为计，始速祸焉[33]；赵尝五战于秦，二败而三胜[34]，后秦击赵者再，李牧连却之[35]——洎牧以谗诛，邯郸为郡[36]，惜其用武而不终也！且燕、赵处秦革灭殆尽[37]之际，可谓智力孤危[38]，战败而亡，诚不得已[39]。

向使三国各爱其地[40]，齐人勿附于秦，刺客不行，良将犹在；则胜败之数，存亡之理，当与秦相较或未易量[41]。

呜呼！以赂秦之地封天下之谋臣，以事秦之心礼天下之奇才[42]，并力西向[43]，则吾恐秦人食之不得下咽也[44]。

悲夫！有如此之势[45]，而为秦人积威之所劫[46]，日削月割，以趋于亡；为国者无使为积威之所劫哉！

夫[47]六国与秦皆诸侯，其势弱于秦，而犹有可以不赂而胜之之势[48]；苟以天下之大，而从六国破亡之故事[49]，是又在六国下矣[50]！

题解

苏洵（1009—1066），字明允，号老泉，北宋眉州眉山（今四川省眉山市）人。著名散文家，并其子苏轼、苏辙，世号“三苏”，均被列入“唐宋散文八大家”。明允年少好游侠，二十七岁时，方易志攻书。宋仁宗庆历七年（1047），先后应试进士和茂才异等，均未中，遂发愤用功，精穷六经，博览百家，稽考历史，潜心著述。苏洵善言兵法，好谈国事，意高卓深远，文纵横倜傥，故深得堪称当时文坛坛主的翰林学士欧阳修的赏识。宋仁宗时，西夏赵元昊猖獗，苏洵见朝廷用事久而无功，认为天下事有当改作，遂于嘉祐元年（1056）携轼、辙二子，挟所著《几策》（两篇）、《权书》（十篇）、《衡论》（十篇），凡二十二篇，再赴京师汴梁（今河南开封），欲有所作为。嘉祐三年（1058），其著述经欧阳修举荐，为宋仁宗赵祯、宰相韩琦所看重，一时学者竟相仿效，文名翕然。苏洵成名后，历任秘书省校书郎，霸州文安县（今河北文安县）主簿等职，晚年与陈州项城（今河南项城）县令姚辟同修礼书《太常因革礼》一百卷，书成即逝。有《嘉祐集》行世。本文选自《四部丛刊》本《嘉祐集》之《权书下》，标点、落段系笔者运用“言语 · 语言结构通析”原理，自行处理的，与一般文选本有出入，可作比较研究。入《权书》的十篇文章皆系评史以明理、论治之作，本篇为第八篇，原题“六国”，近人通称《六国论》，从之。后人若选明允文章，多首选本篇，中学语文课本更视同“保留篇目”。该文借古以讽今，主题尖锐，运笔老到，论辩雄迈，从中颇能窥见苏氏策论“烦能不乱，肆能不流”（曾巩《苏明允哀词》中之评语）的文风。

文章先就七雄争霸的战国末期韩、魏、楚、燕、赵、齐纵盟六国由破至灭，不是由于兵不利、战不善，而是弊在赂秦这一论断，进行全面充分的阐述性讲证，而后指出六国若能除弊避短，即不赂秦，无失算，则结局难定，转而在痛叹若能并力西向则本有胜秦之势的六国终因被秦积威之所劫而失势归亡之后，泛诫当国者接受六国败亡之教训，勿为积威之所劫，最后婉言直警据有天下之大的北宋当朝，若由于对本弱于己之辽、夏一味屈辱苟安，妥协退让，而至于重蹈六国赂秦致亡的覆辙，那么较之弱于秦犹有以不赂而胜之势的六国诸侯，就更是等而下之了。文中评史只是借题，后面的针砭时弊才是本旨。故究其体裁，则不宜看作就事论事的史事评论文，而该是借古以讽今的论说体散文，亦即杂文。

注释

① 六国破灭，非兵不利、战不善；弊在赂秦：（韩、魏、楚、燕、赵、齐）六个国家（作为一个整体）的破离灭亡，并不是（由于）武器不精良，打仗不得法；病根在于（拿他们的国土）贿赂秦国。六国：在这里不是分指六个国家，而是作为一个集合体来陈述的。破灭：联合词组，兼有纵散（破）和国亡（灭）两个方面的意思，与今之合成词“破灭”不同。兵：此为兵器总称。利：会意字，示快刀割禾，表锋利；此用以陈述武器装备的概况，则不宜直释“锋利”“锐利”，当训“精良”。弊：释弊端、病根均可。在：表关系的自动词，犹今说“在于”，近乎表关系的判断词，与表存在的自动词有别。赂：音 lù，本指一种欲有求于人而送财物通路的不正当手段，贬义。这里指为求和而割地。贾谊《过秦论》中已有“于是纵散约解，争割地而赂秦”的说法（据昭明《文选》本，另《史记》本“赂秦”作“奉秦”）。从逻辑上说，全句相当于一个否定、肯定并举的联言判断，主词是“六国破灭之弊”，否定宾词是“兵不利、战不善”，肯定宾词是“赂秦”。

② 赂秦而力亏，破灭之道也：赂秦导致实力亏损，（这）是（一条最终走向）破灭的路。而：顺接连词，此兼表事承和理贯两重关系。道：此指逻辑意念上的道路。这个句子是对前面的联言判断所作的阐释，故前加破折号。

③ 或曰：或许有人问。或：无定代词，此兼作表或然的情态副词。

④ 六国互丧：六个国家相继灭亡。六国：此分指六个国家。互：表示六国之丧不是各自割裂的，而是相互有连带关系的，现用“相继”二字，尚不能充分体现“互”在这里的全部意味。丧：音 sàng，自动词。

⑤ 率赂秦耶：全都（由于）赂秦吗。率：范围副词。注意，现将“率”看作加在“由于赂秦”前面，这与将“率”看作直接加在“赂秦”前边，在意念上是有区别的。

⑥ 不赂者以赂者丧，盖失强援，不能独完：（那些自己）没有赂秦的国家因为（受那些）赂秦国家（的牵累）而灭亡，（这是）因为（不赂者）失去了强大的外援（条件）（指那些赂者如果不赂，本可给那些不赂者以强大的外援），不能单独保全。丧：“丧”的主语是不赂者，而不是赂者。盖：引发承前申说的连词。此引发承前申说“不赂者以赂者丧”的理由。

⑦ 秦以攻取之外，小则获邑，大则得城：秦国除了用攻打（的手段）掠取（土地）以外（还

靠其他方式得到土地)，(如果所得)较小(的话)，(至少)获得(一个)县邑，(如果所得)较大(的话)，(那就)得到(一个)城池。以：介词，介“攻”为“取”之方式、手段。则：连词，既在“小则获邑”和“大则得城”两个已被紧缩的假设复句内，起前端的假设分句与后端的主句之间的勾连作用，又在两个紧缩复句之间起呼应作用。

⑧ 较秦之所得：将秦所取得的土地(作分类)计算。较：比量，计算，这里还兼带先将一个总数分解为两类的意思。

⑨ 与战胜而得者，其实百倍：(没有用攻打手段而得到的土地)其实比由战胜而得到的土地多得多。与：介词，跟“战胜而得者”组成介词结构，作为“百倍”的条件状语。者：代土地。其实：更转连词。由于一般人容易以为秦革灭六国靠战事，而作者则持异论，故用“其实”更转。百倍：表很多，非实数。全句主语承上文之“邑”“城”而省略。

⑩ 诸侯之所亡，与战败而亡者，其实亦百倍：这是“秦以攻取之外……其实百倍”句的对举句子，多有省略。若补充，当为：“诸侯以败失之外，小则奉邑，大则献城，较诸侯之所亡，与战败而亡者，其实亦百倍。”亡：此释失。

⑪ 则秦之所大欲，诸侯之所大患，固不在战矣：(从以上的数字比较中)就可以推知，秦国所竭力追求的(和)诸侯所深切忧虑的(都)根本不在打仗了。则：连词，此表承前推断。所大欲：所字结构，具有名词的语法功能。“大欲”是动词性状谓编正词组，不是名词性偏正词组。欲：喜欢、指望、追求等。大：修饰“欲”，用以强化程度。所大患：结构、语法属性均同“所大欲”。患：犹忧患，害怕、忧虑等。固：副词，此宜训根本。在：关系自动词，参注①。

⑫ 思：引发下文以叙事的语首助词。此处“思”所引发的是“厥先祖父，暴霜露，斩荆棘，以有尺寸之地”句。犹今在语句插上“想当初”三字。

⑬ 厥：音 jué，指示代词，同“其”，犹今说“那”。

⑭ 暴霜露，斩荆棘，以有尺寸之地：冒霜沾露，披荆斩棘，才有(可怜的)一点点地方。暴：音 pù，这里表示无遮盖的意思。荆棘：“荆”系丛生于原野挡路的灌木；“棘”指多刺的植物。此处“荆棘”泛指垦荒时所遇之野生植物。以：连词，此表事承。译“才”，与在说明体因果复句中的表果意念微有区别。尺寸：合成词，此喻地域之小。

⑮ 视之不甚惜：对它一点也不珍惜。视：看待，对待。甚：中古音以 m 为韵尾，系由“什么”二字的急声合音而成，此作无定代词用，因有否定副词“不”，故宾语前置，不甚惜：犹现代口语之说“什么都不珍惜”，即“一点也不珍惜”，不宜将“甚”当作程度副词，以致将“不甚惜”理解为“不很珍惜”。

⑯ 举以予人：奉送给人家。举：动词，托举，表恭敬状，用以讽砭不肖子孙。有以“举”为范围副词，释“全”的，实际上这里没有一下子全部送给人家的意思，下文还有“今日割五城，明日割十城”的说法。且释“全”，媚态肖像不见，有伤杂文风格。

⑰ 草芥：小草。喻藐视。芥：小草之一种。有释“芥”为“芥菜子”的，误。

⑱ 然后得一夕安寝：这样（指接连割城）以后，（好不容易）得到一夜安睡。然：指代词，犹说这样。

⑲ 四境：周围。有释为四方边境的，不宜，因为这里用的是想象性的现场叙述。

⑳ 然则：连词，表承前推进。此承前，续以新的矛盾条件和关系规律，即指“有限”与“无厌”的矛盾条件，“奉”和“侵”的关系规律。

㉑ 奉之弥繁，侵之愈急：（一边）奉献（土地）越是频繁，（另一边就）入侵（领土）越是加紧。之：前后两个分句中的“之”都是示主语后停顿的助词，无义。有将此二“之”说成代词，前代“秦”，后代“赂秦诸国”的。如此理解，前后两个分句的主语亦须变换，似不合语言结构的规范；且这两个分句按文意是合表“奉”和“侵”这两者间的关系规律的，“奉”和“侵”分别处在各分句的陈述对象的地位，若将分句主语分别说成是“赂秦诸国”和“秦”，则关于“奉”与“侵”的关系规律的表述就被改换成对“赂秦诸国”和“秦”的行为的分别叙述了，似亦与文意有龃龉。故不取此说。

㉒ 故不战而强弱胜负已判矣：所以虽没经过打仗较量，而在实力上谁强谁弱谁盈谁亏的形势却已判明了。这句话是从上文自“子孙视之不甚惜”开始的一段话中推出的结论。“强弱胜负”都是实力比较用语。犹盈亏优劣，不同于“成败存亡”之类的结局用语。

㉓ 至于颠覆：（终于）导致覆灭的结局。至：动词。于：介词。

㉔ 理固宜然：道理自然该当如此。理：道理，带有规律、逻辑等意味。固：副词，此犹说本来、天然、自然。宜：评断副词，犹说应当、应该、该当。然：指示代词，犹说这样、如此。

㉕ “古人云”句。古人说过：“拿领土去拍秦国马屁，就好像抱柴草去救火——只要柴草还没有烧光，火就不会熄灭掉。”古人：这里指战国时的纵横家，苏秦之弟苏代。当魏国将领段干子请求割南阳给秦以求和时，苏代向魏安釐（音 xī）王说过：“以地事秦，譬犹抱薪救火——薪不尽，火不灭。”事见《史记·魏世家》。事：动词，指以使人家称心为目的的一种行为。薪不尽，火不灭：充分条件复句。

㉖ 此言得之：这句话说对了。得：得理、入理、正确。之：表加强肯定语气的助词，无义。有将此“之”看作代词，说是代上边说的道理。此说嫌生硬，且上边所述是以地事秦而致亡这一个合乎逻辑的过程，并不是道理。

㉗ 迁灭：（轮到）灭亡。以“迁”为词素置于“灭”前：略带趋向、过程义，与“灭亡”微异。有说“迁”指齐王被流放迁徙。不妥，因为“灭”的主语显然系齐国（承前“齐人”而省略）。

㉘ 与嬴而不助五国也：是（由于）与秦国结交而不援助（其他）五个诸侯国（指韩、魏、楚、燕、赵）。与：有参与、结交、帮助等义，此释“与……结交”，较合史实。嬴：音 yíng，指秦国。秦祖先被赐姓嬴，后称秦嬴氏。齐，初曾参加合纵抗秦，后中秦远交近攻连横之计，首先叛纵约，联魏伐赵，接着又与秦结交。齐王建六年（前 259），秦攻

赵，赵请齐助粮，齐拒之，致赵四十万大军覆没，终被秦灭。

㉙ 五国既丧，齐亦不免矣：史载，五国相继灭于秦的年份是：韩，前230年；魏，前225年；楚，前223年；赵，前222年；燕，前222年；齐，前221年。但事实上秦灭六国的部署是：在灭韩（前230）后即灭赵（前228），灭燕（前226），再灭魏（前225），灭楚（前223），最后灭齐（前221）。只是燕都蓟被破后，燕王逃往辽东未俘，赵都邯郸被占后，赵公子嘉逃到代郡，自立代王，而秦则在破赵、燕后，正用兵于魏、楚，故赵、燕残部得苟延到前222年。

㉚ 义不赂秦：仗义而不赂秦。义：名词用作状语，犹说“仗义”。

㉛ 是故：关涉到燕、赵两国的分述，故用冒号标示，以免单联燕句。

㉜ 斯用兵之效也：这是在叙述燕国形势变迁过程中插入的作者的评议，若为使叙述连贯，可用括号处理这一插议。插议的内容仍贯彻“非兵不利、战不善”这一基本观点。下面叙述赵国部分的“惜其用武而不终也！”句，亦系插议，地位作用同此，标点也准此，不另注。

㉝ 至丹以荆卿为计，始速祸焉：及到（燕太子）丹将荆轲（刺秦王）当作计策，才招致了灾难。据《史记·刺客列传》《史记·燕世家》载，公元前227年，燕国太子丹派荆轲去谋刺秦王政，未果，荆轲反被杀。是后，秦王政命王翦伐燕，次年，即元前226年，破燕都蓟，燕王喜逃往辽东，燕实已亡。公元前222年，燕王喜被俘，燕灭。至：及、到，与上文“始有远略”句的“始”存在时间上的关联。荆卿：对荆轲的称呼，“卿”是春秋战国时代对稍有身份的人的礼称。下文的“刺客”，即指荆轲。始：表时副词，兼表事承的连词，与“至”关联。跟上文“始有远略”中的纯表事端、初时的时间副词“始”有异。速：招来。有释“加速”的，但究文意思路，上文不仅未露灾兆祸端，反褒其“用兵之效”，则此不宜突冒“加速”意，故不取。焉：句末助词，带感叹意味。

㉞ 赵尝五战于秦，二败而三胜。这只是根据《战国策·燕策》和《史记·苏秦列传》中所载的苏秦对燕文侯说的话：“秦、赵五战，秦再胜而赵三胜。”宋鲍彪新注《战国策》时即已指出苏秦所言只是纵横家的“设辞”，不合史实。

㉟ 后秦击赵者再，李牧连却之。后：指赵史后期。李牧连却秦军事，在赵王迁的年代。赵王迁可谓赵国最后一个国君。者：辅助性代词，此代后期秦击赵的次数。再：数词，二。李牧：赵末年良将，久守北疆，大破匈奴，后调抗秦，连退强敌，屡建战功。下文的“良将”即指李牧。据《史记·赵世家》载，李牧曾在前233年、前232年分别于肥、番吾二地（均在今河北省南部）连退攻赵之秦军。

㊱ 洎牧以谗诛，邯郸为郡：等到李牧因为（人家向赵王迁进）谗言而被杀，（国都）邯郸（才）变成了（秦国的）郡治（意为赵亡）。洎：音jì，形声字，从水，原表汁水渐渗的过程，引申为及、等到，此用引申义。以谗诛：赵王迁七年（前229）秦国用反间计以重金买通赵王宠臣郭开去诬告李牧谋反时，李牧已与秦将王翦对阵相持一年之久，赵

王派人欲换下李牧，牧不从，被杀。邯郸为郡：邯郸，前368年，赵将都城从晋阳迁到邯郸。故城在今河北邯郸市西南。前228年，即李牧被杀次年，秦破赵，占邯郸，并改置邯郸郡，俘赵王迁，赵实际上已亡。赵公子嘉逃代郡立代王，苟延六年，终灭。

㊲ 革灭殆尽：快要革除消灭光（指秦国将各诸侯国）。革灭：联合式合成词。殆：副词，兼表时间和事状，可释即将、快要、几乎、差不多。

㊳ 智力孤危：智孤，无与同谋者；力危，无与后援者。谓孤立无援，心力不济。

㊴ 诚不得已：实在是不能改变、挽回（指对“战败而亡”的必然结局）。诚：副词。得：助动词，犹说能够。已：动词，指停止、制止某一趋势，或改变、挽回某一局面。今“不得已”已合成一个形容词，词义与文言文中的词组“不得已”亦已略有区别。

㊵ 向使三国各爱其地：假设（韩、魏、楚）三国各自珍惜他们的领土。向使：同义重复的联合式合成连词，多用于对以往已成状况另作假设的场合。词素“向”除了亦含“假设”义外，也隐约带有原先的“昔日”义。词素“使”除表“假设”义外，也隐约还有原先的使成意味，三国：指韩、魏、楚，由齐、燕、赵三国已被上文点明为不赂者推知。爱：此释珍惜。

㊶ 则胜败之数，存亡之理，当与秦相较或未易量：那么，（六国一方）与秦（一方）相对待，胜败存亡的理数命运（究竟会分落到哪一方的头上），应当说，还是未必容易捉摸得准呢。当：评断副词，此前置为插说成分。与秦相较：表“或未易量”的范围前提，处状语地位。有以“当”为“倘”，于是将“当与秦相较”分析为假设分句的，恐未把握准原文的语气和结构。原文语气似乎无那么重，结构地位也没那么高。且按事理，六国和秦两相对待作比是本文中明摆着的，完全没有必要来个假设。或未：未必、不大，“未”前加上表或然的语气副词，使得否定带有了或然性、委婉性。量：音 liáng，动词，可释测断、猜度、捉摸等。

㊷ 礼天下之奇才：礼待普天下具有特殊才干的人。礼：名词活用为他动词，礼待。天下：指战国时代各个国家。春秋战国时代的食客谋士纵横家是无国界的。

㊸ 并力西向：（东方六国）齐心协力一致指向西方（的秦国）。西向：习惯性宾位前置，义为指向西方。秦立国之初，东以函谷关为边塞，故习惯以关西或西方代秦，关东或东方代其他诸侯国。“西向”不限于抗秦守卫，实还含有向西攻秦之意，合纵的目的就是攻秦灭秦。

㊹ 则吾恐秦人食之不得下咽也：那么我担心秦国人连饭都要吃不下去了。食之不得下咽：连饭都不能下咽。食：名词，指食物。之：复指宾位成分“食”的代词，如果看得虚一点，也可以说是提宾作用的助词，将宾位成分“食”提到谓位成分“不得下咽”的前面。有人以“之”为代词，代六国诸侯，于是解释为“就是吃了六国也是咽不下去，消化不了的”。考虑到与前面的“并力西向”句情理有违，故不取；有人释“食”为“吃”，“之”为“而”，将“食”与“不得下咽”分析为转折或承接关系，然品文意，似无必要分出“食”

和“咽”两个动作过程，先肯定其能“食”，后转到“不得下咽”。有人释“之”为取消句子独立性的结构助词，以“食”“不得下咽”为主谓结构。若以“不得下咽”描写“食”状，似嫌曲折；若以“不得下咽”陈述“食”物，则更嫌蹊跷。还有将“之”看作取消“秦人食不得下咽”这一主谓结构的独立性，以让该主谓结构充当“恐”的宾语的。鉴于起取消主谓结构独立性作用的“之”，必须处在主谓交界处，故此说实与前说相似，只是加上“秦人”，若不给予主位，而让它降居“食”的定位，则与自然语感的距离更远了。也：句末表感叹语气的助词。

㊺ 如此之势：指上段设想的“让秦人食之不得下咽”的可能趋势。势：此宜释可能趋势。

㊻ 为秦人积威之所劫：被秦国人积聚起来的威力所胁迫。积威：司马迁《报任安书》中已有“积威约之渐”的成句。

㊼ 夫：引发议论的发语词，无义。

㊽ 而犹有可以不赂而胜之之势：却还有（照常理，势既弱于秦，则不会有下述之“势”，今竟“犹有”，故需用“而”转折）可以持不赂的原则而战胜它（照常理，对秦持不赂的原则，易招祸致亡，今竟“胜之”，故需用“而”转折）的可能趋势。句首和句中的“而”，均为表转折的连词。可：可以、能够。以不赂：“不赂”是一种原则态度，“以”是介词，义为执凭。有将“以不赂”理解为“不以赂”的，则意味着将“赂”当作“胜之”的另一手段了，与原意不切，故不取。胜之：“之”代秦。势：这里是态势、趋势，可引申为可能性，与上段“如此之势”的“势”同义，与上一分句“其势弱于秦”中之“势”不同。全句“犹有”的宾语是“可以不赂而胜之之势”，“势”前的定语是“可以不赂而胜之”。“可”是加在“以不赂而胜之”之前的助动词。“以不赂”是“胜之”的前提限制语。

㊾ 而从六国破亡之故事：却重蹈六国破亡的覆辙。另本“而”前还有“下”字，疑为衍字。因为此“下”不能带来新的语义。

㊿ 是又在六国下矣：这（就）更是在六国之下了。是：近指代词。又：表程度的副词。

鉴赏

苏洵生活的年代是11世纪上半纪到中叶，基本上是宋仁宗赵祯当政的年代（1023—1063）。这段时间辽、夏猖獗，北边多事，朝廷苟安，屈辱求和。北宋王朝每年都要奉送大量白银、丝绢、茶叶给东北边的契丹和西北边的西夏，欲换取边境的安宁。谁知事与愿违，客观的规律恰恰是“奉之弥繁”，则“侵之愈急”，于是边事不断，国力日衰。熟悉历史、关心政治、善言兵法、好谈国事的苏洵，面对这样的形势，自然是发表言论，干预国策，讽谏朝廷，促使改弦。评史以明理、论治的《六国论》就是出于这样的用心而写成，并与作者的其他作品一起径送宋仁宗，以求起针砭时弊的作用的。

借古讽今是文人惯用的一种表述意见的方式。这种方式以其有故事可资借鉴，较易收到感人服人的功效。同时这类文章好以史论为主体，而今论则貌似置于伸发地位。论古不妨纵笔泼墨，写得淋漓尽致;待涉及今世，则往往隐讳闪烁，语焉不详。有些借古讽今的文章甚或通篇不着一个“今”字，而若查其交际背景，探其深层意识，却可见处处含沙射影，句句指桑骂槐。这样一种笔法，善攻能守，妙不可言。苏洵的《六国论》，古人评它“谓此悲六国乎？非也……借古伤人，淋漓深痛”（清初储欣语）；而“忽入正论，犹花似雾中看也”（茅鹿门《唐宋八大家文钞》），实堪称真知灼见。

由于苏洵的《六国论》通篇未见“宋”字，而“六国”二字则始末点明，处处紧扣，故容易把它误解为纯史事评论文，就是后面对“为国者”的泛诫乃至对“以天下之大而从六国破亡之故事”者的正告，也易被当作由评史自然伸及的所谓“历史教训”。这么一来，文章中百川汇注、字字千钧的主旨精髓，就被降低为泛泛而谈、无关痛痒的尾声余波了。

其实，只要不停留在文章的表面载负，而能潜入作品的深层意识，那么纯粹评史的文章和借古讽今的文章是有明显的区别的：从评论的对象来看，前者以历史事理为评论对象，而后者则以现实时事为针砭对象；从对史料的态度来看，前者绝对尊重客观史实，仅在论断上反映主观的认识能力和认识水平，而后者则不太考究史料的可靠性，全文都严格地受主观的自我意识支配；从主观意识的地位和作用来看，前者的主观论断是从客观的史料引出的，不是先验的，而后者则要让史料服从主观的意志，取舍详略、褒贬抑扬，都有很大的随意性；从史外议论在全文中的地位来看，前者即使在文末也浮泛地谈及历史教训之类，但那只是本体之外的画蛇添足而已，没有特定的现实针对性，或去或留，皆不影响文章的基本价值，而后者即使针砭时弊的议论只有三言两语，却是全文的灵魂和统帅，不仅属于本体结构，而且是本体中的核心，全文的基本价值正决定于这具有现实针对性的三言两语，若删之，则该文价值立即猛跌，乃至于变得分文不值；从文心之所在来看，前者的文心就在史论部分，评史的论点也就是全文的中心思想，而后者的文心却不在史论部分，评史的论点只是个借题，全文的中心思想则在今论部分，或压根儿隐而不现；从全程语流的意识流向或文章的思路结构来看，前者以史论结论为集散中心，史论本体之外的教训意义，犹如接出一段外加引渠，而后者，则史论结论只不过标示着上游源头的结束，就全程语流来说，至此，只是积聚了一股强大的冲力，滚滚波涛奔腾向前，欲止不能，待汇注到今论标的，语流全程才告终了；从文章的体裁来看，前者是典型的纯学术论文，而后者则当属于杂文；从文风特色来看，前者要求严肃、严密、平稳，追求事理本身的逻辑性，旨在立论服人，不强调辞饰、形象、感情等因素，而后者则强调刺激效果，不仅要晓之理，而且要激之以情，逼之以势，因而特别追求论辩言辞的逻辑性和雄奇性，往往要借助于辞饰、形象、感情等因素来增强文章的逼人气势和刺激效果，旨在设辞刺人。

苏洵的《六国论》是相当典型的借古讽今的杂文，根本不是客观评史的学术论文。首先，其真正的评论对象，根本不是战国时代的六国破灭，而是北宋当朝的输边苟安。若真要研究六国破灭的原因，只归结为“赂秦”二字，一不看六国内部的其他诸弊，二不看秦国的战略部署，三不看双方的力量对比，四不看历史的发展趋势，未免太以偏概全了。若专就史论本身的科学价值看，则苏洵之子苏辙的《六国论》倒要切合实际些，但洵文所得的评价却反比辙文略高，何也？就因为洵文的价值根本不在于史学研究上有什么创见，而是在于针砭时弊上切中了要害。其次，正因为洵文之意不在史，所以他在文章中对待史料的态度就带有较为严重的随心所欲的倾向，如在赂秦的表现上，将楚韩与确实割地较为频繁的魏相提并论，特别是将在临亡前还大败过秦军、最后真正不得已战败而亡的楚不算到“处秦革灭殆尽之际”“战败而亡”者之列，而仅根据楚在早期也曾割地求和过，就把它归到不“爱其地”的“三国”当中，实在是很欠公允的。又如燕、赵事实上早在魏、楚、齐败亡之前（赵在李牧被诛的第二年，即前228年，燕在荆轲刺秦王遂后的第二年，即前226年），就已经名存实亡不堪一击了，而苏洵却说什么“燕虽小国而后亡，斯其用兵之效也”，又说什么“燕、赵处秦革灭殆尽之际……战败而亡，诚不得已”，这些都是不尊重史实、随意玩弄史料的表现。再如关于赵战秦二败三胜之说，只是出于说客苏秦之口的“设辞”，根本不是第一性的史料，苏洵也煞有介事似的照着说了，这就是随意选取的例子。用这样的态度对待史料，这是写史学论文所绝对不允许的，但对于不重事理本身的逻辑严密，而重论辩言辞的逻辑效果的借古讽今杂文来说，却不成什么大忌，因为衡量讽今杂文的质量标准，主要在于是否切中时弊，至于行文，则只求能自圆其说即可。再次，从文章中史外成分与史内成分之间的关系来看，如果前者只是后者的自然延伸，那么只需泛诫不可赂敌就行了，什么存亡胜负之数“或未易量”啦，什么六国本犹有胜秦之势啦，什么“以天下之大”，“又在六国下矣”啦，等，显然都已超越了一般的提示历史教训的范围；但对以讽今为主旨的《六国论》来说，这些超越常规的史外成分恰恰是最必要的，而且上文的史论部分反而正是就这些“超越成分”的要求而设置的，决定《六国论》的价值的，也恰恰是这些切合时政的史外议论。该文的中心思想也绝不是史论的论题，而是以赂敌的危害警诫当局。史论在这里只起示例作用，文心的彻底揭示，主要靠后边的史外成分。此外，《六国论》的思路结构和文风特色也都与学术性的史论文章不属，而明显地属于杂文的范畴（详后）。

综上可见，苏洵的《六国论》根本不是评述故事的史论文章，而是一篇典型的针对时弊、警诫当朝的时论杂文。

作为一篇杂文，原题“六国”，以其启迪性能容纳任意的放射或发散的主旨而更切全文章的实际。悟性欠高者擅自改题为规定性很强的“六国论”，其对后人的误导作用，直持续至今。几乎所有选本，包括大、中学校的教材，仍持二元分离的原则，只承认该文的写作意图在文末，论文心，则仍取在首句“开门见山说”。其实，就这篇文章而论，文心和题旨是同步显露的，恢复原题，可能有助于矫正在认知该文文心时易于产生的错觉。

该文大而剖之，可分为起承转合四个有机部分。起承转合四部格局的文章，一般总以起承为前导，到转合才逐步亮出主旨。前导是主旨的前导，故一起首就要鲜明、准确地指向主旨。承题讲证则要力求充分厚实，以孕育出成熟的转机，更转要转得利索而又自然。深层里棱角嶙峋，有力转乾坤之势，而文面上却又圆滑顺畅，取驾轻就熟之态。合结既是全文的百川汇注，要裹括全文，有水到渠成之功；合结又是文心本旨的揭示，要点示深辟，具有促人猛省之力。《六国论》可作为起承转合四部格局的议论文的楷模。

该文从“六国破灭”到“故曰，‘弊在赂秦’也”是起首部分。作者俨然以历史研究的架势，劈头提出了一个有关六国作为一个纵盟整体由破而致灭的原因的论断。这个论断，先来一个否定判断——“非兵不利、战不善”，以排除常俗异见；再来一个肯定判断——“弊在赂秦”，以摆出自己的见解。用否定肯定并举的联言命题方式提出论断，一破一立，鲜明准确，斩钉截铁。只“赂秦”二字揭示六国破灭的原因，若以事理逻辑而论，失之过偏，但若就论辩逻辑来说，论断集中、单一、干脆、明确，令读者耳目一新，精神贯注。作者在提出一个完整明确的论断之后，紧接着补上一句言简意赅的阐释——“赂秦而力亏，破灭之道也”，胜败存亡当然是实力较量的结果。从逻辑上来说，“赂秦”和“破灭”之间是不存在必然联系的。由赂而换来保护援助，从而获得苟安、生存，这同样是合乎逻辑的。要使赂与灭发生必然联系，就非得通过力量转化，即“力亏”这一中间环节不可。可见补上这么一句阐释能使自己的论点严密化，并具有易于理解的性质，非常必要。又考虑到稍有历史知识的人都知道，若对六国逐一考察，那么赂秦致灭之说，根本就不能成立。为让自己的论题站住脚跟，就必须扫除这个意料之中的似乎不是不可逾越的障碍以护题。“或曰：‘六国互丧，率赂秦耶？’”作者有自知之明，先自设问，然后要言不烦，稍加点拨：“不赂者以赂者丧，盖失强援，不能独完。”嘿！立即障除路通，若说它是强词诡辩吧，它倒确有一套辩证的逻辑，一“互”一“独”，颇耐玩味。至此，我们可以领悟到作者的论断是针对“六国”整体的，“破灭”一语既意味着各诸侯国的败亡，也意味着各诸侯国之间的纵散约解。“互丧”一语中的“互”字，用意颇深，让它在设问中出现，可省去许多笔墨周析，用心良苦。综上可见，在起首部分，从论断的联言提法到而后的外加一个阐题，一个护题，“弊在赂秦”的总命题方告确立。仅五六十字的这么一个起首内涵如此丰富，理路如此曲折，论断如此有力，充分显示了作者思虑的周密和行文的老到。

接着的承发部分是从“秦以攻取之外”开始，一直到“（燕赵）战败而亡，诚不得已”，这是对前述论断进行具体、全面、充分的讲证，亦即进行阐释性的论证。

如果前述论断是一个分国概括的命题，犹说“六国之灭，弊在皆赂秦”，那么，而后承题讲证的结构宜取按国分类分列式。现论断既是针对六国整体的，故承题讲证部分未见按国分述，韩、魏、楚三国连名都没有点，就是点到名的齐、燕、赵三国，也没有采取严格的分国程序。我们看到整个讲证部分，基本上也是将“六国”当作一个整体来论述的。到细处，点到名的三国，也不过是为了阐述具体，举些实例而已。

如果前述论断只是一个单面肯定命题，犹说“六国破灭，弊在赂秦”，那么，而后承题讲证的结构也就大可取单线纵贯形式，组成“赂秦—力亏—破灭”的逻辑系列，而根本没有必要涉及兵、战的问题。现论断既是以否定肯定并举的联言命题方式提出的，那么自然要求承题讲证部分的思路结构也要顾及否定与肯定两面，即要先讲证“非兵不利、战不善”，然后再讲证“敝在赂秦”。又，在论断提出时，既有“赂秦—力亏—破灭”的纵向阐释，又有“不赂者以赂者丧”的横向分辨，那么就“弊在赂秦”展开讲证时，也就势必要顾及纵阐横辩两面。其中纵阐是带有普遍性的，是就理而论的，故不着眼于专述哪些国家；而横辩是只涉及一些不赂的国家如何“因赂者丧”的，故非点明有关国家的名字不可。

综上可见，整个讲证部分是紧密承题，分面展开的，非常符合思辨的逻辑。

从“秦以攻取之外”开始，到“（欲）（患）固不在战矣”为止，是用来分论“非兵不利、战不善”这个否定分命题的。因为毕竟没有真的出现哪个论敌须加以批驳，而只是为自己立论提得鲜明准确，斩钉截铁，才以一个否定分命题前导，所以分论“非兵不利，战不善”时，也就只需略写。

这一部分的讲证，作者以分类统计两个比数（两个“百倍”）为根据，经过逆序假言演绎，揭示出“秦之所大欲”和“诸侯之所大患”根本都不在于兵、战，从而也就证实了：秦之胜，并不是靠利兵善战；六国破灭，也不因为“兵不利、战不善”。正因为这一部分讲证的是关于与兵战有关的否定命题，故行文当中始终紧扣“攻”“战”二字，而丝毫也不触及“赂”字，足见作者思路之缜密。许多分析文章以为这节文字也是暗示“赂秦”的，故或挂上，作为论题的生发，或连下，以与下文“思厥先祖父”段合龙，皆未见着苏洵思维的精妙。作者的末句结论明明只说“不在战”。如果我们硬是由此给安一个“必在赂”的推论，这就怪我们的逻辑太粗疏武断了，难道“战”与“赂”是一对矛盾排中概念，除“战”与“赂”之外，就不再有其他原因可导致“破灭”了吗？且若将此节文字挂上连下，使得联言论断中的否定命题“非兵不利、战不善”成了无流之源和赘言疣语。而且若挂上，使起首部分本来极其简明的论断变得拖沓；而若连下，则又在单纯讲证诸侯一方赂秦致亡的清晰思路中混杂进秦与诸侯双方对举、且不着“赂”字的探究性推理，显得极不熨帖，实在不伦不类。

从“思厥先祖父”开始，到“（燕、赵）战败而亡，诚不得已”，显然已是承题讲证的第二部分，亦即讲证肯定式分命题“弊在赂秦”的部分，与上述的讲证否定命题部分相比，这是主要的、详写的部分。前已述，这一部分的讲证也是承题分面展开的，而没有采用先分类分国后归纳的逻辑推理方法。分面展开中，基本上都是求阐理的透彻，而不是要列出大量史实论据进行证明。

讲证“弊在赂秦”的第一方面，是充分、透彻地阐述“赂秦—力亏—破灭”的逻辑的必然性。这纯粹是理念上的推演阐释，具有普遍意义，而不是就某一国或就韩、魏、楚三国而论的，因此行文中既不点名，也不举事，而是致力于由以地赂秦而终于导致颠覆的规律性过程的概括叙述。从“思厥先祖父”到“而秦兵又至矣”，是对不肖子孙苟且偷安以地事秦的过程和情态的漫画式的粗线条勾画，既有叙述的口吻，又有描写的形象，完全是杂文笔法，借以刺人，实淋漓深痛之至；若用于论证，则嫌虚僑。“然则诸侯之地有限，暴秦之欲无厌，奉之弥繁，侵之愈急”，是前述过程导致必然覆灭的关键。一方“有限”，一方“无厌”，这是不可克服的矛盾；“奉之弥繁”，必“侵之愈急”，与贪得无厌的暴秦打交道，这可是个不可缓解、不可适止、不可逆转的法则：这么一来，当然用不到战争较量，实力强弱盈亏已经分明若判了。照此发展，那么“至于颠覆”，当然是逻辑的必然。为了使对“赂秦—力亏—破灭”这一必然过程的阐释更加充分、透彻，更能服人，作者在完成了对上述过程的直接陈述之后，再补引古人苏代所作的一个举事浅显而寓意深辟的比喻，从而使这一必然过程升华到逻辑公理的高度，即只有薪尽地光（亦即国亡），才能火灭（亦即战息），并代作该节文章的小结。

讲证“弊在赂秦”的第二方面是就护题时所说的“不赂者以赂者丧”作必要的具体阐释，突出不赂秦各国皆因失强援故不能独完之理。作者将不赂者分为两类，一类是“与嬴”的齐，另一类是抗秦的燕、赵。这里虽点了齐、燕、赵三国的名，但仍然把六国当作互有不可分割的利害关系的整体来论述的。说到齐，首先是它与嬴而不助五国，致五国互丧，它自己也就孤立无援了，当然也难免迁灭。说得简单，情态冷淡，而“盖失强援，不能独完”之意紧扣。最后说到不赂秦反能抗秦的燕、赵两国，作者就采用明显的同情、惋惜、赞叹的口气。甚至为了拔高燕、赵的形象，也就顾不得是不是言过其实了。关于燕、赵的说明，用的是事程演变的起、承、转三部格局，起部合说燕、赵开始时的方针，一个“始”字冠领“有远略”“能守其土”“义不赂秦”三个分句，分别含有与赂秦者求“一夕安寝”“如弃草芥”“割城”奉敌相对照的用意。承转两部都是燕、赵分说的。分说燕时，用“是故”承接。国小而能后亡，这就是始循方针的成功。情不自禁，插入一句评议褒之——“斯用兵之效也！”同时照应“非兵不利、战不善”的论断。然后用“至……始……”示事态的急转直下，点明行刺招祸，在于分辨行刺谋杀已离开了正常用兵之道。分说赵时，合用“是故”承接，连战多捷，也表明始循方针的成功，同样可插入“斯用兵之效也”的褒评，说燕处已有，此略之。然后用一“洎”字示事态的急转直下，点明牧诛才导致都城失守，在于指出赵王迁撤换良将，信用宠臣，已经背离了始循武力抗秦的方针。至此，情不自禁，又插入一句评叹——“惜其用武而不终也！”此叹亦适用于燕，为避免重复，而仅在说赵处出现。在分别转述燕、赵招祸致亡的具体原因皆在于离开了初循的兵战抗秦方针之后，再用“且”字扩展，补以燕、赵战败而亡的外因，也即“处秦革灭殆尽之际，智力孤危”，这又拉回到“不赂者以赂者丧，盖失强援，不能独完”这一讲证分题。这一部分的讲证，有事有理，有情有态，文势倜傥，错落有致，而又能始终紧扣住分题题旨，读来仍能给人以思路清晰的印象，充分显示了苏洵“烦能不乱，肆能不流”的行文风格。

至此，文章对一开始就提出的关于六国破灭的原因主论断的阐释性讲证已全面完成。如果这是一篇纯史论文章，那么可以杀尾收结了，即使再要发表点什么感想意见给今人或后人一点什么教益的话，那也似有必要先对上文的整个讲证部分小结一下，以便使感想和意见承讲证整体而来。但是，作者却没有照此办，而是突然出乎意料地用一个假言判断提出了一个反历史的假想：“向使三国各爱其地，齐人勿附于秦，刺客不行，良将犹在，则胜败之数，存亡之理，当与秦相较或未易量。”这给人以别开生面之感。而真要说提得怎么突兀吧，一读下来，倒又觉得挺自然的，因为在假设分句里提出的各项条件，都是对上文已经涉及的情况的反正。既然条件反正，那么结局势将改变，这正是既出乎意料，别开生面，而又驾轻就熟，顺理成章，这就是由借古前导转向讽今本旨的绝妙过渡。说它还在论史吧，它却已经在作反历史的假想，别开了一个新生面；而说它已经离开论史进入讽今了吧，它却只不过是用一个假言判断来反证自己的论断。有许多现代选本，将这节文字并入分说齐、燕、赵三国的那一段，这是由于偏重了过渡的承上作用，而忽视或轻视了其启下的作用。考虑到整篇文章的结构模式取起承转合四部格局，主旨在转的部分，论史是为讽今服务的，作者没有必要也没有兴趣扭着史事作反复的论证；又考虑到作者设置这么一段过渡的潜在目的就是为了导致讽今局面的打开，驾轻就熟、顺理成章只是文面技巧，还考虑到下文正是紧承这一节文字自然推演出来的，因此，我们认为这节文字的结构地位应该是：借前论虚设置议，以为第三部分更转之前导，基本上应划归转的部分，其与前论的关系，只是借借因头而已。此外，还要指出，无论如何，让这节文字尾随在讲述齐、燕、赵三国的那一段之后，在逻辑上是不门当户对的，因为显然“三国各爱其地”一句中的三国绝不可能指齐、燕、赵，而只能指未予点名的韩、魏、楚。

如果说“向使……或未易量”这节文字还只是更转的前导的话，那么到“呜呼……吾恐秦人食之不得下咽也”一节，转的角度就要大得多了，也就是说离开史论更远了，与讽今靠得更近了。这是紧承前议，作进一步的扳转。从句型来看，与上一节一样是一个假言判断，但对比一下，不难发现：第一，上一节的消极前件都是在史论讲证过程中涉及过的，这一节的积极前件却是上文从未涉及的崭新的设想；第二，上一节的后件还只是理数难测，而这一节的后件则已是秦食难咽，也就是说已是明显的胜秦之势；第三，上一节的假言判断可用来反证史论部分的总论断“六国破灭，非兵不利，战不善；弊在赂秦”，而这一节的假言判断则与“兵”“战”和“赂”都无关系了，于反证论断几已无补。这样一比较，自然会产生一个重要的问题：作者为什么要通过上下两节假言判断，作如此大跨度的推演和如此大幅度的扳转呢？再读下去，我们就不难发现，作者的意向是要从六国终亡于秦的既成史实中推出一个六国有可以既坚持不赂秦的原则而又最终战胜强秦的可能性来。推出这么一个可能性来显然不是为了扭转已成陈迹的历史，而是为的警醒后世。

再接下来痛叹历史悲剧“有如此之势，而为秦人积威之所劫……”，其中的“如此之势”，就是靠上一节的假言判断推出来的“以不赂秦而胜秦之势”。在这里，这个“如此之势”竟成了立论的基础、感慨的根据了！苏洵的纵横家的功力，奔腾出入、博辩雄奇的文风，于此可见。“为国者勿为积威之所劫哉！”是在痛叹后自然发出的讽今泛诫。至此，终于完成了扳转工程，转到了标的本旨，犹如江河决口，犹如水到渠成。

在完成了更转过程后，文章最后的合结部分用婉言直警据有天下之大的北宋当朝（未点名，仅用“苟以天下之大”句暗示）若由于对本弱于己的辽、夏一味屈辱苟安，妥协退让，而至于重蹈六国赂秦致亡的覆辙，那么较之弱于秦犹有以不赂而胜之之势的六国诸侯，就更是等而下之了。这样一个合结，总共不到五十个字，却能囊括全文，让起、承、转三部分的内容都汇注到这里：既有六国与暴秦之比，又有北宋与辽、夏之比；既有北宋与六国之比，又有辽、夏（暗指）与暴秦之比，且用更转部分煞费苦心推演出来的六国犹有可以不赂而胜秦之势作为一个重要的评论标准来达到鞭挞据有天下之大的北宋王朝的目的。真是对比充分，内容丰富，裁断有力，用心深邃，口气恳切，言辞婉转，文笔简约，指意昭然。

综上可见，全文起承转合四个部分之间存在着有机的联系。文章一开始，论断六国破灭弊在赂秦，这不是什么读史心得，更不是就史论史，而是明确地为了讽喻连年输边求和的北宋朝廷而故作的警世之辞。承发部分在全文中是占篇幅最大的详写主体部分，它是对起首部分所作的论断的讲证。承题讲证是分面展开的。其中在讲证否定命题“非兵不利、战不善”时，用的是假言演绎推理的逆证式，讲证肯定命题“赂秦致亡”时，用的是阐释法，而讲证“不赂者以赂者丧”这个补漏性命题时，则主要用分析法。各个方面的讲证都很充分得体，确能令人信服，论古越充分，讽今也就越省力，论古越雄辩，讽今也就越有力，论古之功直接间接地表现为讽今之效。转，是在承的基础上一步步推演出来的，推出六国有可以不赂而胜秦之势，文势轻轻一扬，就带出了对历史悲剧的慨叹和要为国者接受历史教训的告诫，更主要的还在于带出了合结部分对据有“天下之大”者的严厉抑勒。“则又在六国下矣”这一猛掌重锤，正是就更转部分对六国的轻轻一扬之势而来的。全文正反错综的道道力流，汇注到一点，那就是“苟以天下之大而从六国破亡之故事，是又在六国下矣！”这一用假言判断形式提出的全文的中心论点。

作为一篇典型的杂文，该文从立论、选材、结构到行文，处处都表现出了杂文风格。就立论说，它可以抓“赂秦”一点，故作惊人之辞，而不及其余。若拿史论文章的客观全面、四平八稳来责备它失之偏颇，那就风马牛不相及了。慨叹似对“六国”，感到痛心的却希望是仁宗；骂的是“暴秦无厌”，应的却是“辽、夏贪婪”。若拿历史主义观点批评苏洵反对秦国统一，逆历史潮流而动，那真是冤哉枉也。就选材而论，它可以随心所欲，取舍自如，甚至可以捕风捉影，言过其实，只要做到持之有故，言之成理，体现其主旨，起到针砭时弊的作用，就是它的成功。若拿科学态度来要求苏洵对史料严肃负责、实事求是，恐嫌过分苛刻了。就结构看，既有起承转合的严谨章法和抑扬升跌的匠心运筹，又有纵横出入、倜傥洒脱、不避错落、不拘陈套的文采才华，可谓烦而有序，序而不死；肆而有格，格而不板。若读承题讲证部分，不知其多种笔法交替使用，而一味地要找出论据，辩明论证方式，看到齐、燕、赵，就说未见韩、魏、楚是作者疏忽，甚或将明明是对“非兵不利、战不善”的讲证，胡乱地上挂下连，而反过来却埋怨作者的思路有些流徙无踪、紊乱难理云云，均乃无知妄说，俗人偏见。就行文笔风而言，既犀利老到而又摇曳多姿。起首部分的论断，斩钉截铁，合结部分的裁决，力足千钧。对赂秦致亡的阐释讲证部分，有过程的夸张叙述（“今日割五城，明日割十城，然后得一夕安寝——视起四境，而秦兵又至矣。”），有神态的形象描写（“子孙视之不甚惜，举以予人，如弃草芥。”），还有引古的浅显比喻（“以地事秦，犹抱薪救火——薪不尽，火不灭。”）。关于“不赂者以赂者丧”的分析讲证，在客观的事理分析中不仅带着鲜明的主观态度（如对齐的冷漠，对燕、赵的褒赞和同情），而且还时时情不自禁地插上句把评议或叹息（如“斯用兵之效也！”“惜其用武而不终也！”）。此外文中精彩的排句可以说俯拾皆是，还有其他许多为纯学术性的史论文章所不该有的生花之笔，如“或曰”，两个“百倍”，“暴霜露，斩荆棘，以有尺寸之地”“暴秦之欲无厌”“邯郸为郡”“则吾恐秦人食之不得下咽也”“日削月割”等，对这些都不一一作赘析了。所有上述特色，一般来说，都不是一篇纯史论文章所应具备的。苏洵的这篇杂文，不仅具有杂文的一般特色，而且还充分显示了苏洵策论散文的个人风格。

1981年3月初稿　1984年寒假改定

条分缕析 入情入理

——李密《陈情表》赏析

阮 尉

按封建礼教：君要臣死，臣不得不死；君令臣去，臣不得不去；反之，君召民仕，民也不得不仕。臣民若有什么违旨犯上的言行，那就有可能遭杀身灭族之灾。所以过去文人要写什么有所按劾之奏或有所执异之仪，或用以陈情之表，往往要用诸如“冒死诣阙”“诚惶诚恐”“不胜犬马怖惧之情”和“死罪死罪”之类套语起笔殿后。这些套语在最初，或在特定场合下，倒是奏议者真实心理的表露。但历史上也确不乏因写了犯上的奏表而得福的事例。其中有一对有趣的故事，就是李斯因谏逐客而留秦和李密因陈情事而缓仕。这二李时间相隔四百多年，但都因为写了与旨意违拗的奏表，不仅没有遭祸，反而倍得恩宠。李斯作为一个当时还没有什么建树的普通客卿，在秦王政下了逐客令，并已在被逐途中，上书秦王（后有取“谏逐客书”为题的）：一针见血地提示了秦王政逐客一举的错误实质；语奇句重地指出了此举的严重危害。议论驰骋，犹如“兔起鹘落”；论断恣肆，确能振聋发聩，以致秦王政读罢，如坐针毡，立即取消逐客令，派人追回李斯，并将他升为廷尉，后又拜为丞相。此可谓君令臣去，臣偏留不去，结果反得到重用的例子。李密则作为蜀汉的遗臣，晋武帝一再征召他出仕，他都以祖母年迈病笃、乏人照料为由，一辞再辞，直至向晋武帝下了一份《陈情事表》回呈，真可谓不识抬举，不晓事务之至也！而结果呢？居然得到晋武帝的宽宥和同情，不仅收回成命，不再逼他出仕，反而赐给两名奴婢，并令郡县负责供养他的病重的祖母。此可谓君召民仕，民偏辞不仕，结果反而得到意外恩遇的例子。二李的奇遇是不是因为圣主虚怀，“龙恩浩荡”呢？不见得，秦王政就是后来焚书坑儒的一代暴君秦始皇，晋武帝则是大搞门阀制度，生活荒淫无耻，致死后不久就使全国陷于内讧混战局面的昏君司马炎。就呈奏上表的当时来说，二李都是朝中无人，没有任何有力的靠山背景的。他们的奇遇可以说完全得力于他们所写的奏表本身，也就是说他们在充分把握住了接读者的心理的前提下，用十分有力而又很有分寸的言辞，既晓之以理，使之折服，又动之以情，使之垂怜，终于收到了预期的奇效。正因为如此，前者得到了“秦之文章，李斯一人”（鲁迅《汉文学史纲要》），后人还有“唐陈子昂为人陈情，全借此（按：指李密《陈情表》）作粉本，便成妙篇”的说法（林西仲《古文析义》）。我们现在阅读《陈情表》，就要像陈子昂那样，借它作“粉本”，着重研究它取得如此神奇的交际效能的秘诀和规律，以提高我们阅读和写作这种表述体文章的能力。

李密（一作李宓），字令伯，公元224年至287年，犍为武阳（今四川彭山区东）人。有文名，曾仕蜀汉，为尚书郎、大将军主簿、太子洗马等；富辩才，多次出使东吴，颇得孙权赞赏。年轻时，曾师事后来力劝刘禅降魏，入晋后又历获骑都尉和散骑常侍（相当于皇帝左右的顾问）等要职勋衔的著名学者谯周。公元263年，司马昭灭蜀，265年，昭死，子司马炎废魏帝曹奂，立西晋王朝，建号泰始，称晋武帝。新朝建立后，为笼络前朝遗臣，一面矜育故老，一面也起用一些人才。对于作为谯周的学生，且既有法名又有辩才，还曾历职蜀汉郎署的李密来说，新朝确有起用的诚意。先有犍为太守逵，据其孝侍祖母和品行廉正的表现，察举他为“孝廉”，继有益州刺史荣，据其才学优秀，推举他为“秀才”。但李密均以须供养病中的祖母为由，辞不赴命。至泰始三年，即公元267年，晋武帝特连下诏书，征召他到朝廷任职。甚至最后已任他为太子洗马，他都上表辞谢，不肯就职。直至泰始四年，晋武帝老羞成怒，下达了措辞急切严峻的诏书，已含有责备他“逋慢”之意，同时，“州司临门”“郡县逼迫”。可见事态已经非常严重、紧迫，李密才写了这么一份决定他命运的《陈情事表》径呈晋武帝。李密也就靠了这份呈文，缓和了他与新朝的矛盾，解除了他的燃眉之急，摆脱了他的进退维谷的困境，并意外地得到了晋武帝的特别恩赐，即不仅不再逼他出仕，反以奴婢和资财助他奉侍祖母，使之充臻孝道。等到其祖母过世，他才出来任职，历任尚书朗，晋武帝的祖籍——河内温县县令、益州大中正和汉中太守等职。

这篇文章如其题式所示，是臣民向皇上陈述情由的“表”，按现代文体学的分类标准，当属于说明文中的表述体式。其起句“臣密言”和末句“臣不胜犬马怖惧之情，谨拜表以闻”，是古代奏表套话，可各另立一自然段，作为关涉全文（不宜与其邻段合并）的程式首尾。此外，则皆为本体内容。

按写这类表述体文章的一般结构模式，就本体内容来说，大体可由三个结构部分组成。第一部分是条列情况，摆出矛盾。写这段文字，以能用井然有序的情况介绍或过程叙述来突出症结所在者为上品。第二部分是分析梳理，循情援理。写这段文字，以能通过全面充分的条分缕析，自然显出通情达理的解结出路者为上品。第三部分是直陈请愿，以求察纳。写这段文字，以既简明坚定，易于对方明了所求，而又措辞得宜，利于对方入耳倾心者为上品。李密的“陈情表”中的本体内容，不管从这三个必要结构部分的布排搭配来看，还是从各结构部分的内部细析来看，都不失为上品，实堪称表述体文章的典范。

第一部分条列情况，摆出矛盾，包括两个方面的内容：即一为介绍家庭的基本情况，突出“母孙二人，更相为命”这一根本条件；另一为介绍跟上述基本情况绝不相容的新情况，即从郡、州到朝廷对他的察、举、拜、除，以及由这一新情况所造成的他那矛盾狼狈的处境。在介绍了第一方面基本情况之后，用“逮”字领起对第二方面情况的介绍，表明作者已把本来的分面介绍巧妙地连接成了一个叙述的系列，这就能使得本来就已经秩序井然的情况条列，更给人以脉络分明的感觉。

关于家庭基本情况，作者又分前后两层来介绍，先介绍自己多灾多难成长史，以突出下文归结的“臣无祖母，无以至今日”这一既成事实；后介绍家里内外无人，唯自己一人在服侍久病常卧的祖母的基本事实，以突出下文归结的摆在面前的严酷现实，即“祖母无臣，无以终余年”。前后两层意思汇总起来，正是“母孙二人，更（读平声，可释‘交替’‘轮番’）相为命”八个字。这就突出了问题的症结所在。在介绍自己的成长史时，文章基本上用叙述程序，从因命运坎坷不祥，故很早就遭遇凶祸，以致六月父丧，四岁母嫁说起，引出了全靠祖母怜悯而承担抚养义务，再说到自己的童年多病无伴，以强调祖母在自己身上所花的心血之大。至此，“臣无祖母，无以至今日”的断语，即已自然得出。继而在介绍今日自己绝不能废弃和远离祖母时，先摆出本家人丁，上无叔伯，平无兄弟，再加上门庭衰微，福分浅薄，致下无子嗣（“晚有儿息”疑为“绝后代”的避忌婉说。在封建社会，无后绝子可算福浅祚薄之最，因而是最大的犯忌，故李密在这里采用了婉说的修辞方法，犹如把帝王死亡说成“驾崩”“晏驾”）；再数说家外的近旁亲族，即使拿祖母过世后的守丧礼仪来看，不管是有资格穿碁服（守丧一年）的近亲，还是只需穿大功服（守丧九个月）、甚至只需穿小功服（守丧五个月）的近亲，乃至于可勉强算作近亲的人都没有；又推到已无任何亲属关系、但尚能应门迎送宾客的三尺（即古制五尺）小家僮都因家境贫寒而雇佣不起：经这样由亲至疏、由近及远的清点，李密在家常茕茕孑立，单独一人，只能由自己的形体和这个形体的影子互相慰藉的孤苦伶仃的凄寂处境已跃然纸上。然后用一个“而”字顺接出祖母刘氏早为疾病所缠绕，经常卧床不起这一情况，这么一来，招手无僮、举目无亲的李密，为尽孝道，并报答祖母先前的抚育之恩，自然只能够充当唯一的值病者，时时持汤药服侍床边，不可能有机会废弃服侍义务而离开病床。至此，“祖母无臣，无以终余年”这一断话，亦已自然得出。

关于第二方面情况的介绍，文章先用“逮奉圣朝，沐浴清化”这么两句显然旨在讨好当朝的、用以叙述时运和环境变化的总提开头，总提之后，即顺时间线索，叙述在圣朝下接踵而来的出仕的征召。这个过程，从低到高，从缓到急，矛盾越来越尖锐，情势越来越严重，写来程序分明，节奏清晰，且时时处处都能兼顾到点示症结所在是出仕与值病的直接冲突。先是郡、州两级的前“察”后“举”，继而是朝廷下诏书一“拜”二“除”，最后是诏书追来，上责下催，犹如紧锣密鼓，情势已万分急迫，再也不能若无其事、拒不听命了。但是要奉诏奔驰，应征出仕吧，却刘氏之病正日益加重，缺不得人；想苟徇私情，继续留家服土吧，又怕自己的禀告陈诉得不到朝廷的准许。真是进退维谷，狼狈不堪！

如果说读前一节关于家庭基本情况的介绍的文字，能引人怜悯落泪的话，那么读了这一节关于矛盾处境的叙述介绍，真会激人焦虑灼心！列情况，摆矛盾，这个部分既写得条分缕析，全面充实，有板有眼，平稳朴实，而又能丝丝入扣，情思激越，揪人心弦，搅人情怀，确要有非凡的笔力。难怪晋武帝读后，也盛赞李密的孝道人才确实名不虚传，因而顿生恻隐之心，不再勉为其难。

文章本体第二部分的任务是分析梳理，循情援理。李密显然是在充分透彻地估断了晋武帝的心理状态之后，抓准三点来加以开导的：

第一点是利用晋武帝曾打出“以孝治天下”这块招牌，争取得到特别的照顾。自从汉文帝改革丧礼以来，皆以日易日，至晋武帝才复三年之旧制。而且西晋王朝建立以后，为了利于行孝道，在起用前朝遗臣的同时，特别照顾到不勉强征召年迈的故臣出仕，以使其子得尽孝养之情。李密抓住了这一点，用一个副词“犹”和一个连词“况”相搭配，构成了一个转折递进的复句，从而突出了较之那些得到新朝矜心抚育的故老来，自己的孤独和辛苦要深重得多，言下之意，显然是自己更应得到照顾。

第二点是恐怕晋武帝将他的执辞不仕误解为想矜于名节、不事二主，或有择禄而就之心，嫌俸禄不厚，因而必得表表心迹，以消除晋武帝可能存在的误会。文章用“且”字更转，先以自己曾在蜀汉伪朝（一作“荒朝”，有人疑改“荒”为“伪”，乃西晋当局所为，笔者认为此说可参可信）任职，本就有贪求宦达之念，可见不会有矜守名节、择主而事之心；再拿自己今日作为“亡国贱俘”的极其渺小鄙陋的地位与当朝所给予的过分器重和极为优厚的恩宠作比较，表明自己绝不可能因另有希冀过望而盘桓踌躇。然后，文章用“但以”（即今之“只因”）二字进而正面直抒真情，说明实为与自己相依为命的祖母生命垂危，因此私心缠绵，不能废远。这样一辩一正，是可消解当朝对自己的一切疑窦。

第三点是相信西晋当朝确有拔擢器重自己的真意，因而算一算日子，说明报刘之日短，而尽节于晋武帝之日长，就可让当朝的指望不致落空。在这样的基础上，重申自己要像慈鸟反哺其生母一样，希望乞求到终养祖母余年的机会，也就较能取得当朝的谅解和宽许了。

以上三点分析，先晓之以理，再动之以情，最后又许之以利。每一点分析都有情有理，情理相发，写得通情达理，足以服人感人。这三点分析既为下文直提请愿打下了必要基础，也为晋武帝最后收回成命，允许李密暂缓出仕，留家养刘，扫除了一切思想障碍。

文章本体的第三部分既是全文的大结，对如何解决矛盾来说，它又是顺理成章的归宿。作者先就自己在本文中所说的诸多辛酸苦楚的情况举出证人，并以对天地起誓的方式强调了这些情况的真实性。紧接着就直截了当地请求晋武帝能怜悯其近乎愚钝的赤子诚心，允许实现那么一点微不足道的起码志愿，希望祖母刘氏能在得到陛下怜悯宽容的条件下侥幸地得以有保障地过完她的余年。最后用“生当陨首”“死当结草”的誓词表明了自己报答皇恩的决心。作为本体部分的合结，只用五十多个字，包含了引证、祈求、图报这样三层自条系列的内容，既反顾了全文所申诉的情况，提出了解决根本矛盾的唯一可取的办法，又预作谢恩报德的真诚保证，真可谓言简意赅，考虑周全，情辞恳切，足信足悯。

综上可见，《陈情表》作为一篇表述体式的说明文，从思路结构上看，已经可以从中总结出一套最佳模式。这种最佳模式，有助于取得最佳交际效果，故被后人视为写同类文章的“粉本”。

一份《陈情表》之所以能发挥如此神奇的作用，除了在体式上采用了一套最富表现力，同时也最富镇服力的堪称“粉本”的结构模式之外，在内容的选择和布排上也是颇费匠心的。前人评论《陈情表》，多着眼于其内容上的柔性苦情和天真坦率，所谓“至性之言，自尔悲恻动人”“全不加雕琢”。这样的评论虽然不无道理，而且如果确系“至性之言”，则其感人的力量特别强，这也是自然的。只是笔者认为前人的这种评论未必完全切合李密《陈情表》的实际。应该说，《陈情表》的神奇威力是由多种因素决定的。就内容来说，它是柔中有刚，情中有理，直中有曲，露中有蓄。如文章一开始在介绍自己的家境和身世时，仅突出自己如今出仕之难，而完全避开自己以往曾经在蜀汉为官这段对他的不仕最为不利的经历。到后面在分析梳理部分，却又巧妙地在申明自己无矜守名节之心时，插入自己曾在蜀汉历职郎这段历史，这就可以看出，作者在布排材料时是很费了一番心计的。照此安排，这个不利因素反倒转用为有利因素了。又如在梳理分析部分，一开始就抬出了“圣朝以孝治天下”这顶高帽子，接着还提出了“凡在故老，犹蒙矜育；况臣孤苦，特为尤甚”这么个对比条件，从而相当有力地迫使晋武帝得出一个必然的结论，就是只能允许李密的不仕请求。所谓“柔中有刚，情中有理”，这就是强有力的“理”，也是最“刚”的一笔。

此外，李密虽执意违抗圣命，但其口气态度却很注意君臣的身份地位。由于李密的文学修养高，《陈情表》的语言极为讲究，句子整齐，节奏平稳，有些地方还顾及韵律，词汇丰富，用词精当。所有这些，都加强了《陈情表》的感人力量。

我们现在阅读《陈情表》，主要是学习其写作方法和技巧，对其中的封建意识，则应取批判态度。

1985年

精致微雕 张扬癖性

——陶渊明《五柳先生传》言语结构新读

陈效方 阮 尉

作者阮尉说明：本书上编是纯理论文章，来不及配备用于阐释理论的具体案例；下编基本上都是文本赏析文章。它们虽都是些运用言语结构的理论和方法于文本分析的成果，都是些生动的案例，但由于种种原因，这套理论和方法久久未能面世，致许多文本赏析文章不便正大光明地亮出，甚至要故意避开言语结构的理念和有关术语。这么一来，本书的上下编就貌似严重脱节了。难得本文是最近决定将“病封”了二三十年的书稿付梓后，在本人抱病悉心指导下，由对陶渊明比较熟悉、还曾写过《五柳先生传》的赏析文章的陈效方先生重新写就的试验性文稿。试验性主要表现在首次毫不避讳，反而旗帜鲜明地大量展示言语结构学的原型理论和方法，包括其成套特制的名词术语。试验的目的是想弥补本书在文面上难以反映上编的理论与下编的文本分析之间的密切关系的缺憾。但是，这么一来，这篇文章就立即变得面目可憎且不堪卒读了。看来，这里存在一个悖论：上编的理论方法没有消化掌握，就较难产生新的阅读功效，反之，没有新的阅读功效佐证，也较难理解这套理论和方法的真谛和价值。怎么办？根据多数曾经受过言语结构理论的熏陶和方法历练者们的经验，他们首先是为大量文本阅读分析的新功效所吸引、折服，然后才慢慢对这套理论和方法产生了关注和研究的兴趣。那么，对眼前这篇试验性的文章，可否采用“跳读”这种过渡性方法呢？即凡碰到令人头痛的理论文字，暂且让它们靠边，跳过去，先看清，理解透有关文本的分析结论再说，再视自己的兴趣和精力，慢慢啃那些暂行靠边的理论硬骨头。试试吧！

原文

（标点系笔者妄拟）

先生不知何许人也，亦不详其姓字；宅边有五柳树，因以为号焉。闲静少言，不慕荣利。好读书，不求甚解；每有会意，便欣然忘食。性嗜酒，家贫不能常得；亲旧知其如此，或置酒而招之——造饮辄尽，期在必醉；既醉而退，曾不吝情去留。环堵萧然，不蔽风日；短褐穿结，箪瓢屡空：晏如也。常著文章自娱，颇示己志。忘怀得失，以此自终。

赞曰：黔娄之妻有言：“不戚戚于贫贱，不汲汲于富贵。”极其言，兹若人之俦乎？衔觞赋诗，以乐其志：无怀氏之民欤？葛天氏之民欤？

正文

使用言语结构学的理论和方法，要准确解读文本，或说“走进”文本世界；要切实描写文本，或说“走出”文本世界，首先必须从结构入手，循着文本的自在理路，按“从大到小”的切分程序，逐级细化地进行切分，然后确认每次切分下来的部件之间的相互关系并加标注，再分别将它们归属到相应的结构类型中去。

寻找切口进行切分也好，对切分下来的部件之间确认和标志关系性质也好，将处在某种关系状态的聚合体划归到相应的结构类型也好，都必须遵从“以大制小”的判别和裁决原则。有时会碰到犹豫难决的情况，就要靠反复进行或上下，或大小，或说宏观、中观、微观各个层级之间的相互观照或对勘，以求确定。但在最后仍然必须回归到“以大制小”的原则来描写上下级次的关系或继续作逐级细化的切分。

文本的最高的宏观一级之上，还潜在着一个超出文面，却实在参与了心灵沟通和言语交际活动的与文本存在着内在的有机关系的因素，言语结构学称之为“潜交际因子”。主要包括如下内容。一、交际角色（指对交际双方的角色定位。人们容易偏指其中一方，而忽略另一方。如只有作者介绍，而缺少对读者群体的分析；而有时又仅注意交际对象，而易于忽略交际主体的状况）。二、交际意图（通常所说的“文心”“题旨”“立意”，不完全等同于交际意图，但肯定蕴藏着交际意图）。三、交际背景（不一定就是通常说的“时代背景”）。四、交际场合（与“交际背景”非同一概念）。五、交际预效（是指先期的预估，会影响交际行为，与事后的交际效果无关）。六、交际手段（以所选用的言语体式为中心，延及修辞、口气、风格等）。

由于一般作者都不会把这些内容放到文面上大鸣大放，而要保持相当程度的模糊性、隐蔽性或说距离感，方能使言语交际富有魅力和味道，过于直白透明的赤裸裸的交谈或交际，味同嚼蜡，效果不一定好。所谓“水至清则无鱼，人至察则无徒”（汉·东方朔《答客难》，见《文选》629 页），言语交际恐也须讲究这个原则。它们既然往往在文面上不留痕迹，故需读者或研究者通过多种途径去考察、感悟并加以朗化。故对研究者和语文教学来说，充分发露和朗化这些潜交际因子却又是高质量研究和高效率读写教学的重要条件和标志。这也是结构关系考察的课题，言语结构理论把这项发露和朗化的任务统归到文本外环结构范畴的梳理、揭示或说描写。

现在我们就遵循“从大到小”的操作程序，从文本外环超宏观的结构开始对《五柳先生传》进行逐级细化的言语结构梳理。

文本外环超宏观结构——潜交际因子朗化

文本外环超宏观结构中的六个项目该是一个纯质结构，成“分项选要”的系列，相互之间借重要性递退律排序。

为了行文方便，减少不必要的重复，笔者想把交际角色、交际意图、交际背景、交际场合、交际预效五项结合在一起谈，然后再专谈交际手段，主要是辨别本文的言语体式。

《古文观止》对该文的篇末提示曰:“渊明以彭泽令辞归;后刘裕移晋祚:耻不复仕，号五柳先生。此传乃自述其生平之行也。潇洒淡逸，一篇神行之文。”吴氏叔侄俩寥寥数言就把作者写此文时的心境、用意以及交际背景，乃至文章风格都讲清楚了。特别是从中看出了作者的仇世情结和倨傲态度，可谓一针见血，入木三分。以下拟就交际背景及作者的仇世情结作些补充，着重对写作年龄作些思辨，再就其交际意图作些阐发。

陶渊明在其 63 年的生命历程中，经历了桓玄、刘裕两次篡位，社会战乱频仍，民不聊生。他自己也曾五次从政，官都不大，每次时间也多不长。就因为深谙官场黑暗腐败，常为“不堪吏治”而擅自解归。最后一次是 41 岁出任彭泽县令，仅做了 81 天，就因为不肯屈身奉迎上司，而曰 :“吾岂能为五斗米折腰向乡里小人！”遂借口奔妹丧，毅然决然辞官隐退。“归去来兮！”简直是久郁心头的呐喊！“舟摇摇以轻飏，风飘飘而吹衣。”像小鸟刚出笼，多自由惬意！“乃瞻衡宇，载欣载奔。”还童了，想飞吧？“倚南窗以寄傲，审容膝之易安。”窗外天地虽大但一看就来气，容膝陋室虽小却一见就气消。“园日涉以成趣，门虽设而常关。”一缕阳光进来从日出移到日落，全天候陪伴，够有兴味的；把门关紧，不再需要任何人进来扰乱我宁静的庭院！（以上引句全出自《归去来兮辞》，下句引自陶诗《清晨闻叩门》）“纡辔诚可学，违己讵非迷！”多坚定！人说陶渊明几乎所有诗文的字里行间都弥漫着酒气，不假；吟咏上引诗文，我要说还缠绕着不解的仇世情结！而且也跟酒气混在一起！关于他的仇世情结从何而来，另有一说;“自以曾祖晋世宰辅，耻复屈身后代，自宋高祖王业渐隆，不复肯仕。”这是萧统《陶渊明传》中说的话。萧统晚陶渊明仅一百多年，可能颇有见地。陶渊明的曾祖父陶侃也确曾为晋大司马。但是全归家族情结，似嫌狭隘了些，且陶氏诗文中也难见此宣泄痕迹，恐不足全信。有此家族情结也实属难免。就算萧氏所看重的家族情结与我们所予突出的社会情结杂交吧，理还乱，大家都别太偏执就好。

关于《五柳先生传》写于何时，有两种说法大相径庭，一说 28 岁，一说 56 岁，正好一倍！28 岁属青年，血气方刚，倒也可信；56 岁已届晚年，“感吾生之行休”了，都说“剑老无芒，人老无刚”，怎么还能写出如此锋芒毕露的檄文？似也说得有理。但读作者 42 岁写的《归园田居》五首，53 岁写的《饮酒》组诗 20 首，特别是 63 岁临终前几个月写的《自祭文》，不仅意蕴、情态均与《五柳先生传》很相近似，甚至有些词语都用得无异。而且《传》中所述的穷极潦倒的境况似乎也多出现在 30 岁前妻病故，续弦给添了五个儿子，负担日重的境况之下。44 岁上更遭火灾，房屋烧光，移居后又连遭蝗灾水灾，才有“环堵萧然，不蔽风日；短褐穿结，箪瓢屡空”之类实际体验。不是吗？41 岁归隐之时，还能远远就见到“衡宇”，该是台门吧？有“稚子侯门”呢，门里还有内室吧？“携幼入室”嘛，应该是楼房吧？否则怎么能“倚南窗以寄傲”呢？台门进去还有“三径就荒，松菊犹存”，可供“策扶老以流憩，时矫首而遐观”，并能看到“云无心以出岫，鸟倦飞而知还”的景观，还有孤松可抚，院门能关，看样子，该是不小的院子哩！不仅有房屋、院子，还有“僮仆欢迎”，可见用有“僮仆”。再说，41 岁前还有过五次仕途经历，28 岁恐怕是“初出茅庐”，涉世不深，哪来如此强烈的仇世情结？更怎能写出鞑伐社会如此鞭辟入里、思路结构如此严密精致、言词文句如此简洁老到、表现技巧如此曲折多姿，还能将不屈傲骨巧妙地装进自我调侃的诙谐之中的雄奇文章？这样雄奇的文章，会出于 28 岁小青年之手？显然一看就可断定，非诗文巨擘不可！

那么，人才济济的堂堂北京大学中国文学史教研室的集体论断，怎么就会误判给 28 岁的小青年的呢？据说他们根据的是文学史老权威王瑶前辈的推断，而王瑶的根据则更是仅晚陶渊明一百多年的赫赫有名的编《文选》的昭明太子萧统的《陶渊明传》！这就奇了！但我还是不信，这就逼得我非要去找出王瑶乃至萧统的原文核对一下不可了。稍一查对就不难发现，纯属讹传！原来萧统的《陶渊明传》写得很有章法，“首、身、尾”三部格带饰结构组篇套路，以行状事略为主体身部，配以出身、总评、自况为首部，以从家属、家族揭示其“不复出仕”而终卒的情结根源，得“靖节先生”世号为尾部。其实，萧统的《传》的写法，包括观点和基本结构均滥觞于早于他二三十年，即与陶渊明的生活年代更只有数十年的沈约的《宋史·陶潜传》。沈《传》也是在首部的最后全文引用《五柳先生传》作为传主的自况。“少有高趣……尝著《五柳先生传》以自况。时人谓之实录。”这些词句都是萧统的《陶渊明传》一字不改地从沈约的《宋史·陶潜传》中抄袭的。“时人”当指一百年前的与陶渊明同时的人。“实录”之说，作为“时人”的大体印象，主要指为人品格、脾性，而不是指史学家所关注的阅历、行状、事略等史料，原是不错的。陶渊明写《五柳先生传》的本意也就是展示自己的为人品格和癖性，而不是自己的生平事略。故借用说介体式的外壳，而未用叙事体式。如此看五柳先生，说是陶渊明其人的“实录”，甚至是“复制”“拷贝”，都未尝不可。置于传记的首部，作为表饰篇素，就像在史传的封面或扉页上贴张照片，露一露脸，非常得体。而把它当作平生事略的第一件，而且定为28岁时所为，就极不恰当了！关键在于没有把它与其后传记身部的行状系列剥离开来。在线性语流中，此文（不是此事！）恰与作为行状事略之第一桩的出任江州祭酒而“少日自解归”节相邻，并处前。遂被王瑶先生“按史传通例，所叙事迹都是以时间前后为序的，因知《五柳先生传》之作在渊明为江州祭酒以前。渊明为江州祭酒在晋孝武帝太元十八年，今暂系此文于晋太元十七年（392），本年渊明二十八岁”。荒谬的推断就是这样出来的。然后以讹传讹，北大专家云集的教研室集体也难幸免矣。“事不目见耳闻而臆断其有无，可乎？！”（苏轼《石钟山记》成句）今仿苏叹曰：文未经言语结构分析而轻信其是非，可乎？！

所谓“交际意图”，当然滋生于对交际双方的角色定位，包括言语发放者，即文本的作者，和言语接收者，即文本的读者两方面的基本情况。否则，即成无的放矢，对牛弹琴。就本文来说，若承认文章确带有明显的自我调侃、自我欣赏、自我张扬的味道，那么其交际对象也就是自己。在这篇文章中既然只有“自我”二字，那就是“自说自话”，自我满足，这也就是本文交际双方的角色定位和其独特的交际场合。当然还可以包括能看懂这篇文章的全部奥妙的世俗社会的任何人，此时，这篇文章就成了桀骜不驯的与社会决不妥协的宣言书。这也是本文潜在的交际场合。至于交际预效，这应该是交际行为发出时，预设或预见到的效果，它也能影响交际行为。就本文来说，作者当然是意识到了一切潜在的对象、场合和预效的，只是在所不顾而已。可以说，现实地向自己，也潜在着向社会“述怀明志”，就是陶渊明写这篇文章的交际意图。本文所能让读者感受到的也正是对寄托于赋予五柳先生“野号”的主人公的作者自己的与现实社会、特别是官场风气格格不入，绝不肯与之同流合污的决心和意志。这种决心和意志，我们称之为“仇世情结”，它蕴藏在作者对自己一些独特癖性的貌似自我调侃，实则出于对自我欣赏、自我张扬的心理需求的自我满足而潜藏的傲世气骨。简言之，本文就是对基于仇世情结的傲世气骨的巧妙宣泄。这也就是对“述怀明志”交际意图的更深层面的意识基础的发露。

除了交际角色、交际意图、交际背景、交际场合、交际预效，在诸潜交际因子中，对交际手段，特别是其中的言语体式须予特别的关注。交际手段首先是指作者对言语体式的选择；就读者来说，则是对作者所选用的言语体式的认知和判别。因为，言语体式是直接受交际意图支配的，它上使交际意图的实现成为现实，下还关涉到文本内环结构分析的方方面面。言语体式之外，当然还包括与言语体式密切相关的修辞、口气、风格等成分。

关于本文的言语体式，许多学者把本文说成史传体文章，上海辞书出版社编辑出版的《古文鉴赏辞典》，在现当代显然具有代表性和权威性。“这是一篇用史传体写的自传性散文，五柳先生实则即作者陶渊明自己。史传是由史官撰写的，实录行状，见美见刺，褒善贬恶，作出评论，留芳遗臭，千古永垂。而作者俨然以史官立场、春秋笔法来为自己立传。”（著名学者倪其心语，见该书上册，1997 年 7 月第一版）

这是上了取题的当。考察全文题材，毫无史传体文章必备的以时空为线索，动态地逐步展开的行状或事略，故绝非叙事体式。至于取题用“传”，文末还有仿《史记》的“太史公曰”和《汉书》的“赞曰”，俨然如官史给立传，这是特意在给一个连姓名都没有的草根类小人物抬高身价，是作者陶渊明出于其鲜明、强烈的仇世情结的一种调侃，或说是在跟他所仇恨的世道开个大玩笑。鲁迅笔下的“阿 Q”绰号，略同于陶渊明笔下的“五柳先生”的起号，取题“正传”则比一般的“史传”力度更大。陶渊明的托名、起号、取题，充满了亦庄亦谐的奥妙。

其实，这类“文题”与“文体”不相符合的情况，在古代散文中并不少见。左传《曹刿论战》，“文题”中有“论”字，似乎是一篇论述战事的论说文。其实不然，这是一篇地地道道的叙事文，它叙述了一桩有始有终的战争故事，描绘了一个栩栩如生的人物形象——曹刿，展现了他的一些重要的战略、战术思想。这篇文章以曹刿的言行贯穿始终。从战前以请见、答“可”解决战略思想的准备，到临场指挥若定及战罢对其指挥艺术的科学根据的揭晓，“滋”“发”“顶”“归”四步叙事模式完备，无疑是一篇叙事文。又如唐代柳宗元的散文《种树郭橐驼传》，题目中虽然有“传”字，但并不是一篇记录郭橐驼言行的人物传记，而是一篇以郭橐驼种树的经验为话头，实际上是要说为官治民道理的议论文。它论述了为官治民不能“好烦其令”的道理，指责中唐吏治中的扰民、伤民弊端，反映出作者改革弊政的愿望。当然属说理性的杂议体散文。再如宋代苏轼的《石钟山记》，从“文题”看，似乎是游历石钟山的“游记”，属记叙文；其实亦不然。这篇文章重点在于辨明石钟山为什么以“石钟”命名，主要是针对唐·李渤《辨石钟山记》一文而写的。作者既不满意郦道元之“简”，因为郦道元只说命名之由是“水石相搏，声如洪钟”，又驳斥了李渤之“陋”，因为李渤竟用潭上双石之声以求命名原因。作者经过实地调查后，才对这个疑案提出了自己的观点。在郦道元“水石相搏”简说的基础上作了详细的实证性的说明。并在最后进一步提出了凡事须亲历考证、切不可妄行臆断的道理。这类文章中，对景物的描写，不管其所占篇幅有多大，也不管它写得如何曲折离奇、引人入胜，相对于其后面哪怕只有三言两语，却能给人以启发和教益的短小精悍的议论，则只不过是抓手而已，就作者的交际意图和与交际意图密切相关的对文章体裁或言语体式的选择以及交际预效来说，主要都已经不在让读者分享其所记描的山形水声，奇境异趣，而更在于让读者领略到调查研究的重要这么个道理。显然这已属于议论文中即事评论的范畴。其中还含有局部说介和驳论的成分，就其地位和作用来说，均非记描所能比拟。

由此可见，要判别一篇文章的体裁或言语体式，主要是根据作者的交际意图以及由交际意图支配的用以措置所涉题材的结构框架。尤其是在出现“题”与“体”

不一致的情况下，更须警惕光被题目牵着鼻子走。对陶渊明的《五柳先生传》的体裁或体式，就有认真推究重新认识的必要。

写传记，无非有两种交际意图。一种是把传主的为人和事迹推而广之，发扬光大；一种是为后人树榜样，使传主流芳百世，即要使传主在空间上有所超越，或在时间上有所延续。本文作者的这些意图看来都不存在，不仅没有什么发扬光大或延续后代的交际意图，连以身外世俗或身后儿孙为交际对象的显意识恐怕都不存在。上文已说，它完全是自我的，一言以蔽之，本文就是对基于仇世情结的傲世气骨的巧妙宣泄。这也就是对向自己“述怀明志”这一交际意图的更深层面的意识基础的发露。

传记体文章还必须在题材上得到相当分量的人事记叙的支持。我们说这篇文章不是传记，首先是因为它不具备人物、时间、地点、事件、事情的缘由、发展过程及其归宿等传记体文章的基本要素，也不存在什么行状的实录，更未见什么史官的褒贬美刺。故我们绝不认同于把这篇文章的体式判定为什么“史传体”。

本文本体部分对主人公的特性是按严格的分面展开的原则和程序进行介绍的（详见下文分析），其结构俨然是说介体式。但是，待下文细细分析之后，将会发现这也是假象。它只不过是借了说介体的结构框架，或说是借壳于说介体，若深究支配言语体式的交际意图，再考察其躯壳里装的实际内容和行文风格，它完全不是在客观、平板地介绍主人公的一些最基本的方面，而是主观意识极强地在挑选若干于张扬癖性最有力的材料，不仅不是平板地介绍，反而是用最富情绪化色彩的貌似自我调侃而实为自我张扬的笔触在表现或说显示主人公，实为自己，因而失去了客观性说介体式的最根本的特点，实质上是一篇功能如锋芒赫赫寒光闪闪的匕首的小品文。只不过作者巧妙地在取题上戴上“史传体”的高帽子，又在文末穿上仿史传体文章的文末常见的“赞曰”这双“鞋子”而已。在决定文章体制的本体部分又借用说介体的结构外壳。因而在判别本文的以言语体式为中心的交际手段时，显得有些扑朔迷离，易让读者犯难。就像面对“四不像”，难以断定它究竟属于哪一类。而这种具有多姿体貌特色的文章，往往正是杂议体小品文或艺术性散文的体式标志。如朱自清的《春》，貌似记描，而实为说介。其《荷塘月色》，貌似描写或以叙程为宏观框架的游记，而实为抒情。前举几篇古代散文，也情况类似。

这就要求我们不要停留在通常的以文本内容或说其基本题材在文本里的思路编排为根据的对作品文面结构的梳理，并据此轻易裁断其言语体式，而必须时时处处致力于洞察其深层意识的动向，或者说要在地面与地下两条思路交叉的结构上（或说“单线与立体的神妙架构”上）去捉摸、参悟、探求其言语体式。本文在骨子里要达到傲然于世俗的自我张扬的目的，在取题上也用“传”并在文章殿末处俨然出现正史的官“赞”；而偏偏在为自己所寄托的人物起号时似很低调随便，信手拈来，贱如草根，本体部分的结构也借壳于客观平板的说介，言辞风格上更多有自我贬抑自我调侃的成分，那么对这种用了亦庄亦谐似乎相互矛盾的诸多花俏手段来伪饰的文章，该如何识断其言语体式呢？首先当然不能光看其貌似“史传”的“帽子”“鞋子”之类纯外饰的标志，其次也不能仅根据其貌似说介的结构外壳，而要摸准其自我张扬的深层意识，并在这深层意识统领下，综合考虑其包括取题帽子、文末鞋子、起号倾向、结构外壳以及行文言辞风格等方方面面的和谐统一。这就是言语结构学对言语体式的判别原则。

正据此原则，也综合以上所作的充分辨析，我们把这篇文章的言语体式定性为杂议性小品文。也就是说，这是一篇属于杂议体类用以对自我，也潜在着向社会述怀明志，旨在显露和炫耀自己的傲骨，表露和宣泄自己的仇世情绪的小品文。这种小品文的最大特点在于，文面与其深层意识之间距离相当大，文面似乎很简单，而深层内涵却极其深邃、丰富、复杂，表达上匠心独运，手段多多，处处设卡误导，呈现出曲折迷离的风格，若用通常的阅读思维习惯，较难达到全面、细致、深刻、透彻理解和对之作准确描写的彼岸。都说美国的修辞结构理论能自动组装生成“语篇”，也能自动切分，准确描写“语篇”的表层和深层的结构，可否拿陶渊明的这篇短小精悍的《五柳先生传》让用修辞结构理论武装起来的计算机试试，验证一下人脑与电脑的能耐？

文本内环言语结构的逐级详尽描写

文本内环的各层级结构中普遍存在着，也仅仅存在着两种结构类型，一种是“纯质结构”，另一种是“带饰结构”。前者指结构内部各部件都是能直接决定结构体性质的实质性信息，称为“内质成分”。够上篇章一级的，叫“内质篇素”，属流段级的，叫“内质段素”。纯质结构内部各部件之间存在必然性的逻辑关系，它们在一起构成有规定序列的系统，数量不定，与概括力成反比；后者指结构内部只有一个（偶尔有两个）关键部件是能直接决定结构体性质的实质性信息，其余都是为这一内质成分服务，或靠随机联想被这一内质成分带入的对整个结构体不起决定性质的作用，而仅起如开道、收结、延伸、润滑、强化、弱化等辅助作用的冗余信息，它们与内质成分之间和相互之间都不存在任何必然性的逻辑关系，数量也有限，多则三四个，还可以简化。带饰结构多用作篇、章、段的组配套路。

对篇章、流段逐级细解，一般来说，可以一直细解到不能再继续细解了的小句。小句就是篇章级结构分析的细限成分，称为“单篇素”。其上能作再细解的各级成分，都叫“复篇素”。“篇素”作为篇章中细解下来的成分，须具备“通天”和“上架”两个条件。前者指能在文意上与文本的题旨、文心存在纵向的联系；后者指能在结构上进入文本的内环结构中的某一结构环节的结构框架，亦即找得到自己的结构地位。而小句以下的细解，则已属于语言学的范畴，即语法结构分析的任务。其细限成分叫“单句素”，即通常说的“句成分”，一般由词语充当。“复句素”一般由词组或叫短语充当。结构精微的短小文本的篇素有时可进入小句内部。故“细限”之“限”是相对的，偶尔会有伸缩。

下面，我们再用言语结构的分析方法来解读和描写这篇小品文内部的，亦即文本内环的思路结构。这个结构呈单线与立体交叉架构的性质。单线指文面的线性语流，立体指透过文面挖掘出来的深层意识。线性的结构只存在位置前后和流向进退的问题，而立体的结构则要讲究级次观念和对其所含的质、量、系、序、法五个立体构面的准确描写或揭示，其中“法”的首要内涵是指言语体式。面对篇章级，或流段级（流段，语言学家惯称句群。称呼反映观念，即他们从小句开始，逐步集结为大小不等的群；我们则从全程语流有机体开始，逐步分解或说裂变成长短不等的段。流段在现代文本中多与自然段相当），或大小长短不等的层次级的文本材料乃至可能作为细限篇素的小句，必要时还可延伸到超微观结构的小句内部的词语，乃至字构、音素，并可旁及韵律、标点、行款等，总之，能涉及文本内的一切看得见、想得到的外在的（指信号）、表层的（指语义、语法）和深层的（指内涵意识和结构匠心等），我们用的是“分级连续层次分析法”。（因为语言结构是完全抽象的代码，一用上具体的例子，就具有了言语的性质，就分析方法而论，在文本内环，应该说大都是相通的，可以一贯到底的，故有“言语·语言通构”的提法。须重新强调的是，不管途径多长，情况多复杂，“从大到小”的操作程序，“以大制小”的判别原则是一以贯之的，切不可忘！必须先从找准最大最高一级的切口以及揭示或说描写其切分下来的各个局部解体之间的关系开始，然后逐级细化。而绝不能反其道而行之）。

这篇文章共分为本、末两大部分。一般现代选本均在“赞曰”之前落段，大家所见略同，这也就是全文内环最宏观、最大一级的切分。

前面一段是本体，用以貌似客观地介绍主人公五柳先生的鲜明特点，或说其特质、特性，也就是其“癖性”。是分面展开的对静态质性的特征的介绍，故其言语体式属说介。本文的本质使命就是把主人公呈现在读者面前，故这一介绍部分属于能体现和决定该文本基本价值的内质篇素；后面一段是对本体内容的殿末归结或作价值评论，用以强化或深化对主人公上述癖性的认知或表露文本作者对主人公上述癖性所取的主观情态，由于已经不是在客观地增加或扩大对主人公特性的具体展示，与本体部分不存在必然性的逻辑关系，就文本的本质使命是介绍和展示主人公的具体特性来说，只能算作由随机联想带来的冗余信息，故属于表饰篇素。全文宏观一级切分的结果是一个带饰结构，即由一个内质篇素捎带一个殿后的表饰篇素组成的结构。这是“总一分一综”或“首一身一尾”三部格组织篇、章（包括流段、层次）套路的常见变式。这里是“斩首”变式。大凡三部格篇章套路及其或“斩头”，或“去尾”的两部格变式，多为静态性的记描或说介两类言语体式所乐用的结构格式。

对第一段本体部分作二级切分，又可得到由“首”“身”两部组成的带饰结构。这里是“去尾”变式。

首部就是当头第一句：“先生不知何许人也，亦不详其姓字（一作“姓氏”）；宅边有五柳树，因以为号焉。”已经是一个无须再切分的单篇素。这是对其后的主体身部仅具辅配作用的表饰篇素。犹如人物出场先要报一下家门姓名，尚未涉及对人物内在癖性的介绍。故相对于其后的主体身部，属于冗余性的信息。但就在交代取“五柳”为号这一冗余细节中，即已透露出浓浓的自我调侃和谦卑低调的韵味，可谓“冗”而非“余”。对本句中“何许人”的训释，向有“何处人”和“何等样人”的分歧，我们据其后的身部的旨意并不是在考证传主的祖籍，而是专注于其品行癖好的展示，故弃前说而取后说。

从“闲静少言，不慕荣利”开始直至“忘怀得失，以此自终”，全属身部。相对于属表饰篇素的首部，这身部则属内质篇素，是全文本体部分中的主体部分，可谓重中之重，是全文核心价值之所在。主人公五柳先生的张扬癖性，或说作者陶渊明的述怀明志，就靠在这属内质篇素的核心部分一步步充分展开的。这是一个因其内容丰富复杂而有待继续切分的复篇素。

对这核心身部的三级切分，又可得到由“总一分一综”三部格完整套路组成的带饰结构。这三个部分，就内涵看，是相互一致或说是等同的；只是就外延看，由于角度不同，存在粗细度的差异。“分”由“总”来，“综”由“分”来。其核心内容全在“分”部。故相对于处在“身”段的前“总”和后“综”，都可以说是可有可无的冗余信息或表饰成分。作为重中之重的全文的主体部分，到处无不流露出鲜明的自我调侃和强烈的自我张扬的心态。

“闲静少言，不慕荣利。”这两句是总提五柳先生的两个并列的特征，都属内质成分，合成为与前面出现过的带饰结构完全不同的结构类型，叫纯质结构。如果说带饰结构是谋篇组段的文思套路，其内部各个部分之间基本上不存在必然的逻辑关系，那么，内质结构内部各个部分之间就完全是严密的、带必然性的逻辑关系，它们的总和应该力求达到逻辑的周延性。对纯质结构内部，还得考察并揭示其系统性或说是系列性和排列的次序，可简称为“系”“序”。“闲静少言”，说他安闲沉静，不好言谈，总括的是他的“天性”。“不慕荣利”，说他不羡慕荣华利禄，总括的是他的“德养”。天性和德养正可反映为人处世态度的两个涵盖度非常高的方面。天性是遵循客观自然的天理本性，德养是修炼主观人为的道德品格。既有客观方面，又有主观方面，即可分面合成带周延性的为人处世的全面素质。其内部是一个分面对举的系列，呈客观居前、主观随后的重要性递退序列。

后面综合部分，正与前面总括部分相对应，也是从“天性”和“德养”两方面着眼的。“常著文章自娱，颇示己志”，显示的是五柳先生的“天性”；“忘怀得失，以此自终”，显示了五柳先生毕生守望的“德养”。而“常著文章自娱，颇示己志”恰与“闲静少言”相通;“忘怀得失,以此自终”又恰与“不慕荣利”相通。首、尾两部分的内部系、序完全一致。所谓“首尾呼应”，这是典型的例子。

从“好读书，不求甚解”至“箪瓢屡空，晏如也”，这是文章在各个级次上都“斩头”“去尾”之后剩下来的最最核心的内质篇素。且看在这一部分中，作者是如何一步步展开对五柳先生的独特个性或称癖性的生动介绍的。

对这一部分作第四级次的剖分，先可得到两相对待的内质成分：先述其精神方面的刻意追求——简直是肆无忌惮的“任性”。“任性”者，即任凭天性、癖性自由张扬也。这是指从“好读书，不求甚解”到“曾不吝情去留”。后述其物质方面的安于清贫——简直是近乎苛刻严酷的坚守，还要抱着“晏如”的心境。真可谓“安贫乐道”。这当然是指“德养”方面的。系、序也与首、尾完全一致。

再分别对上述精神上的绝对自由和物质上的苛严坚守同作第五级次切分，前者可得“好学”和“嗜酒”两个并列的内质成分，都旨在揭示其“天性”。“好学”还兼含侧重“德养”方面，而“嗜酒”则更侧重“任性”方面的意蕴。后者可得居住条件和吃穿水平两个并列的内质成分，都旨在揭示其“德养”。而居住条件“环堵萧然，不蔽风日”还兼含侧重崇尚自然天性方面，而介绍穿吃水平的“短褐穿结，箪瓢屡空”则更侧重“德养”方面的意蕴。居住条件属于大一些的生活环境，用两句共八个字表述；穿、吃水平属于较小一些的生活质量，各用一句共四个字表述。前后大小平衡、得体。其间都取分项举要系列、大小度递退序列兼从外到内序列。堪称结构缜密、精致，秩序井然。

若分别对表述“任性”和表述“崇德”两方面的语句再作第六、第七级次的连续切分，则可以欣赏到作者各均用两级递补结构的对应表述以取得充分、准确、具体、生动的言语修辞效果。第一级的补充是分别用“不求甚解”和“家贫不能常得”对各自的主句“好读书”和“性嗜酒”作消极性的限制补充，近乎加“但书”转折。所不同的是转折的重心一般落在后一分句，而消极性的限制补充，其中心主句仍在前一分句；只是其语流的流向是往后面前进的。因此第二级的递补也就是对前面的补充分句再作补充了。同样都是近乎带转折意味的“但书”，同样是重心主句居前，递补上去的副句犹如在连续语流的尾巴缀上一朵无比灿烂的浪花！就作者来说，这是一朵怒放的心花，就读者来说，这是最吸引眼球的火花！就靠了这两个递补上去的生花的神来之笔，展现了五柳先生“好读书”和“性嗜酒”两大癖性的活灵活现栩栩如生的形象，也毫无阻拦地宣泄了作者对极端任性的刻意追求！而又没忘掉随时作低调的甚至略带自我丑化的自我调侃。

对这两个并列句群的准确语译要特别注意能传达出其内部两级递补结构和语流流向的微妙关系。试译如下：

"五柳先生的第一大癖性是酷爱读书，只是不大肯下功夫索求深透的理解，往往是囫囵吞枣或浅尝辄止；不过每当有了深刻的感悟，便会开心得废寝忘食！他的第二大癖性是嗜酒，只是由于家境贫穷，往往不能得到充分的满足；不过，亲朋好友知道他如此难堪，有时会备酒让他去喝。只要他到场开饮，就不管你准备了多少，他都会把它喝光，一醉方休。喝醉之后，他就会立即自动拂袖退场，一点也不考虑谢别或款留之类世情、俗礼。"

五柳先生的崇尚德养而"好读书"和任由天性而"嗜酒"，以及安贫乐道而毫不在乎物质生活十分潦倒的品格，确都是对陶渊明自身形象的真实写照。从有关史料的记载和陶渊明自己的许多写实的诗文作品中，可以找到很多陶渊明笔下的五柳先生形象直接来源于作者的生活素材的佐证。

陶渊明笔下的五柳先生是"好读书，不求甚解；每有会意，便欣然忘食"。且看他晚年写给其五个没出息的儿子的信中也有极其相近的自述："少学琴书，偶爱闲静，开卷有得，便欣然忘食。"（《与子俨等疏》）可见陶渊明是每一开卷就自会有得的，因而经常会欣喜若狂致废寝忘食。而写五柳先生，要经过两级递补，先补个宽泛的自贬"不求甚解"，再补个类似特称的"每有会意"，方才姗姗来迟地、似有些勉强地亮出实际上是经常出现的"便欣然忘食"的情况。为什么会出现这种口气上的差别？显然，跟儿子说话，完全率真；而写五柳先生，加进了自谦、自我调侃的用意，"不求甚解"的宜褒宜贬当可判若云泥了！

嗜酒，作为五柳先生的最大癖性，作者刻画得非常细致、生动、充分，甚至会被认为有些夸张。其实，所有这些淋漓尽致的描写细节，全都来自作者的生活实际以至生活原型，故有"时人谓之实录"之说（沈约《宋书·陶潜传》先有此说，随后萧统《陶渊明传》亦承之）。作为脾性、癖好，确为"实录"。嗜酒也确实是陶渊明一生的癖好。在他的诗文中可以说浓浓的酒气简直无处不在。陶渊明的嗜酒，好写酒，善于重彩浓墨地张扬豪饮过程，实有其深刻的思想根源，就是指其在当时具有历史进步意义和深厚的人民性的强烈的反社会情结。萧统在其《陶渊明集·序》中说过"有疑陶渊明诗篇篇有酒，吾观其意不在酒，亦寄酒为迹者也"。窃以为此"迹"即心迹、情结是也。又说"其文章不群，……莫之与京。……语时事则指而可想，论怀抱则旷而且真。……自非大贤笃志，与道污隆，孰能如此乎？……卒无讽谏，何足摇其笔端？"可见其怀其志其道其笔，无不与社会时事息息相通。萧氏还"尝谓有能观渊明之文者……贪夫可以廉，懦夫可以立，岂止仁义可蹈，抑乃爵禄可辞，不必傍游太华，远求柱史；此亦有助于风教也"。这就更揭示出其匡正时弊和社会教化的功能了。若未见贪官污吏满视野，诈骗陷阱遍大地，官本位思想甚嚣尘上，不仁不义之徒横行霸道，旅游升天之享已潭思入梦，社会强势、弱势群体的对立已泾渭分明，陶渊明绝不可能凭空滋生这么多愤世嫉俗的情绪和救治教化的愿望。萧统真是陶渊明的知音也。

酒，不仅散见于陶渊明的众多诗文的字里行间，他还特地专题写了20首《饮酒》诗，我们姑且假设全部饮酒诗有一个共同的主题，又有一个有机、完整、有序的结构，就好像一首长诗，那么不妨把其中最具代表性的第九首看作是组诗的“诗眼”。这首诗是作者53岁时写的。不妨全诗引录：“清晨闻叩门，倒裳往自开。问子为谁欤？田父有好怀。壶浆远见候，疑我与时乖。褴褛茅檐下，未足为高栖。一世皆尚同，愿君汩其泥。深感父老言，禀气寡所谐。纡辔诚可学，违己讵非迷！且共欢此饮，吾驾不可回。”从中不难感应到其反社会情结的强烈和坚定：“疑我与时乖”“禀气寡所谐”“一世皆尚同，愿君汩其泥”（《楚辞·渔父》有“世人皆浊，何不淈（gǔ，搅浊）其泥而扬其波？”之句），“纡辔诚可学，违己讵非迷！”“吾驾不可回！”若无对社会的刻骨仇恨，断然写不出这样些词句。也可看到其视酒如命的脾性：“倒裳往自开”“壶浆远见候”（当把语序转换成“远见壶浆候”来读解，“壶浆”在这里是敲门砖。陶渊明归隐后，其院子是“门虽设而常关”《归去来兮辞》），“且共欢此饮”（虽对田父的善意却违愿的游说严词拒绝，但对其所送壶浆却照收不误，且肯“共欢此饮”）。若无对壶浆的铭心的爱恋，亦断然写不出这样些词句。

作者写五柳先生造饮亲旧置酒，“期在必醉；既醉而退，曾不吝情去留”的情节，与《宋书·陶潜传》所载陶渊明的诸多畅饮醉酒情节，如出一辙。且看：“尝九月九日无酒，出宅边菊丛中坐久，值弘（指江州刺史王弘）送酒至，即便就酌，醉而后归。潜不解音声，而畜素琴一张，无弦，每有酒适，辄抚弄以寄其意。贵贱造之者，有酒辄设。潜若先醉，便语客：‘我醉欲眠，卿可去。’其真率如此。”五柳先生的脾性与陶渊明自己在酒场上得意忘形和忘乎所以的实际形态何其相似乃尔！

作者写五柳先生“性嗜酒，家贫不能常得”。陶渊明归隐后因生活贫穷，未能满足他饮酒的嗜好，对此感到很遗憾。他在63岁去世那年，写过《拟挽歌辞三首》，其中第一首也有类似的表述：“但恨在世时，饮酒不得足。”

至于安贫乐道的精神，陶渊明写五柳先生是“环堵萧然，不蔽风日；短褐穿结，箪瓢屡空：晏如也”。这一层次意谓五柳先生家徒四壁，住房简陋，冬不能挡风，夏不能遮阳。寒冬腊月还穿盛夏穿的粗布短袄，而且已经百孔千疮千补万衲。同时还饮食短缺，经常断炊挨饿。而他却能安然自得。表现了五柳先生对非常恶劣的物质生活条件毫不在乎甚至安然自得的高尚品格。关于陶渊明自己的生活境况，陶渊明归隐后不仅生活贫穷，而且境遇也不好。他30岁时，前妻病故，31岁时续弦，之后有了5个儿子。在归隐之初，家里还有一些房屋，还有童仆帮助他一起农耕，可是在他44岁时家里发生了火灾，一烧而空。移居后又屡遭蝗灾、水灾等自然灾害。他的五个儿子都不争气。他在《责子》诗中这样写道：“白发被两鬓，肌肤不复实。虽有五男儿，总不好纸笔。阿舒已二八，懒惰故无匹。阿宜行志学，而不爱文术。雍端年十三，不识六与七。通子垂九龄，但觅梨与栗。天运苟如此，且进杯中物。”《宋书·陶潜传》说他“躬耕自资，遂抱羸疾”，萧统《陶渊明传》还记述了“江州刺史檀道济往候之，偃卧瘠馁有日矣”，道济谓曰：“奈何自苦如此？！”“道济馈以粱肉，麾而去之。”“延之（指在浔阳与陶渊明情款，此时正准备赴任始安郡的颜延之）临去，留二万钱与渊明……”等情事。颜延之在其《陶徵士诔》中也写道：“少儿贫苦，居无仆妾。井臼弗任，藜菽不给。母老子幼，就养勤匮。”“灌畦鬻蔬，为供鱼菽之祭；织絇纬萧，以充粮粒之费。”“居备勤俭，躬兼贫病，人否其忧，子然其命。”“年在中身，疢维痁疾，视死如归，临凶若吉。”萧统则在《陶渊明集·序》中更赞扬他“贞志不休，安道苦节，不以躬耕为耻，不以无财为病”。陶渊明在知天命之年写的《与子俨等疏》中有更为具体的自述：“吾年过五十，少而穷苦。每以家弊，东西游走。……汝辈稚小家贫，每役柴水之劳。何时可免，念之在心，若何可言！”再读他的《自祭文》，更可见其乐天达观：“茫茫大地，悠悠高旻，是生万物，余得为人。自余为人，逢运之贫。箪瓢屡罄，絺绤（注：音 chī xì，用麻葛织成的夏服布料，细者为絺，粗者为绤。此均指单薄的夏装）冬陈。含欢谷汲，行歌负薪。翳翳柴门，事我宵晨。春秋代谢，有务中园。载耘载耔，迺育迺繁。欣以素牍，和以七弦。冬曝其日，夏濯其泉。勤靡余劳，心有常闲。乐天委分，以至百年。”此外，陶渊明还写过一首《乞食》诗，开头四句就是“饥来驱我去，不知竟何之。行行至斯里，叩门拙言辞”。看有多窘迫！但经与主人一番沟通后，又“倾杯”“赋诗”了，最后更引韩信重礼酬报漂母恩惠的典故，用“衔戢知何谢，冥报以相贻”收尾，依然回到乐观豁达的心绪。苏东坡对陶渊明有个切实的评价：“饥则叩门而食，饱则鸡黍以延客，古今贤之，贵其真也。”综上可见，五柳先生在物质生活方面的困苦境况及其安然自得的心态，完全是陶渊明自己一生贫病却始终保持乐观豁达心态的微型再现。

以下从“赞曰，黔娄之妻有言”至全文结束，概括综述上段主体部分对五柳先生的分面介绍。由于没有对五柳先生的癖性或特点继续增加新的方面或新的材料的介绍，而只是换一个角度对前述介绍作综合概括和评论，是从本体部分的内容生发出来的尾巴，故属于表饰篇素。“赞曰”是《史记》开创的史传体文章的程式化结尾，在《史记》，用“太史公曰”，到《汉书》，则用“赞曰”，作用都是史传文的作者用史官的眼光和口吻对传记本体的内容作简要的概括和评论。《五柳先生传》虽是用说介体式写的骨子里是杂议性的小品文，但作者故意借庄重的史传体文章的命题，也就仿效史传体文章的程式化结尾，依然用自我张扬的内容进行自我调侃，以表述自己跟社会世俗的对立。

值得注意的是，这个结尾虽然只有寥寥数言，但仍须作精细的分级剖解，方能看清其呈立体结构的形态和与主体部分思路结构的缜密对应。

首先把“赞曰”二字切分出来，作为关涉全段的提领成分，属表饰段素。其后才是分面展开的评赞内容，属内质本体段素。

对从“黔娄之妻有言”到段末，再行二级切分，又可得到由本、末两个部分组成的带饰结构。最后两句是评赞，属表饰段素；其前才是对前面主体部分的分面概括，属内质段素。

再对从“黔娄之妻有言”到“以乐其志”作三级切分，则可得到两个并列的内质段素，属纯质结构。

“黔娄之妻有言：‘不戚戚于贫贱，不汲汲于富贵。’极其言，兹若人之俦乎？”这是一个不能再进行立体切分的单篇素。只能进行些纯线性的语言学层面的内部细化分析，如语法结构和语音结构的分析。“极其言”，另版作“味其言”，或“其言”，均属近义替换。无妨。

“黔娄”，春秋时齐国人，气节清高，不仕于诸侯。鲁恭公请他做国相，他不做。齐王以黄金百斤请他做卿士（执管国家政事的长官）他又不做。黔娄死后，曾子去吊丧，问他的妻子给他一个什么谥号，他的妻子说谥“康”（康有安乐的意思）。曾子说，黔娄生时缺衣少食，死后衣不遮体，不能谥“康”。他的妻子说：“彼先生者，甘天下之淡味，安天下之卑位，不戚戚于贫贱，不忻忻于富贵，求仁而得仁，求义而得义，其谥为‘康’，不亦宜乎？”（见《列女传》）这里提取其中最能概括其丈夫的高风亮节的“不戚戚于贫贱，不忻忻于富贵”两句，是说，黔娄的妻子曾经这样述说自己的丈夫“不因为处境贫困而终日忧心忡忡，不为了追求富贵而到处奔走钻营”。推究她所说的话，五柳先生不就是黔娄那样的人物吗？黔娄生前的最突出表现就是安贫不仕，也就是德养高尚。在这一点上，陶渊明和作为其替身的五柳先生，与黔娄有非常适切的可比性，于是就拿黔娄及其妻用以表彰他的德养的两个言简意赅的代表性语句，来概括上文有关五柳先生，当然也包括陶渊明自己，在德养方面的一系列表现的介绍。这个尾部与其前的主体身段完全契合。

接下来两句“衔觞赋诗，以乐其志”则是用来概括上文中有关五柳先生，当然也代表陶渊明自己，在追求天性张扬方面的一系列表现的介绍。这个尾部同样与其前的主体身段完全契合。

最后两句“无怀氏之民欤？葛天氏之民欤？”已如前述，这是对全文补末一段经二级切分得到的由“德养”（“黔娄”句）和“天性”（“衔觞”句）两个并列的内质段素组成的纯质结构的殿末评赞。一般注释本都仅注明无怀氏和葛天氏都是传说中的上古帝王，也都提到作者把五柳先生想象成生活在淳朴敦厚的上古社会中的人，从而也寄托着自己对上古社会民风的向往。但是介绍无怀氏之民和葛天氏之民的民风特点的相互区分度不很突出，祭出两位上古帝王的作用和必要性未得到充分、清晰的说明，似乎去掉一位未尝不可。用我们言语结构的眼光审察，就能发现，所有注释本全都没有注意到，作为殿末评赞，它们是从前面的两个处于核心地位的内质段素生发出来，也受它们控制，在内容上须与它们保持对应的成分。据《路史·禅通纪》载：无怀氏“其抚世也，以道存生，以德安刑。过而不悔，当而不愉。形有动作，心无好恶。……”而葛天氏则：“葛天者，权天也。爰儗施穹作权象，故以葛天为号。其治世也，不言而自信，不化而自行……”不难意会，无怀氏之民和葛天氏之民在民风上的明显区别正在于前者崇尚德养，后者信仰天性。而这又在资质和序列上恰与其前的两个核心内质段素完全对应，而且还与全文第一大段中最核心最基本的两大内质篇素相一致。唯序列有了变化。这是由言语体式的变换带来的。前面本体部分是借壳于说介体式，故取递退序律；后面末部已换成评论和抒情体式，其序律也就调整为递进了。可见各种言语体式是各有其相应的序律的。

作者在63岁临终前几个月写的《自祭文》总结道：茫茫大地，悠悠高天，万物在这里生长，我则得以成为一个人，从我成为一个人，就遭遇到贫困的命运，饭筐水瓢经常空空，夏季的粗麻布衣服冬天还得穿在身上。在山谷中汲水也很高兴，背着柴火一边走一边歌吟。在简陋的柴门之内，从早到晚忙个不停。春秋更替，在园中农作，除草培土，作物生长茂盛。有时高兴地捧起书本，或者和谐地弹奏七弦琴。冬天晒晒太阳，夏天在泉边濯洗，乐从天道，委随本分，这样度过一生。短短的一生，人们十分珍惜，害怕无所成就，不放松一点光阴。生存是世人的珍宝，死后亦为人们纪念。慨叹我一向独自行进，和一般人很不相同，外界的荣宠并不是自己的光荣，污浊的世道岂能把我染黑？坚守节操住在草庐之中，饮酒赋诗。能够识运知命，就能无所眷恋。现在死去，也可以无所遗憾；如能享寿百年，仍然企望着隐居，由年老而得寿终，还有什么眷念。《自祭文》作于九月，十一月这位平凡而伟大的诗人走完了他的人生。

回过头来看，陶渊明在56岁时写的这篇《五柳先生传》不正是他一生的写照吗？一篇调侃式的小品文，不仅在精神层面上留给后人不少感悟与启迪，而且在篇章结构上，它围绕“德养”和“天性”，或说是“崇德”和“任性”，条分缕析，层层深入，并与上古先人之精神贯通，可谓短小精悍，结构严谨，用词老到，文气畅通，是一篇流传千古的精美的小品文。

文本内环超微观结构选点辨析

凡要在超微观结构领域，如对一些词语的训释，需作精微辩证，那就须得用“言语·语言结构通析”的原理。所谓“言语·语言结构通析”原理，实质上与言语结构的原理和方法无异，只因为涉及古汉语的特殊定性、训诂和结构关系，须得将言语结构与语言结构结合起来考虑，也就是把言语结构的理念输注进语言结构之中去，或者说把语言结构包容到言语结构之中来。在这样的情况下，我们的言语结构分析，将会出现一些经过言语结构理念改造的古汉语知识、术语和方法。但是从本质和结果看，它们与纯语言结构分析已面目全非，而完全服从于言语结构的理论和方法了。且看以下诸案例。

一为“不求甚解”。一般认为这里该作褒义理解，是跟“好读书”一样，都是从正面加以肯定的，说的是其读书方法得当。有注释为“不死抠字眼”“不过分穿凿字句”（刘盼遂、郭预衡）或“不执着于字句的讲解”（北京大学中国文学史教研室）的，不知是有什么有关史传中的类似记载作根据，还是光凭自己的想象？甚至许多权威工具书都把这种解释立为一个与通行的贬义理解相对的所谓“原指”义项，而把通行的贬义理解说成是对原本褒义的引申，从而使“不求甚解”成了双义项的词语。如《辞源》《辞海》、后期修订版本的《四角号码新词典》以及《汉大成语大词典》等都是如此处理的。有趣的是所有这些工具书在立出褒义义项时，竟然无一例外地都仅仅援引《五柳先生传》中的这一句作为例证。悠悠五千年的泱泱文章大国，竟不能为这千年孤证找个副证，岂非奇事？但偶见问世于三四百年前的、流传极广且经久不衰的、由才气横溢的吴楚才、吴调侯叔侄俩选注的《古文观止》中对此词语的插注是“是为善于读书者”寥寥七字，才恍然大悟褒义说的厚实底气。既出身名门，又有众多权威工具书传承，自然孤证也就具有了铁证的价值。难怪几乎所有该文的注释本俱应声照搬了。究竟谁是这一误判的始作俑者呢？未经排查，不敢妄断，《古文观止》或可入围嫌犯。今以言语结构理论和方法推断此处的“不求甚解”依然是贬义（或许从无褒义用法存在过？），这是陶渊明的自谦调侃，且有与之结构地位对应的下文“家贫不能常得”佐证，不知能服众否？这一流传久远、影响广泛的错案翻得过来吗？自知众寡悬殊，但祈言语结构显神威。人家是出于对陶渊明的敬重和爱护，唯恐取贬义说会带给他损伤，笔者则基于对陶渊明撰写此文的交际意图和交际手段以及该文深层意识和特殊风格的理解，且有“好读书”与“嗜酒”两相对应的内存意蕴和表述结构互相印证，孰是孰非尚有待公论。

二为“期在必醉”之“期”。多见释为期望、希望者。因所陈述的事主唯同一人，则此解与其后的“必”字语义不协，既是主观未然之心欲，又是客观已然之情状，别扭。其实，“期”字从月其声，原是一个表时间洽适的概念，其表意的宽度甚大。《说文解字》训“期，会也”，段玉裁注曰：“会者，合也。期者，要约之意，所以为会合也。”一般以《诗经·鄘风·桑中》之“期我乎桑中”为最早用例。细加辨异，“期”的常见引申义（通假义不计在内）可列出十多项，“希冀”只不过是其中最常用的一项。它如“当也”（《书·大禹谟》“期于予治”）、“卒也”（《庄子·庚桑楚》“志乎期费”）、“限也”（《诗经·小雅·南山有台》“万寿无期”）、“度也”（《吕氏春秋·怀宠》“徵敛无期”）、“待也”（《庄子·寓言》“以期年耆”），甚而至于“会也”（用例见前）诸义项都较“希冀”合适些。窃以为此句之“期”的最贴切的解释当为“限度”。把全句译为“一醉方休”，意宜也。不知能否认可。

三为“曾不吝情去留”句。见于北京大学中国文学史教研室选注的《魏晋南北朝文学史参考资料》的注释如下。“‘曾不’句:‘吝情’，舍不得。‘去留’，复词偏义，谓去。这句说从不舍得走。”若准此注释，略加归谬，即成一直是赖着不走的了。那么上句的“既醉而退”，只能是退席离座，动一动身子，移一移屁股而已，绝不会迈腿走路的。若再归谬一下，那么五柳先生的一生就只能喝某一家的酒；赖着不走是到不了第二家的。所谓“亲旧”也只能是一家,或是亲,或是旧,不得兼“造”。原文“或置酒而招之”中的“或”，就只能偏作单数代词理解，只能译成“有一个”“有某个”，而排除“有些”“某些”等表多数的理解。其实，“曾不”属表空间范围和程度、数量的范畴，略同于“一点都（也）不”或“毫不”，与纯属表时间范畴的“从不”微异。“吝”，《说文解字》认为是形声字，从口文声，释“恨惜也”，例《书经·仲虺之诰》，“改过不吝”。而段玉裁注认为该“按此字盖从口文会意。凡恨惜者，多文之以口。非文声也”。颇有见地,段说为是。以“文”为“吝”之声,勉强近韵;而以“文”封“口”会意，则可揭露“吝”者的心态。如此判别字构，切近生活，高！“吝”义从“恨惜”出发，作反向引申，得到与本义“恨惜”相反相成的另一个义项“贪也”，例如《后汉书·黄宪传》，“鄙吝之萌，复存乎心”。“惜”与“贪”分别表示人们对待情感的两种貌似截然相反而实则全然相通的心理状态——随“取”“予”场合的变化而变化也。“予”情若惜墨如金而至于封口，“取”情则必贪得无厌而豁然敞怀也。反之亦然。故“惜”“贪”之间可引申互训。今描写五柳先生饮亲故之置酒，多多益善，一醉方休,“贪”也;而酒罢之后的或去或留，却连一丝情意之口都不开，只顾自己率直行事，“惜”也。一“贪”一“惜”，一任己志，刚愎自用，刻画得堪称极致。这是陶渊明在借五柳先生作自我张扬，自我调侃，绝妙！“吝”不管是“惜”义还是“贪”义，都是表心理活动的动词,“情”是其宾语。否定性副词词组“曾不”是动宾词组“吝情”的状语。“曾不吝情”是“去留”的情态状语。翻译时,也可把“去留”调整到“情”的定语的位置,意思不变。这就是乔姆斯基的“深层转换”。这里的“去留”，也不是偏义复词，而是处并列任选关系的词组。谁说他非去不可呢？若还有余酒未尽，他倒更可能会留恋不去的，“贪”呀。把全句译成“从不舍不得走”，不仅对个别词的定性释义欠准确，各词间的层级组合关系和组合程序不够清晰,而且译文句子也显得拗口不顺。相形之下，刘盼遂、郭预衡选注的《中国历代散文选》将“曾不吝情”注释为，“曾不：一点也不。吝情：挂心，在意”。说得简洁明白又通俗流畅，也大致并不违背对个别词语的定性释义以及词语间的分级次组配关系和程序的正确揭示，要比前者合理、高明得多。只是对“去留”避而不谈，略嫌尚不够透明、完整。笔者按深层转换原理，将该句译为“一点也不考虑谢别、款留之类世情、俗礼”，则“考虑”与刘、郭的“挂心、在意”，一也;“款留”是情，“谢别”兼带情、礼，补足了刘、郭二位之所避;而“曾不”，更同从程度措辞。不知刘、郭二位先达和读者诸君能否认可？

煞笔感言

本文在阮尉先生悉心指导下，历经三个多月，七易其稿，受益感慨良多，值此煞笔初定之时，请允许我先谈两点感言：

其一，数年前，笔者曾写过一篇《五柳先生传》的赏析文章。落笔前，阅读过陶氏诗文约50篇，《叶嘉莹说陶渊明饮酒及拟古诗》一书，另还参阅过上海辞书出版社、浙江古籍出版社和江苏文艺出版社编辑出版的各种《鉴赏辞典》中赏析陶渊明诗文的一些篇目，此外，又找来桂景华的《陶渊明传》和李锦全著《陶渊明评传》阅读，以增加对陶渊明的了解。边阅读，边做札记。然后，对札记材料进行认真的梳理，终于写成一篇基本上能传递诸名家权威观点的洋洋五千言的赏析文章。在社区文友们面前宣讲时，还得到了认可。这次有幸得到阮尉老师的悉心指导。对阮老师独创的言语结构理论和方法，从全然无知到逐步走近，前后共约半年时间，平均每周辅导一次，每次约两个小时左右，紧密结合文本分析和写作、修改赏析文章讲解其理论方法，现学现用，功效立竿见影。成果就是对我以前用心写成，不仅自我感觉良好，而且也得到文友们认可的《读苏轼词〈江城子·十年生死两茫茫〉》和《读陶渊明〈五柳先生传〉》两篇文章，从进行全面的言语结构反思、评判，到完全重写成已收入本书的《情深意切慰亡灵——三读苏轼悼亡词〈江城子·十年生死两茫茫〉》和本篇。每到新篇煞笔，回头对照前写的文章，不由感慨万千！怎么对同一个文本，能读出完全两样，甚至在某些地方恰恰相反的结果？我最深的体会是读书方法的问题。阮尉老师的言语结构学强调阅读就是作为读者的我们在跟作者进行心灵的沟通。他的整套理论和方法，就是要读者从结构入手，循着文本自在的结构理路，用一套由他自己摸索出来的很独特的方法，确保你一步步逼近作者心灵深处的立体意识。这恐怕就是言语结构理论和方法的魅力之所在。阮尉老师绝不允许你停留在对文面的字词句段篇的肤浅的了解，也不许你满足于照搬人家的，哪怕是权威专家的观点。经阮尉老师指导重写的两篇文章，使我体会到真正走进作者内心世界的惬意和幸福，也看清了作者用以表述其心灵意识的手段和方法以及可供自己借鉴效法的实际样板。正是基于这样的体会，我感到言语结构的理论和方法对提高阅读能力、欣赏能力和写作能力帮助很大，可以产生“举一反三”“以一当十”的联动效应。

其二，本人30年前曾是阮尉老师的学生，当时听阮老师的课就觉得从内容到方法都很与众不同。他除了执教大纲规定的课程之外，还另行单独开办了名为“言语结构理论研究班”的单科班，专门招收高年级的优秀生入班。由于诸多客观原因我与这个班失之交臂。光阴荏苒，转眼间，本人已入古稀之年。作为一个错过了30年前那次学习机会的老者，这次有幸重新获得阮老师亲授的补习机会。如今，阮尉老师已届耄耋之年，长年被病魔纠缠，幸有他的30多年前的言语结构理论研究班的学员们的出于对他这套理论方法的崇拜和珍爱，挺身而出，定要将他昔日所写的一些有关的论稿抢救出来，并精选出他的学生们在他的这套理论和方法指导下写就的若干文本赏析文章与之辅配，我的上述两篇可谓阮老师的关门弟子的迟到的文稿也忝列其间，一起奉送给学界和莘莘学子。这是一件有利于社会的大好事！我真诚地希望青年学子，尤其是从事语文教学和研究的同志，能花点时间精力，啃一啃这本由于陌生而可能显得有些艰涩的难得论著。如果感到上编的理论文稿由于来不及举例阐释而比较难懂，那么不妨先读下编的文本赏析文章，再回过头来啃上编的理论文稿，可能就不再感到难读了。只要坚持读完全书，相信你的阅读、欣赏、写作水平，必会有一个长足的进步，步入一个全新的境界。

2012年9月

三春启群品　寄畅在所因

——对《兰亭集序》题旨、思路的言语结构辨析

李荣安　阮　尉

在历史上,《兰亭集序》可谓名迹煊赫,有天下第一行书和“经典的美文”① 之誉。但是，因文献有说其真迹早随唐太宗入葬昭陵，后世所见仅是唐人摹本碑拓云云②，故也受到颇多争议,自宋而降就不断有人质疑其为后人假名伪托③。有关《兰亭集序》的真伪问题，20 世纪 60 年代还曾引发一场聚讼④，至今余音不断。书家、学者除就书法层面考证其真伪外，也有涉及其文章内容、结构层面作褒贬议论的。

就文章题旨，持否定论者以为“即使说乐极可以生悲，诗与文也可以不必一致，

① 中国中央电视台科学·教育频道《探索发现》栏目组 :《千年书法》，中国民主法制出版社 2006 年 12 月，第 55 页。

② [唐] 何延之《兰亭记》:唐太宗于僧辩才处得《兰亭》。“命供奉搨书人赵模、韩道政、冯承素、诸葛贞等四人各搨数本，以赐皇太子诸王近臣。贞观二十三年，圣躬不豫，幸玉华宫含风殿，临崩谓高宗曰 :‘吾欲从汝求一物，汝诚孝也，岂能违吾心耶? 汝意如何? ’ 高宗哽咽流涕，引耳而听，受制命。太宗曰 :‘吾所欲得《兰亭》，可与我将去。’”引《书法要录》，上海书画出版社，1986 年 8 月版，第 103 页。

③ 最有代表性的是李文田，于 1889 年（光绪十五年）在为端方所作汪中旧藏《定武兰亭》跋文中指出 :“定武石刻未必晋人书，以今所见晋碑，皆未能有此一种笔意，此南朝梁以后之迹也。”并提出三项疑点 :《世说新语·企羡篇》刘孝标注引王右军此文，称曰《临河序》，则唐以后所见，非梁以前《兰亭》,可疑 也。《世说》云,序文本拟《金谷序》。今考《金谷序》文甚短,与《世说注》所引《临河序》相应。而《定武本》自“夫人之相与”以下多无数字。此必隋唐间人知晋人喜述老庄而妄增之，可疑二也。“录其所述”之下,《世说》注多四十二字，注家有删节、无增添右军文集之理。可疑三也。有此三则疑梁以前之《兰亭》与唐以后之《兰亭》，文尚难信，何有于字?……故世无右军之书则已，苟或有之，必其与《宝子》《龙颜》相近而后可。

④ 以郭沫若、王一羽、龙潜、于硕、徐森玉、赵万里、李长路等人为代表的否定论者，根据两晋墓志和其他砖石刻字、手书经卷书牍等，论析东晋书法尚在“隶书笔意”阶段，没有产生《兰亭序帖》和传世王羲之真、行书体的可能。以高二适、章士钊、唐风、严北溟、商承祚等人为代表的肯定论者，认为从东汉章草风行到东晋新体成熟，是历史发展的大势所趋。

但《兰亭序》却悲得太没有道理”[①]。持肯定论者则以为“东晋名流，并不掩饰自身矛盾，一方面高谈老庄，一方面感慨生死，没有‘可乐’，‘感慨’也就无所从来”[②]。双方所论似乎同以《古文观止》所谓“先写盛宴之喜，次写由喜而悲，后写由悲而感”的思路解析为依据。

对《兰亭集序》作上述结构思路的解析，溯其源略可查考到清代吴楚材、吴调侯《古文观止》的解读，在此之前的相关解析，多为片言只语，不成一系，也没有吴氏叔侄的完整详细[③]。吴氏叔侄在文章“信可乐也”处评点“叙乐。叙会事至此已毕，下乃发胸中之感”，在“岂不痛哉”处评点“至此方入作序正旨”。这样，就把文章划成三大板块，思路上自然有了“信可乐也”和“岂不痛哉”的情愫对举，因此就有了“通篇着眼于‘死生’二字……故触景兴怀，俯仰若有余痛”[④]的文末总评。当下通行的结构解析，大多循袭吴氏叔侄的套路。囿于资料，笔者手头仅有中国人民大学语文系文学史教研室编《历代文选》、陈龙海《一序赋尽古今情——王羲之〈兰亭集序〉赏析》和《中学语文教参·课文导读》三种资料，察其落段处理，思路分析，几乎与吴楚材、吴调侯如出一辙。

最近，《兰亭集序》入选高中语文课，因教学之故，在业师阮尉先生的躬亲指导下，感觉到通行的解读似均有悖于王羲之写序文的真实意图，致把好端端的一篇美文解析成意识芜杂、思绪纷乱、不成整体、难以连贯、近乎胡言乱语的奇谈怪论。

本文无意于专事考证《兰亭集序》的真伪，只是试图运用言语结构学的理论和方法，通过对《兰亭集序》结构上宏、中、微三观对勘，沿波讨源，以期捉摸到王羲之真实的行文思路，去迫近《兰亭集序》真正的交际意图及深层意识，从文章思路、题旨上正本清源，或能有助于方家对《兰亭集序》的考证和评判。

以下试用言语结构学理论和方法，对《兰亭集序》擅作重新标点、落段处理和语义训释，并作流段梳理和思路分析。一般以一个落段为单位，先作点性的语义训释，再作线性的流段梳理，最后在各级篇素段后作篇章级思路结构分析。

永和九年，岁在癸丑，暮春之初，会于会稽山阴之兰亭，修禊事也。群贤毕至，少长咸集。

---

① 郭沫若：《由王谢墓志出土论到〈兰亭序〉的真伪》，载《现代书法论文选》，上海书画出版社编辑出版，第 303 页。

② 周汝昌：《兰亭综考·〈兰亭序〉的“文本”问题》。

③［南宋］桑世昌《兰亭考》卷七引陈谦说，“近世论《兰亭序》，感事兴怀太悲，萧统所不取”，而怀疑传世摹本来路不明。［清］舒位于乾隆六十年《题兰亭帖后》诗：“暮春禊事叙临河，落纸云烟晋永和。解道脱胎金谷引，便知真本已无多。”并诗后自注云：“《世说新语》注所载《临河序》与今帖文互异。”

④ 吴楚材、吴调侯选：《古文观止》，中华书局出版社，1979 年 8 月版，第 286－288 页。

以上为一个流段，文字较浅显，无歧义。就落段而言，通行方案都将其与下文环境描写归并在一起，值得商榷。从言语流程的关系上看，前句说介时间、地点和叙述“修楔事”之本事，后句回流补叙参与之人，时、地、人、事、因、况，叙事要素完备。再从言语体式上看，本段的叙述与下文的记描、议论不同，当单列成段。

从本事写起，或由本事说开，这也合乎散文的常规思路。此为全文宏观结构的“起”部（大凡以作者主观意识运动轨迹编排文章结构，皆为起、承、转、合的四部格呈现）。

> 此地有崇山峻岭，茂林修竹。又有清流激湍，映带左右，引以为流觞曲水，列坐其次。虽无丝竹管弦之盛，一觞一咏，亦足以畅叙幽情。是日也，天朗气清，惠风和畅。仰观宇宙之大，俯察品类之盛，所以游目骋怀，足以极视听之娱，信可乐也。

“此地”，“修禊事”之场所，是为点。“崇山峻岭，茂林修竹”，是兰亭所处大的地理环境，是为面。自“竹林七贤”后，文人喜山、喜竹已渐成风气，这样的风雅去处实在可以畅饮、清谈，“叙幽情”。“又”，用于此处表示与上一句是递进关系，作“更”解，而不是表并列的“还”，所以“崇山峻岭，茂林修竹”处应用句号断开。“映带”，潆洄貌。“映带左右”，据文言句法当是“映带（于其）左右”的省略用法，是为魏晋人喜用整句之故。从流动句法看流段关系，省略的“其”指有“崇山峻岭，茂林修竹”环抱的“此地”。“引”，句前省“可”，“以”介词，介“引”之目的为“列坐其次”而“流觞曲水”；“引”后省“之”，代所“引”对象“清流激湍”，这两句上下关系紧密，不宜用句号断开。“流觞曲水”，实为因曲水而流觞，“觞”本为酒杯，古人劝酒取乐的一种方式。“流觞曲水”是这次“修禊事”的主要活动形式，这一活动形式带来的结果是“一觞一咏，亦足以畅叙幽情”。“幽情”，深藏心灵的情怀。

以上是对“修禊事”的地理环境的记描，以及“流觞曲水”“列坐其次”的场面记描，结构上承本事叙述，行文顺理成章。记描次序先整体再局部的聚焦法，可谓井然有序。

“虽”和“亦”关联，表让步关系，应和“列坐其次”用句号断开。整句语流归结在“一觞一咏，足以畅叙幽情”的议论上。“幽情”，据作序本意指三十七首兰亭诗中各人所抒发的不尽相同的情怀。人之“幽情”，因人变化，因时变迁。人的经历、阅历、境遇、志趣各不相同，“幽情”自然是风情万种千变万化，下文所述“情随事迁”“世殊事异”亦此意。可惜的是兰亭“诗集”中的诗，随时光流转大多湮没，仅几首传世，后人已无法看到“诗集”的全部面目。“无丝竹管弦之盛”的表层语义写宴饮的氛围清幽，深层语义是说唯有环境才是“一觞一咏，足以畅叙幽情”的激化剂①。

① 周汝昌《兰亭综考·〈兰亭序〉的“文本”问题》：“我以为……作者原来就是说，山水林竹的天籁，胜于丝竹管弦。”并以《世说新语》中引王羲之“取欢仁智乐，寄畅山水阴；清冷涧下泉，历落松竹林”（摘句）的四句诗为证，以为这是王羲之的一种“胸襟”见解，“涧泉林竹的声容，正是他自己以为最美好的音乐”。

以上是“承”部的主体部件，先描写后议论，次序井然。

“是日”句，先客观记描天气状况，再客观记描天气所产生的感官效果，然后主观议论天气所产生的作用，最后用判断句式“信可乐也”概括感叹。从语流关系上看，是一种回流的程序，对上文环境场面的记描作一个天气状况的补写，起强化作用。因“足以畅叙幽情”的必要条件是地理环境及场面气氛，天气状况或能助“乐”，但不是“足以畅叙幽情”必备前件，也就是说这一天不管“天朗”抑或下雨更甚者扬雪，“幽情”总会被勾出来“畅叙”的。这一点也可在《临河序》[①]结构排列中得到印证。《临河序》将“是日也”句列于“虽无丝竹管弦之盛”句前，可见对环境、场面、天气的记描均向“亦足以畅叙幽情”流动。可见“一觞一咏，亦足以畅叙幽情”才是这一流段写景的核心段素。因此，将这一流段概括成写“信可乐也”，在文理上无法说通，它仅是对局部的天气状况的作用作感叹。如果说“此地”的环境是“足以畅叙幽情”的激化剂，那么“是日”的天气则是一种催化剂。

以上是“承”部的补体部件，以天气状况的补充记描，强化“足可以畅叙幽情”题旨，章法上真可谓跌宕有致。

“信可乐也”句，王羲之用的是“也”字结句，而不是用“矣”字。文言文中“也”和“矣”有明确的分工，“也”常用于表判断，可见“信可乐也”远没有强烈的抒情意味，结构功能上无法管辖到整个结构部分，更不可能与下文“岂不痛哉”构成情愫对举。它仅是对天气作用的评断，功能上远没有“足以畅叙幽情”重要。而历来把《兰亭集序》解析成先写乐后写悲再写感的起因，都源于把此句的功能理解得过大，又武断地硬将其与下文“岂不痛哉”构成情愫上的二分对举所致。

以上为全文宏观结构的“承”部。它分两个层次，以记描环境、场面“足以畅叙幽情”为主体，以描写“是日”天气还可助“乐”为补体。主体突出题旨，补体起到强化作用，写得有序有致。思路上，先以环境记描来承发既成的本事叙述，显示出一种自然流畅而缜密严谨的结构功力。

> 夫人之相与，俯仰一世。或取诸怀抱，晤言一室之内；或因寄所托，放浪形骸之外。虽趣舍万殊，静躁不同。当其欣于所遇，暂得于己，快然自足，“曾不知老之将至”；及其所之既倦，情随事迁，感慨系之矣——向之所欣，俯仰之间，已为陈迹，犹不能不以之兴怀。况修短随化，终期于尽，古人云：“死生亦大矣！”

---

① 《临河序》:《兰亭集序》又一种文字版本，见于《世说新语·企羡篇》刘孝标注引，文字较《兰亭集序》简略，帖本中“夫人之相与”至“悲夫”处一百六十七字不见记述，无墨迹传世。有学者认为，“《兰亭》帖原不过一篇序文的稿本，原无题目。最早见于记载的是刘义庆《世说新语，企羡》篇，称它叫《兰亭集序》。作注的刘孝标节引原文，开头说：‘王羲之临河序曰……’宋以后的人基本上都把‘临河序’三字连读了，因此得出《兰亭集序》也叫《临河序》的结论，弄得文题歧出，致人生疑。”也就是说刘孝标所言，叙王羲之“临河而序曰”。见《书学论集》许庄叔《〈兰亭〉后案》，上海书画出版社 1985 年 3 月版，第 155 页。

岂不痛哉!

“夫”(fú),发语词,用于段首,表示提起下文之议论。语流上,此句从上一流段中的主体部分“足以畅叙幽情”而来,所发议论当是针对三十七首诗之“幽情”而感发。

“俯仰”一词义项,《辞源》释:有抬头、低首两种人体动作,如上文“仰观”“俯察”;有由抬头低首间引申出时间短暂,如下文“俯仰之间”;还有由抬头低首行为引申出处世“周旋、应付”的人生态度,如司马迁《报任安书》中,“故且从俗浮沉,与时俯仰,以通其狂惑”。有关“俯仰”一词,吴氏叔侄评点“承上俯仰二字,推开一步说”,中国人民大学编《历代文选》注解“仰观俯察当时现实”①,两家都把“俯仰”一词看成与上文“仰观”“俯察”的同义词。以此而论,若是“推开一步说”,则应有更深一层的引申义,而不可能是简单的语义重复,且这些议论也不是“承上俯仰二字”而来;若是“仰观俯察当时现实”,则下文应具体阐述“仰观俯察当时”怎样的社会现实,而下文则不见其述。这样的解释,显然不能上下贯通。

而《中学语文教参》翻译“俯仰一世”为“俯仰之间便度过了一生”,把“俯仰”一词说成与下文“向之所欣,俯仰之间,已为陈迹”中的“俯仰”同义,即时间迅捷而短暂。故而,教参导读以为,这里王羲之流露的是人生苦短消极悲观之叹。显然,这是囿于所谓“由‘乐’到‘痛’,由‘痛’发‘感’”的结构分析,一种望文生义的解说,既不合上下语境,也不合王羲之性格和当时的心境。唐书学家张怀瓘《书断》说:“逸少骨鲠高爽,不顾常流……初度浙江,便有终焉之志。”②也就是说王羲之作序之时,早把人生的一切看得十分淡然,只为心理上的快然与自足。

如前述,人的“幽情”是人生履历的积淀,而“人之相与”不会时时、处处、事事都一马平川,常常时“俯”时“仰”。这一点,在王羲之自身的人生轨迹中就可找到许多印证,他可以俯视权贵郗鉴招婿而拒之,他亦可以对朝廷“频招为侍中、吏部尚书皆不就”,但有时也迫于现实屈就官场周旋应付,可以说个中甜酸苦辣别有一番滋味在心头。可见,这里王羲之是对人的“幽情”所生原委的阐发,“俯仰”当作“周旋、应对”意解。

结构上,此句为这一流段的“首”,是下文对人之“幽情”多样性和多变性分类阐述的总提,即谓人之“幽情”由“俯仰一世”生活体验中生成,其“幽情”也一定是多种多样千变万化的。

“或”表示选择,两个“或”句对应,即表一个事物两个方面。“晤”,如作相遇谈话解,则“一室之内”于情理无法解释得通畅。“晤”,有相遇、见面,有通“悟”,

① 中国人民大学语文系文学史教研室:《历代文选·上册》,中国青年出版社,1979年6月版,第335页。

② 潘运告编注:《张怀瓘书论·书断》,湖南美术出版社1997年10月版,第143页。

神龙本墨迹所书即“悟”；“悟”有“觉醒、理解”，或“启发、使之感悟”。“晤言一室之内”与“放浪形骸之外”，两句均省略介词“于”，即“晤言于一室之内”“放浪于形骸之外”，其语义是为阐述人之“幽情”的两种类型，一是由内心掏出，二是纵情于体外，所以“晤”如神龙本所书“悟”，词义当是觉醒、启发，或使之感悟。“因寄所托”，为因寄（情于）所托，“所”将“托”的动性取消，使之名物化；“放浪”，教参释义为“放荡不羁”，与上下语流关系上看，实有点不伦不类。“放浪”之“放”除恣纵、放任意外，还有释放、开放意；“形骸”指身体，“形骸之外”指人身体以外某个东西，或某种形式。若“放”作释放、开放解，那么就可得到这样的推论：“因寄所托”在“修禊事”中而生成的三十七首诗，正是王、谢、孙等人纵情于“形骸之外”的一个载体，一种形式。书法史上，常言晋人尚韵，也就是说晋代书家多把崇尚风流雅韵的情怀，融于笔端挥就于纸上，张怀瓘《书断》言“书者，如也，舒也”，韩愈《送高闲上人序》言“往时张旭善草书，不治他技。喜怒窘穷，忧悲，愉佚、怨恨、思慕、酣醉、无聊、不平，有动于心，必于草书焉发之”，这正是“放浪形骸之外”的有力佐证。

“或取诸怀抱，晤言一室之内；或因寄所托，放浪形骸之外”，是一组意义相对的对句，“取诸怀抱”对“因寄所托”，“晤（悟）言一室之内”对“放浪形骸之外”。“取诸怀抱”，由内心所掏出；“因寄所托”，凭外物所发，两者都是指情意抒出于怀后注入于物，一主内一主外。“晤言一室之内”，即在谈心中让人启悟；“放浪形骸之外”，释怀在身体以外的载体使人明白；一言“静”一言“躁”。这是对“人之相与，俯仰一世”所生的“幽情”作具体的类化阐述，表其多样性。

以上是对“人之相与，俯仰一世”而产生的“幽情”之多样性阐发，与下文阐述多变性构成二分对举的语流关系。

“虽”表示退一步说，与下文“当”“及”构成转折的语流关系。“趣舍万殊，静躁不同”，与上文一“内”一“外”两种“幽情”有一定关联，句首用“虽”则与下句联系更为紧密，所以应与上句用句号断开。有关“趣舍”解读，通行注疏概以“取舍”释义，如中国人民大学语文系文学史教研室《历代文选》直用“虽取舍万殊”，《中学语文教参》译句为“或内或外的取舍千差历别”。这些注译就文字表义似可说通，若用以大制小的原则，从段素题旨的角度考识语流关系，确有曲解原文之嫌。“趣”作为通假字，或由“取”通假，或由“趋”通假。《说文》释“趣，疾也”，段玉裁注“《大雅》‘济济辟王，左右趣之’。《笺》云‘左右之诸臣皆促疾于事’”；“左右趣之”段注又引释“《毛》曰：‘趣，趋也’此谓假借趣为趋也”；阮元《经籍籑诂》“趣，趋也，行也，谢惠连《西陵遇风诗》‘趣途远有期’注，趣，趋乡也”。至于“舍”，《说文》说其为从三部件会意字，释“市居曰舍”，段注说“市字非买卖所之，谓宾客所之也，舍可止……止而不为亦曰舍，其义异而同也……《论语》‘不舍昼夜’谓不放过昼夜也，即是不停止于某一昼一夜”。段注又说“以今俗音读之，上去（上声去声）无二理也。古音不分上去，舍捨二字义相同”。神龙本墨迹故书“捨”,“捨”为形声字，从手舍声，《说文》言“释也”，段玉裁注“解也”，阮元《经籍籑诂》“捨，亦作舍。捨舍，止也、释也、解也、废也、置也、赦（罪）也、去也、不顾也、止息也”。捨、舍就止息义项恰同处一条引申线上，如《左传》“舍宿不书”,《疏》“捨者，君行一日止而捨息也”。“趣舍”或“趣捨”组合，其语义为“取舍”或“趋舍”均有可能，当以段义和句流关系而选断。“趣舍万殊”就上文应“幽情”的一内一外之多样性而出，就下句对“静躁不同”，无疑当选“趋舍”而与“取舍”无关。查考古籍，将“趣舍”释为“趋舍”较之“取舍”的机遇更多，如司马迁《报任安书》“趋舍异路”；《汉书・王褒传》“所任贤，则趋舍省，而功施普”；《淮南子・俶慎训》“趋舍何足以滑心”；《淮南子・齐俗训》“趋舍行义，亦人之栖宿也”。又《史记天・官书》“其趋舍而前，曰赢；退舍曰缩”，将“趋”与“退”对举；《西京杂记五》“趋舍未至”中之“趋舍”就是说的回家。以上用例，均与进退、动静、行止有关。“晤言一室之内”之谓“静”，“放浪形骸之外”之谓“动”；静者，止也，舍也；动者，躁也，趋也。从流段阐述“幽情”多样性和多变性题旨看，此句正好处在多样性和多变性阐述的中间，有着承上启下的结构功能。可见，“趣舍”当为“趋舍”语义，其句语义是说人之“幽情”有各种各样，人可趋于此（取诸怀抱，晤言一室之内）而舍（止）于彼（因寄所托，放浪形骸之外）或趋于彼而舍（止）于此，或喜“静”而恶“躁”或喜“躁”而恶“静”，千变万化各不相同，但是人之“幽情”还存在着随时随地随势变化的共同性，即下文所议“人之兴感之由，若合一契”，“虽世殊事异，所以兴怀，其致一也”。

“当”介出“快然自足”的时间，与“及”对应，表“幽情”不同时段下的变化性。“曾不知老之将至”，语出《论语・述而》：“叶公问孔子于子路，子路不对。子曰：‘汝奚不曰：其为人也，发愤忘食，乐以忘忧，不知老之将至云尔。’”是为孔子自述学习心态，发愤忘食，乐以忘忧，连自己老了都觉察不出来。这里古语为今用，借表“欣于所遇，暂得于己，快然自足”时的心态情状，连一切都可忘怀。

“及”，“等到”，与“当”关联，表时间迁移，用分号断句。“之”，动词“到”，“所”将“之”名词化，与上句通考，当是指前面讲的所遇境况。“倦”，阮元《经籍籑诂》释“疲也”“懈也”“极也”，“所之既倦”，是说“快然自足”的境况到了极点心理就会产生审美疲劳精神倦怠。这并不是通常所说的“乐极生悲”，下句说“情随事迁，感慨系之矣”才是要点，情不会乐到极点就一定生悲，只会随“时”与“事”的际遇变迁而变迁。“向之所欣，俯仰之间，已为陈迹”，原先所遇让人“快然自足”的境况在一“俯”一“仰”的短瞬间已成了过去式——“陈迹”。正因为人之“幽情”常“随事迁”，尤其“欣于所遇”之情“已为陈迹”，这时的“感慨”，就更加要兴发出来。这是一串意义连贯的句流，与上句对举构成人之“幽情”的多变性，所以，“感慨系之矣”处宜用破折号使整个句义流程更加畅通。

“况”，“况且”，与“虽”相反，表下文是进一步说。“修短随化，终期于尽”是说人的生命有长有短都是命运注定，长也好短也好，“终期于尽”走向生命终点，所以，古人才会说“死生亦大矣”。“死生亦大矣”句出自《庄子 · 德充符》所述“鲁有兀者王骀，从之游者与仲尼相若。常季问于仲尼”的一段对话：“常季曰：‘彼兀者也，而王先生，其与庸亦远矣。若然者，其用心也，独若之何？’仲尼曰：‘死生亦大矣，而不得与之变；虽天地覆坠，亦将不与之遗。审乎无假而不与物迁，命物之化而守其宗也。’”其故事的真伪已无从考证，其语是否出自孔子亦无从考证，但就其所述孔子全话看，孔子并非是对“死生”为人生大事的悲情感叹，只是对“兀者”面对“死生”大事而不变其性的客观评议。这里，断用孔子语，强调“死生”是人生大事的客观判断，旨在阐述面对死亡，不可能无动于衷，“痛哉”之情定会“系之”胸怀，这是人之常情。

从上述，“岂不痛哉”只是对“死生亦大矣”即指一个人若遇死亡或丧事之类的却难免都会感到悲痛和“修短随化，终期于尽”的感叹，它的功能仅此而已，不能作为整个结构部分的总结或感叹。因此，它并不是与“信可乐也”构成两种情愫的对举，若说情愫对举，也只是对“快然自足”的对举，级次关系上仅是该流段内部分说对举。从流段内部关系看，此句对“及其所倦……犹不能不以之兴怀”句的补充，以强化“情随事迁”的多样性。

以上段落，为首身结构，“首”阐述“幽情”缘于人生的“俯仰”体验，“身”阐述“幽情”有多样性和多变性特征。就其序而言，显然是针对兰亭“诗集”三十七首诗而为之。虽然，三十七诗大多湮没，就仅存的颍川庾蕴的一首五言诗所述“仰怀虚舟说，俯叹世上宾。朝荣虽云乐，多毙理自因”[①]看，总有点消极的意味。可见，失传的兰亭“诗集”中，并非篇篇都是抒发“视听之娱”的快乐之情。这一部分，是为结构的“转”部，乃最能彰显文章的文心题旨之所在。王羲之写《兰亭集序》，其旨并非通常所述，是他个人情感的自我抒发，而是针对“兰亭诗集”中所有三十七首诗之“幽情”产生之原委及其多样性、多变性作客观评议，这正是为诗集作“序”的职责使然。

> “每览昔人兴感之由，若合一契，未尝不临文嗟悼，不能喻之于怀。固知一死生为虚诞，齐彭殇为妄作。后之视今，亦犹今之视昔，悲夫！故列叙时人，录其所述。虽世殊事异，所以兴怀，其致一也。后之览者，亦将有感于斯文。”

“每览”，句前省主语“余”，“览”有“观”与“察”即观而探究。“兴感之由”，“由”缘由、原委。“若合一契”，《经籍籑诂》注“契，合之也”，是说古人兴发感慨之由就像用刀切物体而两边相契合一样，即下文“致一”的意思。“临文”，面对也，

① 转引《现代书法论文选》：郭沫若《由王谢墓志的出土论到〈兰亭序〉的真伪》，上海书画出版社 1979 年 3 月，第 303 页。

即指临纸写作之时，如诸葛亮《出师表》“临表涕零，不知所言”。“嗟悼”，今天大多数注解以双音节合成词解释，即感叹哀伤意，实与文意不切。“嗟”除“忧叹”外尚有“赞叹”，如曹植《洛神赋》“嗟佳人之信修，羌习礼而明诗”；“悼”有伤感、恐惧、追思等义；“嗟悼”应是两个单音节反义词构成的并列短语，即赞叹或伤感对举以代表各种情愫。如上述，人的“幽情”是多样的，所“兴感”的当然也是多样的，或乐而赞叹，或痛而伤感。“喻”，《辞源》释：“通‘愉’。庄子齐物论：‘自喻适志与。’释文：‘李（颐）云：喻，快也。’”“喻之于怀”，即“于怀愉”，这里是说在心怀快然，快然，释怀也。尽管如此，有一点却是“若合一契”，不管怎样的幽情都不会轻易丢弃而让心怀释然，这才是所谓“兴感之由”，人之常情。

语流上，此句接上段对人之“幽情”产生之源及多样性、多变性阐述，进而对人“兴感”“幽情”“之由”阐述，思路上有了向前纵深运动。

“固”通“故”，表示与上下两句为因果关系。“知一死生为虚诞，齐彭殇为妄作”，“一”与“齐”对举，语义相同，即“等同”；“死生”“彭殇”语出《庄子·齐物论》，“彭”彭祖，相传为颛帝玄孙，活八百年，以长寿名世；“殇”未成年者死亡谓“殇”，即“夭折”，这里借指长寿与短命。在庄子看来“死”与“生”“寿”与“殇”并无本质的区别，只是相对而存在，所谓“方生方死，方死方生”，所谓“莫寿于殇子，而彭祖为夭”。从上文语流看，这里是说，人之“兴感”都一样，赞叹也好，哀伤也罢，从来都不会轻易放下释然于怀，况且人面对“死生亦大矣”的哀痛之情，更会强烈地表现出来，因此懂得了把“死”与“生”“长寿”与“短命”同等看待是“虚诞”“妄作”，不合人情的说法。

语文教参就此导读说：“基于上面（前一段）的感触，以生命的直觉体验来反驳《庄子》中取消生命积极意义的学说，在深沉的感叹中蕴含了对人生的珍惜之情。”就此，需要提出商讨：文中王羲之所议论是针对人之“幽情”“兴感之由”的客观阐述，还是他自我情感意识的主观阐发；是从人情的角度来阐述“生死”“彭殇”，还是从哲学的层面阐述。

王羲之作序文时，如张怀瓘所述“初度浙江，便有终焉之志”，早把人生的一切看得淡然起来。况且，前文有“修短随化，终归于期”，这本身就有一点庄子的意味，又怎会有人生苦短之悲叹呢！考王羲之生平，曾与同族王述闹意见，悲愤誓墓，永绝“贪冒苟进”。郭沫若说：“王羲之的性格，就是这样倔强自负，他绝不至于像传世《兰亭序》中所说的那样，为了‘修短随化，终期于尽’，而‘悲夫’‘痛哉’起来。”郭沫若的论断，当然是源自所谓“通篇着眼于‘死生’二字……故触景兴怀，俯仰若有余痛”主题阐释和“由‘乐’到‘痛’，由‘痛’发‘感’”的思路梳理所至，力证其不合情理的矛盾，但也可以说明这样的思路梳理和主题论述是不切文章实际的，更不符合王羲之的思想性格。从语流关系上看，此接上段“幽情”阐述进而对“兴感之由”阐述，完全是对人情的客观议论，而不是个人情感意识的哲学阐发。

吴楚材、吴调侯评点“悲夫”一句，“言瞥见吾已杳无踪影，犹如今日之古人杳无踪影也，能不悲乎”;《中学语文教参》则译成“后人看待今人，也就像今人看待前人，这正是事情的可悲之处”，两家都把“悲夫”说解成王羲之悲伤情感的抒发。“悲”，除有“哀痛、伤心”外，更有“眷顾、怅念”，如《史记·高祖本记》“谓沛父兄曰:‘游子悲故乡。吾虽都关中，万岁后吾魂魄犹乐思沛。’”如前述，此段前几句是对人之“兴感之由”的客观阐述，而不是王羲之个人情感的抒发，以“可悲可叹”来注解“悲夫”，实在与文理不相通。从上下语流看，上文阐述“人兴感之由，若合一契”，无论怎样一种“幽情”都不会忘怀，鉴于此述王羲之能“览昔人”而不能“观后人”，故以“今之视昔”来类推“后之视今”，从而“怅念”或者说“寄望”“后人视今”也要像“今人视昔”一样，用一种客观、公允、宽容的心态来看待“今人”所兴三十七首诗中的各种“幽情”。这正是王羲之作序的真实目的，所以下文述“故列叙时人，录其所述”，行文如溪水涓流自然顺畅。至此，王羲之写序文的意图毕现，文心尽露。

“虽”接上再补上退一步说法，以强化“兴怀”“致一”，即“人兴感之由，若合一契”是无论“世殊事异”的。“斯文”，一般注释都以为指的是王羲之这篇序文，这样的理解是否狭窄抑或与文意有所偏颇？首先，从文意论，王羲之写序文的是怅望顾念后人如“今人”看“昔人”，客观理解认可“今人”的三十七首诗之“幽情”。其次，从魏晋南北朝时“文”的理念及含义看，以梁元帝萧绎《金楼子·立言篇》论，如游国恩等主编《中国文学史》所述，萧绎认为只有“绮縠纷披，宫徵靡曼。唇吻遒会，情灵摇荡”的作品，才可以称之为“文”，至于退则非谓成篇，进则不云取义的章表、书记等类的实用骈散文字，则只能称之为“笔”①。可见，当时之谓“文”的理念，仅只是区分实用性文章和言情性文学，并没有散文和诗歌之分，这也可从昭明太子萧统编《文选》体例中，以及他“序”中所言“临渊有怀沙之志，吟泽有憔悴之文”得到印证②。

以上部分为宏观结构的“合”部，阐述“人兴感之由”古今“致一”，阐明写序目的——怅望“后人”“有感”“今人”的“斯文”——兰亭“修禊事”所做的三十七首诗。

关于“悲夫”“斯文”，郭沫若就书法层面有过这样的考证:“末行‘文’字，也是序文最后一字，先写为‘作’，用淡墨笔涂去，然后用浓墨笔改写为‘文’。即‘将有感于斯作’被改定为‘有感于斯文’。”“第二十五行的一句初稿的‘良可悲也’是用浓墨笔写的，用半浓半淡笔涂去‘良可’二字，又把‘也’字改为‘夫’。于是‘良可悲也’便被改为‘悲夫’两个字。”这些字的改动，是出自王羲之（高二适所论）

① 游国恩等主编《中国文学史·一》:人民文学出版社，1979年7月版，第286页。

②［梁］萧统编、［唐］李善注:《文选》，上海古籍出版社1997年10版，第4页。

还是智永（郭沫若所论），众说纷纭，从无定论，但是，就神龙本墨迹察看，这些字被涂改，却是不争的事实。本文补其所述，不在讨论涂改出自何人之手，而在从中窥视“悲夫”“斯文”的语义提供辨义参考，或有价值，若原文确为“良可悲也”和“斯作”，则从文理上，或用言语结构理论来鉴别，似乎较通行本显得有机些。

统上述，可以梳理出《兰亭集序》这样一个思路结构：文章以叙本事为“起”，以记描环境场面“足可畅叙幽情”为“承”，以阐述“幽情”多样多变为“转”，以阐述“人兴感之由”古今“致一”阐明作序目的为全“合”，是一篇思路缜密结构完整的佳作，其题旨是阐明编诗成集的原委和编诗成集的用意，其文心是阐述他对人之“幽情”多样多变的理解与宽容，对“人兴感之由”的客观认识，抒发了他对“后人”览古的寄望之情。《兰亭集序》是一篇以主观意识运动编排的带饰结构文本，它有别于一般“序”的说介体式，运用散文的笔思作“序”，文情并茂，其蕴藉的思想情感，亦能体现王羲之年龄、情感、性格的真实面目，其中对人之“幽情”的理解，对“兴感之由”的议论是中肯的，情感抒发亦是真诚的。由此而论，凡持否定论者对王羲之《兰亭集序》所谓前后矛盾、兴感无度的质疑，非王羲之文本自身的问题，而是传统和当下对《兰亭集序》思路、题旨的错误解读。

作此，以望论者、教者鉴。

于2012年暑假

《过秦论》探幽索隐

高宏宇　赵宗仁　阮　尉

汉代名士贾谊的《过秦论》[①]，因其思想内容强烈的时代性和对历史反应的及时性，不仅引起当朝君王的重视，也令汉史学家、批评家瞩目。到三国魏晋，又续为文史人热衷研袭。特别是入选梁昭明太子萧统《文选》后，再经唐、宋文人推崇并成为唐宋科举考试篇目后，渐成经典文本。乃至明清以降，为凡古文选本、科考[②]及语文教材之保留篇目，可见其影响之深远。

对《过秦论》的研评分析，亦贯穿历代，且文本繁多，不计其数。其中不乏名士、大家。因此，从交际意图、文章主旨到文体类别，从篇章结构、句群特点到词语训诂，均有所及，可谓全面、深入、细致了，亦似可盖棺定论了。然若以系统观念和系统分析的方法对其作结构梳理，即对文本作从宏观经中观到微观的考察，似有一些问题值得再作探讨，亦有对其重新认识之必要。

教材将《过秦论》分成5个自然段，教参[③]分为6个自然段，若按内容和思路结构看，似觉还可优化。现将其分为9个自然段；然后以自然段为单位进行内析，即对有分歧的点性词语、线性语句及流段等进行辨析，并对自然段作出结构分析；在此基础上作出篇章级思路结构的分析，并就篇章认识的有关问题提出我们的看法。

---

① 本文所论之《过秦论》，选自高中语文教材1996年沪教版H版之版本，自然段系笔者划分。本文非特别注明处的“教材”，亦指此版本之教材。

② 吴承学《〈过秦论〉：一个文学经典的形成》，《文学评论》2005年03期。

③ 华东师范大学出版社2008年版《高级中学语文教学参考资料二年级第二学期》，下文提到之“教参”同此。

一、原文（自然段为笔者断）

过秦论

汉·贾谊

1．秦孝公据崤函之固，拥雍州之地，君臣固守以窥周室，有席卷天下，包举宇内，囊括四海之意，并吞八荒之心。当是时也，商君佐之，内立法度，务耕织，修守战之具，外连衡而斗诸侯。于是秦人拱手而取西河之外。

2．孝公既没，惠文、武、昭襄蒙故业，因遗策，南取汉中，西举巴、蜀，东割膏腴之地，北收要害之郡。诸侯恐惧，会盟而谋弱秦，不爱珍器重宝肥饶之地，以致天下之士，合从缔交，相与为一。当此之时，齐有孟尝，赵有平原，楚有春申，魏有信陵。此四君者，皆明智而忠信，宽厚而爱人，尊贤而重士，约从离衡，兼韩、魏、燕、楚、齐、赵、宋、卫、中山之众。于是六国之士，有宁越、徐尚、苏秦、杜赫之属为之谋；齐明、周最、陈轸、召滑、楼缓、翟景、苏厉、乐毅之徒通其意；吴起、孙膑、带佗、倪良、王廖、田忌、廉颇、赵奢之伦制其兵。尝以十倍之地，百万之师，叩关而攻秦。秦人开关延敌，九国之师，逡巡而不敢进。秦无亡矢遗镞之费，而天下诸侯已困矣。于是从散约败，争割地而赂秦。秦有余力而制其弊，追亡逐北，伏尸百万，流血漂橹；因利乘便，宰割天下，分裂山河。强国请服，弱国入朝。

3．延及孝文王、庄襄王，享国之日浅，国家无事。

4．及至始皇，奋六世之余烈，振长策而御宇内，吞二周而亡诸侯，履至尊而制六合，执敲扑而鞭笞天下，威振四海。南取百越之地，以为桂林、象郡；百越之君，俯首系颈，委命下吏。乃使蒙恬北筑长城而守藩篱，却匈奴七百余里；胡人不敢南下而牧马，士不敢弯弓而报怨。于是废先王之道，焚百家之言，以愚黔首；隳名城，杀豪杰；收天下之兵，聚之咸阳，销锋镝，铸以为金人十二，以弱天下之民。然后践华为城，因河为池，据亿丈之城，临不测之渊以为固。良将劲弩守要害之处，信臣精卒陈利兵而谁何。天下已定，始皇之心，自以为关中之固，金城千里，子孙帝王万世之业也。

5．始皇既没，余威震于殊俗。

6．然陈涉瓮牖绳枢之子，甿隶之人，而迁徙之徒也；才能不及中人，非有仲尼、墨翟之贤，陶朱、猗顿之富；蹑足行伍之间，而倔起阡陌之中，率疲弊之卒，将数百之众，转而攻秦；斩木为兵，揭竿为旗，天下云集响应，赢粮而景从。山东豪俊遂并起而亡秦族矣。

7. 且夫天下非小弱也，雍州之地，崤函之固，自若也。陈涉之位，非尊于齐、楚、燕、赵、韩、魏、宋、卫、中山之君也；锄耰棘矜，非铦于钩戟长铩也；谪戍之众，非抗于九国之师也；深谋远虑，行军用兵之道，非及向时之士也。然而成败异变，功业相反也。

8. 试使山东之国与陈涉度长絜大，比权量力，则不可同年而语矣。然秦以区区之地，致万乘之势，序八州而朝同列，百有余年矣；然后以六合为家，崤函为宫；一夫作难而七庙隳，身死人手，为天下笑者，何也？

9. 仁义不施而攻守之势异也。

二、题解

关于标题，彭玉平认为，“对于那些没有以‘论’题篇的文章，无论是单篇文章还是专题论著，是否归入论体文则要视具体情况而定。单篇文章如贾谊的《过秦论》最初就不是以‘论’题篇，它被收入《新书》中已分为三篇，其标题分别是《过秦上》《过秦中》《过秦下》，标题中并没有‘论’字，其分为上、中、下三篇也很可能是后人所为。司马迁的《史记》和班固的《汉书》在引用贾谊的《过秦》时，都未出现‘论’这个字”“所以，章学诚《文史通义·诗教》云：‘贾谊《过秦》，盖《贾子》之篇目也，因陆机《辨亡》之论，规仿《过秦》，遂援左思（著论准《过秦》）之说，而标体为论。’显然，《过秦论》中的‘论’是后世加上去的。像贾谊的《过秦》这种本属于‘论’体却未以‘论’标题的文章，在西汉的散文中应该是较为普遍的。……贾山的《至言》和贾谊的《过秦》都是借秦为谕，应该归属于论体文，但篇目中也未出现‘论’字。”[①] 吴承学文引《〈南史〉卷五十列传第四十〈刘瓛传〉附族子显传》载“刘显‘幼而聪敏，六岁能诵吕相《绝秦》、贾谊《过秦》。琅邪王思远、吴国张融见而称之。号曰‘神童’’”[②]，可见六朝时，《过秦》文也还未有“论”字。

那么加与不加有没有区别呢？这要看对“过”字怎么理解。如将“过”理解为名词性的“过失”，“过秦”是名词性的词组“秦之过失”，那么作为标题，加不加“论”字是一样的，加了是“论”，不加也不是不“论”了。故以“过失”解“过”，“过秦”“过秦论”一也，并不会因“论”之有无而影响题意。但若以“过”为动词，本身就有“论”义，“过秦”本身就是“论秦之过”，加与不加就有区别了，加了就多余了。高步瀛《两汉文举要》按语说：“《过秦》当依小司马《索隐》及贾谊《新书》潭州本作三篇是。

① 彭玉平《论西汉论体文的创作》，《烟台大学学报》（哲学社会科学版）2011 年 02 期。

② 吴承学《〈过秦论〉：一个文学经典的形成》，《文学评论》2005 年 03 期。

上篇过始皇，中篇过二世，下篇过子婴，界画甚明”[①]，这后三个“过”都是动词。

从词义引申角度看，将“过”释为名词性“过失”或动词性的“论”都有字义引申依据。过，形声字，从辵，咼声。《说文》：辵，乍行乍止也，从彳从止，凡辵之屬皆从辵。故“过”之本义为“走过，经过”。《广韵》：过，经也，从本义；《玉篇》：过，度也，越也，《正韵》：过，超也，既从本义也从引申义。度，本义，越、超是从“度”（即经过）之本义引申出来的。因为就某一点说，“经过”者，超越也。超越就是过界、过头。事物一过头，在某种意义上就是不合适，就是过失、错误，犹“过犹不及”之“过”。故“过”之“过失”是从本义经“超越”义再引申的结果。但从本义“经过”也可作另向引申：“经过”是从一点到另一点的过程，若将这一过程再来一遍，“过”就有“回顾”、“审视”、“重温”的动性义，如“过一遍”之“过”。故“过秦”就是“过一遍秦”、“把秦过一遍”，也就是对秦之历史的浏览、回顾和反思。反思者，回顾中之识见也，论也。故“过秦”，论秦也、论秦之过也，再加一“论”字，多余也。现行教材引过去的人教版教材的解释，以“过秦”之“过”为动词，可；但均释为“指出秦的过失”，不妥。“指出”为释者语，不能把它也作为文题的一部分。

三、段落析注

> 1 秦孝公据崤函之固，拥雍州之地，君臣固守以窥周室，有席卷天下，包举宇内，囊括四海之意，并吞八荒之心。当是时也，商君佐之，内立法度，务耕织，修守战之具；外连衡而斗诸侯。于是秦人拱手而取西河之外。

1.1 秦孝公据崤函之固，拥雍州之地：据史料，公元前341年，秦孝公纳商鞅策，以战胜魏，迫魏割黄河以西部分土地，于是秦占领了位于河西之地的崤山和函谷关这些战略要地。史上一般认为，这是秦对外人规模扩张以至最后实现统一的起点，故贾谊从孝公写起。宋王应麟《困学纪闻》卷十一曰：“贾生《过秦》曰，‘秦孝公据殽函之固’，春秋时殽、桃林，晋地，非秦有也。”有人据此认为贾谊写错了[②]。河西之地位秦魏两国之间，史上争来争去，归属权几经变化，但通过“河西之战”，孝公收复河西之地，于时崤山和函谷关为秦所有却是史实。以王应麟说为贾谊错，理据不足。

1.2 有席卷天下，包举宇内，囊括四海之意，并吞八荒之心：以心理意象补描上句“以窥周室”之形象。宋代孙奕《示儿编》二十三卷“文重复”条曰：“汉人文章最为近古，然文之重复，亦自汉儒倡之。贾生《过秦论》曰，‘席卷天下，包举宇内，囊括四海之意，并吞八荒之心’，四句而一意也。”钱钟书也认为“读之祇觉横梗板

① 吴承学《〈过秦论〉：一个文学经典的形成》，《文学评论》2005年03期。

② 吴承学《〈过秦论〉：一个文学经典的形成》，《文学评论》2005年03期。

障，拆散语言眷属，对偶偏枯杌陧”，“堆迭成句，词肥义瘠。”（《管锥编》“全汉文卷一六”）[①] 其实不然。分看各句，均为心理之静态描述，似同，四句叠加，却为心理渐强之动态描述。“天下、宇内、四海、八荒”有范围递进意，即越来越大，“席、包、囊、吞”为物形之递退，即越来越小，以越来越小之物待越来越大之物便衬野心之越来越大，故此赋笔非疣赘之言。宋林希逸以为：“若《过秦论》所谓‘有席卷天下，包举宇内，囊括四海之意，并吞八荒之心’，其间十六字，只是一意。盖不如此，不足以甚孝公之用意也。”（《竹溪虞斋十一稿续集》卷二十八）[②]“甚”者，充分也，“不如此，不足以甚孝公之用意也”，所言极是。

此四句音律抑扬顿挫，节奏缓急有致：前三尾收仄声，末改平收，朗朗上口；前二句四字，后二句六字，结构同，却以“之意”、“之心”拖延，前紧后松，一张一弛，笃见构句功力。

1.3 于是秦人拱手而取西河之外：拱手，形象描写，拱手而取，意为易也。“拱手”可见笔风：形象随意的杂文笔法，非谨严的记史、论理之风格。

1.4 全段概要叙述秦王朝的兴起过程：凭借攻守有利的地理位置和越来越大的称霸野心（秦孝公据崤函之固……并吞八荒之心），经过国内治策改革和权宜灵动的外交策略（当是时也……斗诸侯），达至初步外扩成功之目的（于是秦人拱手而取西河之外）。此为有时间先后的三步事承间叙结构，为一般叙述文体“滋—发—顶—归”模式的简化形式，可以“由—经—归”[③] 三字概括。这一过程，对强秦的起步作了干净利落的交代，为“史程”之开端、史事之“滋生”部分。

1.5 有按随文顺序将该段分析为由“地理、心理、法制、生产、战备、外交等方面”或由“地利（据崤函之固，拥雍州之地）、人和（君臣固守以窥周室）、政通（内立法度，务耕织，修守战之具）等方面”构成的观点，是把属于不同级次的结构成分放在了同一级次中（后一种分析还遗漏了“外连衡而斗诸侯”这本属于外交策略的这一方面），为级次混淆。在该段中，分面说介为叙程之内法，即时段或叙程之下位方法，故分时分程为第一级次，分面说介为各时程内的下位级次。具体来说：地理、心理位处起始程段即“由”段之下；中程“经”段分“内、外”两面；至于法制、生产、战备，当属“经”段“内”面的各面，为第三级次。各个分面：即地理和心理，内治和外交，以及“内”中的“立法度，务耕织，修守战之具”，序同，均以重要性取递退律。

2 孝公既没，惠文、武、昭襄蒙故业，因遗策，南取汉中，西举巴、蜀，东割膏腴之地，北收要害之郡。诸侯恐惧，会盟而谋弱秦，不爱珍器重宝肥饶之地，

---

① 吴承学《〈过秦论〉：一个文学经典的形成》，《文学评论》2005年03期。

② 吴承学《〈过秦论〉：一个文学经典的形成》，《文学评论》2005年03期。

③ 言语结构学对叙述体言语体式纯质结构结构形态描述的术语，“滋—发—顶—归”为四部结构完整式，其有“由—经—归”三部和“由—归”二部简化形式，均为纵向事承结构的一般形态。

以致天下之士，合从缔交，相与为一。当此之时，齐有孟尝，赵有平原，楚有春申，魏有信陵。此四君者，皆明智而忠信，宽厚而爱人，尊贤而重士，约从离衡，兼韩、魏、燕、楚、齐、赵、宋、卫、中山之众。于是六国之士，有宁越、徐尚、苏秦、杜赫之属为之谋；齐明、周最、陈轸、召滑、楼缓、翟景、苏厉、乐毅之徒通其意；吴起、孙膑、带佗、倪良、王廖、田忌、廉颇、赵奢之伦制其兵。尝以十倍之地，百万之师，叩关而攻秦。秦人开关延敌，九国之师，逡巡而不敢进。秦无亡矢遗镞之费，而天下诸侯已困矣。于是从散约败，争割地而赂秦。秦有余力而制其弊，追亡逐北，伏尸百万，流血漂橹；因利乘便，宰割天下，分裂山河。强国请服，弱国入朝。

2.1 孝公既没，惠文、武、昭襄蒙故业，因遗策：蒙，蒙受，由蒙受引申为继承；因，沿袭。故业、遗策承段 1，特指秦孝公之业、策。孝公殁至始皇登，期间有五位君王，此段遴选惠文、武、昭襄三位，以“享国之日浅，国家无事”（见下段）为由，舍去了孝文王、庄襄王，应为前三位为所“蒙”、所“因”为孝公之业、策，与段 1 一脉相承，符合贾谊叙史要求，而所舍之君王不见得史无可记[①]，主要是他们在“蒙故业、因遗策”，即发动对外扩张、实现称霸野心这一方面略显逊色，不合作文要求，故舍去不写。主观取舍“史实”的倾向性，实为义理逻辑左右。

2.2 南取汉中，西举巴、蜀，东割膏腴之地，北收要害之郡：据《史记》载，至秦始皇十三岁即位时，“秦地已并巴、蜀、汉中，越宛有郢，置南郡矣；北收上郡以东，有河东、太原、上党郡；东至荥阳，灭二周，置三川郡”。与文东西南北四面出击所取得的战果大体相符。

2.3 诸侯恐惧……中山之众：备战之叙述，与其后战争开始为不同程段。段内主补结构：先土叙诸侯之行为（诸侯恐惧……相与为一），后补介行为之结果（当此之时……中山之众）。

“约纵”当是战国时期诸侯国为防范大国侵略所采取的一种外交手段，特别是当秦国威胁到诸侯国利益时，诸侯国之间也确实发生过多次几个国家联合抗秦的联盟。依据该类史料，贾谊作了夸大渲染，似乎真有德高望重的四君子同时领衔九国联盟的史实。

2.4 于是六国之士……而天下诸侯已困矣：此为战争过程的叙述，内分攻、困两个程段。“攻”段内对“九国联盟”人才的介绍为其前插部分。

历史上，为秦威所迫，诸侯大大小小的会盟和讨秦战争发生过多次。较大的一次为秦昭王在位期间的公元前 318 年，由公孙衍发起，联合了魏、赵、韩、燕、楚五国准备攻秦，但实际出兵和秦交战的是魏、赵、韩三国。战事未起魏国先退缩了，

① 引吴小如《读贾谊〈过秦论〉》文。

引起它国纷纷退兵，致“五国伐秦”最终失败。以类似史实为依据，将其写成以九国广大地域为后盾、六国史上诸多著名人才聚合、领百万大军伐秦、未战即被吓倒的战争过程；将虽为真实存在却并未合力为同一次战争出力的二十位六国著名人才作为同一次战争的人才资源，均为贾谊另有所图的设辞。

2.5“叩关而攻秦”“开关延敌，九国之师，逡巡而不敢进”“伏尸百万，流血漂橹”“宰割天下”，亦非一般论文之笔风，应为杂文常取之形象文笔。

2.6 整段为史程（1—6自然段）之承发部分。内部结构亦为叙事之“滋—发—顶—归”四环承贯：段首至“北收要害之郡”为起事，谓事之“滋”也；“诸侯恐惧”至“中山之众”段为诸侯之反应和战前准备，谓事之“发”也；“于是六国之士”至“而天下诸侯已困矣”段为战争过程即事态发展之高潮，谓事之“顶”也；最后为合纵完败而秦完胜之结果，谓事之“归”合也。

2.7 虽为间续，但内在联系更为紧密，显为主观构拟的时间和事件关系，不乏随意组合史料且不吝言过其实。

对构拟史事，教参也指出：“作者所列举的二十名六国之士，是很长一段历史中各国著名的政治家和军事家，他们并非同时出现，贾谊为了强调秦国无敌于天下，把他们集中在一起；且六国联合攻秦一事，也应是作者以若干诸侯合纵攻秦的史实为基础，描写为‘以十倍之地，百万之师，叩关而攻秦’。”

其实不仅二十名六国之士如此，连四君子也不见得同时在为子虚乌有的所谓九国联盟服务；“会盟而谋弱秦，不爱珍器重宝肥饶之地，以致天下之士，合从缔交，相与为一”的叙述，亦有顾理不顾实之嫌；至于“尝以十倍之地，百万之师，叩关而攻秦”至“强国请服，弱国入朝”等战争过程和结果描写，不仅避开了秦虽最终战胜，却也不是没有曲折、失败，九国（实际没有这么多）虽然软弱，也未必到了“逡巡而不敢进”地步的史实，更用极夸张的手法，将其前强大到被捧上天的九国联盟，以被砍瓜切菜般恣意蹂躏的描写来结局，这些随意组接史料、言过其实的手段，加以形象描绘的文笔，均非以记史或论史为要，流露出来的是明显的主观倾向性，旨在形象地构成秦强大到无以复加地步的神话，以构成认识逻辑来为主旨服务。

3 延及孝文王、庄襄王，享国之日浅，国家无事。

3.1 延及孝文王、庄襄王，享国之日浅，国家无事：设此段目的为叙史的完整和连续，是段2至段4即承“发”至“顶”转之间的勾连，结构上为承上启下之过渡段落，当另立一自然段。

4 及至始皇，奋六世之余烈，振长策而御宇内，吞二周而亡诸侯，履至尊而制六合，执敲扑而鞭笞天下，威振四海。南取百越之地，以为桂林、象郡；百越之君，俯首系颈，委命下吏。乃使蒙恬北筑长城而守藩篱，却匈奴七百余里；胡人不敢南下而牧马，士不敢弯弓而报怨。于是废先王之道，焚百家之言，以愚黔首；隳名城，杀豪杰；收天下之兵，聚之咸阳，销锋镝，铸以为金人十二，以弱天下之民。然后践华为城，因河为池，据亿丈之城，临不测之渊以为固。良将劲弩守要害之处，信臣精卒陈利兵而谁何。天下已定，始皇之心，自以为关中之固，金城千里，子孙帝王万世之业也。

4.1 该段为史程（1—6 自然段）之顶转部分。内部结构亦为叙事之“滋—发—顶—归”四环承贯：段首至“威振四海”叙始皇之雄起，谓事之“滋”也；“南取百越之地”至“士不敢弯弓而报怨”段，为始皇继续扩张乃至建成强大统一国家之举措，谓事之“发”也；“于是废先王之道”至“信臣精卒陈利兵而谁何”段，为秦入守势继而巩固政权的举措，为事态发展之顶端，谓事之“顶”也；“天下已定”至最后，为秦一统天下、政权得到巩固后之心理状态之描述，谓事之“归”合也。

4.2 胡人不敢南下而牧马，士不敢弯弓而报怨：士，教材、教参和外界一般分析均作“六国之士”解，不妥。该段所叙为秦之“攻守异势”阶段，即秦完成统一、从扩张者变为统治者的阶段。为完成这一转变，始皇对内采取继续向东南扩张，征服了被称为“百越之地”的东南方诸侯国的战略；对外用了“北筑长城”和打击“匈奴”的手段。而这外举手段，产生了强大的威慑作用，使敌国产生了心理上的恐惧感，不仅他们（胡人）的老百姓不敢南下放马，连他们的“士”也不敢拉弓即以武力反抗来表达怨恨。所以“士”应是泛指北方外敌武装的士兵。将其解释为“六国之士”，语义突兀，与言语环境相悖，不伦不类。且在对内已实现征服、诸侯国早已缴械投降、军事力量已消灭殆尽、连军队都解散了的情况下，哪里还谈得上士兵和弓箭之类？

4.3 吞二周而亡诸侯：宋吴枋《宜斋野乘》有“过秦论误”一条。“贾谊《过秦论》言：‘始皇吞二周而亡诸侯。’按：秦昭王五十一年灭西周，其后七年，庄襄王灭东周，四年庄襄卒，始皇方即位。则吞二周乃始皇之曾祖与父，非始皇也。”（《说郛》卷十一下）[①] 贾谊将“吞二周”置于该段确与史不符。与此对史实考证和史记之严谨态度不同，贾谊对待史事之随意亦可见一斑。

4.4 “振长策而御宇内”“履至尊而制六合，执敲扑而鞭笞天下”“俯首系颈”“士不敢弯弓”“践华为城”等，均以形象表述，亦现全文非谨严平铺而实为杂文形象恣肆之文风。

4.5 良将劲弩守要害之处，信臣精卒陈利兵而谁何：此为一对句，外界对此对句的功能区分未能充分注意，个中原因之一是“谁何”一词释义未尽。关于“谁何”，《古文观止》（卷六）注：“何，问也，谁何，言谁敢问。”60 年代出版的语文教材曾沿用此说，与此义类，有释为“谁敢奈何”“谁能奈何”的；还有一种如张世禄先生说的，

① 吴承学《〈过秦论〉：一个文学经典的形成》，《文学评论》2005 年 03 期。

是“盘问”之意，即“谁何，呵问是谁。”“‘何’即‘呵’的假借字。‘谁’是其宾语而被置于动词‘呵’之前。”《古代散文选·过秦论》释其为“谁何——问他是谁。这是严行缉查盘问的意思”，与张世禄先生大同。20世纪90年代人教版和现行上教版高中语文教材注“而谁何”为“呵问他是谁，就是缉查盘问的意思”，除多了“而”字（而，不是“谁何”一词的词素），义亦与张世禄说大同。故方家观点[①]大有两说：一、“谁敢问”或“谁敢把它怎么样”，二、“盘问”。

按第一种观点说，“谁何”句与上句（良将劲弩守要害之处）语法结构是不同的：上下两句本为对句，一级结构同，均主谓结构，“良将劲弩”和“信臣精卒”均主语，“守要害之处”和“陈利兵而谁何”均谓语，都是单句。若作“谁敢问”或“谁能奈何”解，就是复句了，且复句之主副句的主语不同：第一分句由主语“信臣精卒”和谓语“陈利兵”构成，第二分句由主语“谁”和谓语“何”构成，两个分句用“而”勾连，整句意为“信臣精卒手握精锐武器而谁敢吱声”或“谁敢把它怎么样”。对有赋体语言风格的对句作这样的处理，似觉不怎么合适。若解为“呵问他是谁”“缉查盘问”，即信臣精卒手握锐利的武器在城门口“缉查盘问过往的行人”行不行呢？问题是，上句“良将劲弩”所守的“要害之处”是哪里？包不包括城门呢？如果城门也是“要害之处”，为什么不是由他们来盘查，而要换一拨人（即“信臣精卒”）来盘查？那“良将劲弩”干什么呢？似乎也说不过去。何况“缉查、盘问”这类事，交给“精卒”做都显勉强，让“信臣”去做就更不合情理了。

窃以为，“谁何”之义，要看上下文，即言语环境，我们不妨先把这个环境定在这段的“顶”部这个范围内。它有两个程段：前叙述秦为巩固新生政权而消灭一切可能有的不稳定因素的行为，即在文化上愚民和军事上弱民；后叙述能保证秦王朝长治久安的自然地理和军事武力条件的形成。其中的军事武力条件，就是“良将”二句。这二句有明确的分工：前者主外，即“良将劲弩”在边防要塞处守卫疆土，以防外敌；后者对内，即“信臣精卒”在眼前以武力保障和实现国家的治理。这外防内治，分面对举，一外一内、一远一近，涵盖了所有的管辖范围，概括力大，思维缜密、周延，既给“谁何”提供了释义思路，即训为“治理”，也对二句作出了功能区分，即外防内治，且符合对句的结构要求，即“陈利兵”而“治”更适合与“守要害之处”相对。

问题是能否用“治理”来释“谁何”？许慎《说文解字》“敦”字下释：“怒也，诋也，一曰谁何也。皆责问之意。”对此应分两面说：因今一般字典于“敦”字下都有“督促、管理”义;《康熙字典》“敦”字下有“敦，治也”条，且今“敦促”一词，亦当与此义有引申关系，故“责问之意”或仅现本义或仅袭用了时说。从另一面说，

① 此“方家观点”均引自白兆麟《说“谁何”》文，见《安徽大学学报》（社会科学版）1979年第一期。

许慎的解释明示了“谁何”为“敦”字的别样说辞。窃以为，其联系在语音上而非语义上：“谁（shuí）”之声纽中古非今之翘舌音，当为舌面塞擦音，其声旁亦当与“隹”（zhuī）之声纽同，均为“知照”纽系。根据中古“知照”纽系的声纽于上古大部分都归“端”系声纽的语音演变规律推，“谁”之声纽上古当归“端”系，故“谁”当读若“duī”，与“敦”同音（“敦”今为多音字，既读“dūn”，也读“duī”，粤方言至今以“dui”为“敦”字读音，系保留上古读音所致）。故疑“谁”为“敦”之用字通假。至于“谁”后加一“何”字，系言之到此，语有豪气，致“谁”之读音变慢而拖出之气音，此举有段末稍停、舒缓节奏之用，亦现张弛有度之语风。

5 秦王既没，余威震于殊俗。

5.1 秦王既没，余威震于殊俗：始皇殁至陈涉起义前这段历史的简要交代，其与上之史“顶”段和后之史“归”段既有区别又有联系。区别在于：从史实说，此为始皇殁，二世胡亥、三世子婴续政的史程段，与始皇当政段当有别，与叙述陈涉起义段亦有别；其联系在于：“余威震于殊俗”，既是“顶”段始皇之威之续述，也是陈涉起义的政治、军事背景，起“顶”和“归”段之勾连作用，为过渡段。故无论从与前后段的区分和联系来说，都当另立一自然段。

5.2 此段从始皇去世后的秦之实力程度的角度所作的简要叙述，在语义深层上有补漏作用。因为陈涉所胜之秦，非始皇当政之秦，而是二世当政之秦，这一变化可能因众所周知的二世之无能而影响到对秦之实力的判断，从而与用渲染秦之强大的手段、以与陈涉实力形成鲜明对比、从而构成认识逻辑冲突的写作意图有悖。为堵死这一可能存在的漏洞，用一句“余威震于殊俗”，可排除因君王更迭、二世无能而产生弱化秦之实力的可能因素，对秦之实力仍旧保持在极致状态这一点作了强调，使双方的实力差距仍旧保持在最大化，避免了生出影响主旨表达的节外枝。

6 然陈涉瓮牖绳枢之子，甿隶之人，而迁徙之徒也；才能不及中人，非有仲尼、墨翟之贤，陶朱、猗顿之富；蹑足行伍之间，而倔起阡陌之中，率疲弊之卒，将数百之众，转而攻秦；斩木为兵，揭竿为旗，天下云集响应，赢粮而景从。山东豪俊遂并起而亡秦族矣。

6.1 倔起阡陌之中：“倔”通“崛”，突发、兴起也。有“俛起于阡陌之中”之版本[①]：俛，勤勉，努力，用于此“勉强、费力”是也，故“俛起阡陌之中”为勉强地从田野里起来。较之“突发”“兴起”之“倔”，“俛”更合极言陈涉地位低下之语境。

6.2 该段为秦史叙述之“归”合段，至此叙史结束。内亦为叙事，“由——经——

① 《文选·贾谊〈过秦论〉》：“蹑足行伍之间，俛起阡陌之中，率罢散之卒，将数百之众，转而攻秦。”李善注引如淳曰：“时皆卑屈在阡陌之中。”

归”模式：首“然陈涉”至“转而攻秦”，叙述陈涉起义的过程，“由”也；“斩木为兵”至“赢粮而景从”，叙述天下响应的过程，“经”也；尾句秦灭，“归”也。“由”部有分面说介陈涉的背景情况的部分：1. 出身低微（家境贫困、地位低下分面说介）2. 实力不足（力、德、财分面说介），为“由”程前导。“由”程有：蹑足——倔起——率领攻秦三个下位程段；“经”部叙述过程为：斩木揭竿——天下响应——赢粮景从三个程段。根据史实，陈涉起义最后是失败的，最终灭秦的应该是“山东豪俊”，贾谊不能不尊重史实，因此不能不提“山东豪俊”，但又不宜多费口舌，故“归”程段仅以一句圆合了事，因为要突出的是以弱胜强的陈涉。

6.3 文起自此段止，为完整叙事，即秦崛起（滋生）至发展（承发）至高潮（登“顶”）乃至灭亡（归合）的过程。

> 7 且夫天下非小弱也，雍州之地，崤函之固，自若也。陈涉之位，非尊于齐、楚、燕、赵、韩、魏、宋、卫、中山之君也；锄耰棘矜，非铦于钩戟长铩也；谪戍之众，非抗于九国之师也；深谋远虑，行军用兵之道，非及向时之士也。然而成败异变，功业相反也。

7.1 且夫：按一般解释有两说，一是作递进连词用，相当于“况且”“何况”；一是语气词，表议论或话题开始的语气。此用应表话题开始的语气，类似今“且说这”“要说这”“按说这”之类，有前意离断、另意启动的功能。若以递进连词解，那就应与前叙事有叠加或补充关系，联系上文，显然不是。

7.2 天下非小弱也，雍州之地，崤函之固，自若也：“天下”，外界都认为其指秦国，且认为此二句为一并列关系的联合复句，句义是“秦朝的天下并没有变弱变小，雍州的地势，崤山和函谷关的险固还是像从前那样”（教参）。其实《过秦论》全文用“天下”一词有 11 处，无一指秦，而均为秦之对立面，此处也不例外，为与秦对立的“合纵联盟”。故句义该是：“合纵联盟”并“非小弱”，但是对付它，秦却是泰然“自若”的。这是对“合纵联盟”与秦实力对比和较量结果的历史的概括，是史事的一个方面，与史事是对应的。两句也不是并列关系，而是转折关系。

7.3 陈涉之位……非及向时之士也：分面说介——从军事统帅、武器装备、军队规模、谋略人才四个方面将陈涉与“天下”作了对比交代；结果是天壤之别，无论哪一方面，陈涉都无法比；对比的四个方面以重要性取递退序律。此句与其后的“然而成败异变，功业相反也”亦为转折复句，义为无论哪方面都无法和“天下”实力相比的陈涉，在成败和功业上，却取得与“天下”截然不同的结果。这是通过“天下”与陈涉实力的对比，间接地反映了陈涉与秦的实力对比及其双方较量结果的历史，是史事的另一个方面，与史事也是对应的。

7.4 以“自若也”后为界，该段分为前后两部分：前为对史事中“合纵联盟”

与秦的关系的概括性表述，后为对史事中陈涉与秦的关系的概括性表述，是对所叙历史的分面概括和梳理。它剔除了所叙历史的繁丰缛节，以简化条陈的方法，使史事中的对象关系得以清晰化。这种对象关系构成逻辑关系序列，其推演结论为历史与人们认识常识的矛盾，即事实与事理逻辑的矛盾。按事理逻辑，实力与胜负为正比关系，即实力越强，胜算越大。现在与秦相比，实力“非小弱”且大大强于陈涉的“天下”尚且负于秦，那么陈涉胜秦就不合逻辑了。本段旨在通过梳理，揭示历史与逻辑的矛盾，构成了读者的心理疑惑和下文议题。

7.5 实力与胜负为正比关系的判断非必然判断，以弱胜强的例子亦非鲜见。故为了降低判断的或然性，增强陈涉绝无胜秦可能之判断的确信度，该段在概括史事时，采用了详略结合的方法。写“天下”用略写，仅一个转折复句，就使“自若也”的秦站在了“非小弱也”的“天下”之上；写陈涉用详写，不惜笔墨地细数在统帅、武器、军队、谋略等军事实力的各个方面陈涉与“天下”的不可比，竭其所能来弱化陈涉的实力。故“天下”为一把尺，秦之强和陈涉之弱都被比照。如此一来，就排除了陈涉可能胜秦的任何理由，即使尚存的一点或然性漏洞也被补上了。对陈涉不可能胜秦的判断越确定，事实与事理的冲突就越尖锐，历史不合逻辑的推断也就越有力。

7.6 然而成败异变，功业相反也：此二句，有版本为“然而成败异变，功业相反者，何也？”与《汉书·过秦论》本同。因本段所归纳的历史事实有违事理逻辑，这本身就是问题，故以“者”复指，以“何也”发问，似无不妥。但如此一来，段之重心后移，分析议论盖住了分面梳理。考虑到此段尚处于对史事作客观的条陈和使下文的分析对象清晰化阶段，若在此处出现带有分析性的议论词语，会模糊段 7 和段 8 各自的功能区分。且段 7 和段 8 都有“何也”，答案却在最后，不如一个来得集中，故以为不加“者”“何也”为好。

7.7 一般文选在段落处理上，未将该段单独列出，而将其与其后文字合为一段，使该段的结构地位和功能未能得到揭示。正如前述，该段由两个转折复句构成，它将史事归纳、梳理为两个方面，这两个方面为“合纵联盟”和陈涉分别与秦之关系的历史的归纳梳理，与前述史事是对应的，具有提炼总结且为下文分析明晰议题的性质，处于全文承上启下的地位，应与史事和其后的议论部分地位齐平，在落段上不妨单列，作为独立的一个自然段落。

8 试使山东之国与陈涉度长絜大，比权量力，则不可同年而语矣。然秦以区区之地，致万乘之势，序八州而朝同列，百有余年矣；然后以六合为家，崤函为宫；一夫作难而七庙隳，身死人手，为天下笑者，何也？

8.1 本段与后段分别为全文转合部分，两段合拢，问答相承，就线性语流说，可不分立自然段。但从全文循“起、承、转、合”四部格局的宏观思路结构说，作为全文结合部分的唯一存在，且为起到突出、强调的修辞作用，段9应独立成段。

8.2 撇开段9，本段为一疑问句，疑问词“何也”被后置，亦为起突出、强调的修辞作用。“何也”前之“者”字，非表因助词，而为复指代词，指向其前至段首的语流范围。该范围为一转折复句，以“然秦以区区之地”之“然”前为界，前为副句，为秦所面对的由两个对手的实力对比所构成的条件；后为主句，以“然后”承接秦先后与不同对手较量的结果。复句前后件的转折关系，反映的亦为反事理逻辑的史实。按事理逻辑，既然秦对付与陈涉实力相比“不可同年而语”的“山东之国”，可“以区区之地，致万乘之势，序八州而朝同列，百有余年矣”，那么对付陈涉应该是不在话下的。可就是陈涉使它“身死人手，为天下笑”，这与人们的认识常识就相悖离了。

8.3 何也：对秦有违事理逻辑的自身变化的成因的疑问设辞。

8.4 本段为全文之“转”部。“承”部止于对史事做客观的梳理和概括，对象为“天下”和陈涉，本段转到了对有违事理逻辑的史事的成因的主观分析上，对象为秦，故为“转”也。

9 仁义不施而攻守之势异也。

9.1 本段为一复句，前后句以“而”连接。关于“而”字，《史记》《汉书》之《过秦论》有，而《贾子新书》《昭明文选》的选文里则没有；早期的语文课本里也没有，以后出版的教材以及现行教材又都选了有“而”字之版本。“而”字该不该有，于表达有什么关系，我们稍后讨论。因为首先须要明白的还是意义关系问题，包括前后句的语义关系及其与上段的语义关系，这个清楚了，“而”之问题也就清楚了。

关于句义，外界一般认为这话是对上段“何也”的回答，它概括了秦败亡的原因，这当然是对的。但往往把这原因解读为“仁义不施”，而忽略了其后的限制条件，这就有问题了，因为这是有漏洞的论断。暴力是可能导致败亡的，但也可能导致成功。不是吗？秦从扩张到统一，依靠的不就是暴力手段即“仁义不施”吗？难道用“仁义”能够臣服天下吗？如果秦不采取暴力手段，能否守住老祖宗留下的疆土，是否会被别国吞并都是问题。故采取怎样的策略手段、施不施仁义是相对的、有条件的，在这里，这个条件就是秦自身处于什么位置，扮演什么角色。如果处于进攻者的位置，扮演的是侵略者的角色，即处于攻守之势“未异”即进攻的条件下，那么能够使其成功的正确的策略应该是“仁义不施”；但如果处于守成者的位置、扮演统治者的角色，即处于“攻守之势异也”即由攻变守的条件下，那就应该转变策略，施仁义之政。现在秦败亡了，是因为在“攻守之势异也”的条件下，它不改变策略，不改暴政为仁政，而将攻时之策延至守时。故，秦之过，非“仁义不施”，而是在“攻守之势异也”的条件下还“仁义不施”，或者说，秦之过，在于治策不能随势而变，这才是秦败亡的原因。

故，并非如教参所言，前后句为因果关系，即“因为不施行仁义之政，攻和守的形势发生了变化”，而该如古代不少分析家以“攻暴守仁”的解读[①]，将其理解为后补关系，即后一分句的语义向前一分句回流，即给“仁义不施”增加了一个相对的限制条件，即应为“不施行仁义之政，而（自己已经从）进攻者变为了守成者”或者是“从攻者变为守者，还不施行仁义”这样的意思。根据这样的解读，“而”字该不该有呢？我们可以看到，若将分句关系解读为因果关系，那么加不加“而”字都是有问题的，若将分句关系解读为后补关系，那么即使不加“而”字也是可以成立的。这就是说，作为起勾连作用的连词“而”，其功能是由语义关系决定的。若以前者断，它有顺连作用；若以后者断，它有逆连作用。但加了，可使节奏紧凑、语气连贯，表达更清楚，故应加“而”字。

9.2 此段为全文之合结部分，文之主旨。宋文论学者李塗《文章精义》曰：“文字有终篇不见主意，结句见主意者。贾谊《过秦论》‘仁义不施，而攻守之势异也’，韩退之《守戒》‘在得人’之类是也。”[②]义同。

四、全文鉴赏

对《过秦论》历来有不同的看法，影响较大的是“史论”说，且因此而引起人们对秦亡原因的争执，也引起人们对贾谊观点的批评；其次也有“时论”“政论”“策论”说的，但也仅认为这是交际意图，文面上还是在论述秦王朝的历史。分析以史为鉴、讽谏治策的古代文献，常有类似的情况，即或以论史为主旨，或以主旨、意图二元处置。典型的如对苏洵的《六国论》的分析，为其“史论”者有之，为其“前史后今”者亦有之。这种情况的普遍存在，反映了文本分析存在的问题——科学分析方法的缺失。

文本分析是言语研究的方法论基础和主要手段，言语结构学认为文本是一个系统构成，文本分析的任务是对文本的系统把握。系统分析既是揭示文本所有问题的基础，也是衡量分析的准确度和共同探讨问题的方法论基础。系统分析的可靠性、可信度和科学性依靠的一个主要方法是结构分析。结构分析的原则之一是从大到小，分级进行。文本最大的结构是它本身和外部因素的构成，外部因素是文本产生的驱动力。外部因素大体包括交际背景、交际角色和交际意图诸项。外部因素的考察主要在于把握文本的交际意图，交际意图与交际背景、交际对象有关联，因此对交际意图的把握，可以从对交际背景和交际对象的考察入手。

《过秦论》的交际背景是西汉的政治背景，其交际对象是贾谊和汉文帝。

贾谊生活在西汉初年、汉文帝统治时期。文帝即位之初，国家财力不足，人民

① 吴承学《〈过秦论〉：一个文学经典的形成》，《文学评论》2005年03期。

② 吴承学《〈过秦论〉：一个文学经典的形成》，《文学评论》2005年03期。

生活困顿，潜在的社会矛盾逐渐显露;加之藩王谋乱、匈奴犯边，西汉政权危机不断，急需治策改革。贾谊20岁上下为官，33岁去世，在短短12年的仕途中，他以维护西汉王朝的长治久安为己任，怀揣儒学治国、以民为本的政治理想，履行谋士职责，写下了《陈政事疏》《论积贮疏》等大量讽谏治策的政论文，为统治阶级出谋划策。贾谊曾说，“野谚曰：‘前事之不忘，后事之师也。’是以君子为国，观之上古，验之当世，参以人事，察盛衰之理，审权势之宜，去就有序，变化有时，故旷日长久而社稷安矣。”正是西汉这种政治背景和贾谊的地位、责任、使命、政治观点、政治理想以及他的价值观，决定了《过秦论》的交际意图，这种交际意图不可能是研史心得的流露，也无意于历史规律的总结，而在于统治阶级治策取向的告诫和引导。因此，从交际意图说，《过秦论》不是“论史”的“史论”，而是“论时”、“论策”的“时论”。

若从交际对象看也是这样。《过秦论》特定的交际对象就是汉文帝刘恒，虽然这在《过秦论》上篇还不能确定，但其中篇和下篇分别有“故先王见始终之变……”和“先王知壅蔽之伤国也……”句，其中的“先王”指的显然是汉高祖刘邦。故从这一称谓关系可断《过秦论》就是为汉文帝写的，汉文帝就是《过秦论》的交际对象。作为主文官员，以其谙熟的史料为题材来为统治阶级治国理政建言献策，既是出于作为臣子之责任，也应该是得心应手的手段，故其交际意图也就不可能是贾谊在对汉文帝泛谈历史，而是给汉文帝治国理政取向的暗示和警示。

或许说，文外因素只能说明交际意图，文面却是在“论史”。的确，从篇幅说，《过秦论》与史有关的文字所占篇幅十之八九，后面义理部分所占篇幅很少，且前史后理，形式上与“史记”相仿，故“史论”说似乎是顺理成章的。但篇幅和形式只是表面现象，不能成为“史论”或“前史后今”二元论断的依据，依据只能是文本的内容和文章的写法，即文内要素。从内容上说，就是要判断一下《过秦论》中的所谓历史能不能称得上是“历史”？后面的义理部分是不是在“论述”历史？而所谓写法，就是文章的体式特点以及这种特点的表达功能。

从内容说，如果《过秦论》是“记述”秦国的历史，那么为什么在秦国37位君王中仅选择秦孝公以后的几个皇帝？如果是记述秦王朝统一过程的历史，那么为什么选择从秦孝公写起，且对“享国之日浅”的孝文王、庄襄王一笔带过？对史料如此取舍，透出骨子里存在着选择标准。那么是不是“史论”呢？一般说，“史论”应该是在充分占有史料的基础上，对历史作出分析、得出结论的过程。“史料”是无主观倾向的史实，“充分”是说历史应该尽可能全面地记述政治、经济、社会发展状况以及军事、外交和重要的历史事件。在充分把握史料的基础上，通过对一个时期的社会生产力和社会生产关系状况、上层建筑和经济基础的矛盾运动状况作出分析，这才称得上“史论”。这些在《过秦论》中都没有。可见，与其说《过秦论》是在“论述历史”，不如说历史仅仅是别有他意的借题更为恰当。

再说，作为“史论”，应该是在唯物史观的指导下，在对历史状况做出全面分析的基础上，对历史发展规律的总结，仅以“攻暴守仁”来概括历史的变化、治政的规律未免草率。难怪至宋以降，不断有人属文，对《过秦论》的历史观提出批评。宋苏门四学士之一张耒说：“‘仁义不施，而攻守之势异也’世以为确论，予独谓之不然……安有以盗贼所以取之，而能以君子之道守之欤？……故贾生之论，戏论也。”宋儒胡宏曰：“贾生谓攻守之势异，非欤？曰：攻守一道也。是故汤武由仁义以攻，由仁义以守；汉唐以仁义而攻，以仁义而守。子孙享之各数百年，盖得其道也。”南宋学者真德秀认为贾谊立论的基础不存在，谓“如谊所云，真书生之论”。晚清学者汪士铎在《乙丙日记》卷二里，亦有“《过秦论》归于‘仁义不施’，此官话不着痛痒也”的论述。[①] 时至今日，还有人作《错秦论》，亦为贾谊结论荒谬。[②]

可见，如果把《过秦论》作为“史论”，那么其价值一落千丈，这篇经典文章也就变得一文不值了。其实，自汉代始，《过秦论》就被推崇，其经典地位延至今日，可见人们还是看到了其价值所在，其中亦不乏非为“论史”而为“论时”之见解。《昭明文选》载：“论有两体，史论，乃忠臣于传末作议论，以断其人之善恶。如《史记》后的太史公曰……二曰政论，则学士大夫议论古今时世人物或评经史之言，正其谬误。”以此为标准，《昭明文选》将《过秦论》归入到与“史论”类有别的“论”类；其后《文选》类书、现代早期语文课本及其教参[③] 多视其为“政论”；欧阳修曾说：“然观其用意，在于策论。”[④]。

但分歧还是存在的，要解决这种分歧，可能还得借助于对文内要素的另一个具有更普遍意义的层面的分析，这就是对文体的认识，也就是上述所谓的文章的写法问题。

外界对文体理论的研究还是一个弱项，问题在于不成系统。比如现行教参说，“《过秦论》……属议论文……组材以时间为序……采用先述后评，以述为主”，这是值得商榷的。首先，“时序”仅仅着眼于文本的局部，把义理撇在一边了，这不能算全文组材之“序”；其次，“先述后评，以述为主”虽是着眼于全文宏观的结构，但与“属议论文”的判断是否矛盾呢？以述为主的“述”，指的是对秦史过程的叙述，既然以“叙述”为主，那么它就是记叙文了，何来“属议论文”的判断？反之亦然，既然“属议论文”，那么就不能说“以述为主”了，而应该是“以议为主”。最后，谓《过秦论》“先述后评”，可见其结构是由两大部分构成的，如果“以述为主”，那么《过秦论》也就相当于“史记”，说其“史论”都有些过分。

---

① 吴承学《〈过秦论〉：一个文学经典的形成》，《文学评论》2005 年 03 期。

② 互联网文，作者老里《错秦论》——驳贾谊之《过秦论》。

③ 参考 1995 年人教版和 2008 年上教版高中语文教材。

④ 吴承学《〈过秦论〉：一个文学经典的形成》，《文学评论》2005 年 03 期。

在言语结构学看来，文体认识主要是对言语体式的识别。言语结构学把言语体式分为记描、叙事、说介、议论、抒情五种类型，而其中的议论类下又有评论、论证、论导和杂议四类。这四类虽有共同的质性，可与记描、叙事、说介、抒情等体式区分开，但自身也有各自不同的性质和功能。若以目前在语文教学中流行的、对议论文一律以“论点、论据、论证”三要素的分析方法来分析“议论文”，而不顾及这些体式特点，就有可能以偏概全，从而发生误判的情况。对《过秦论》的文体识别，有为其叙事是以观点统领或旨在说理的，有为其文章为“破体”的，亦有为其根本不符合议论标准的，均为因对其言语体式感觉不同而作出的不同判断。

《过秦论》为“杂议”体散文。杂议体散文的特点从其名，既“杂”也“散”，造成杂、散特点的原因在于多体构篇。以《过秦论》说，其宏观结构为叙述、说介、议论多种言体构成，而其下位各级结构中也有包括描写在内的各种言体，造成了散文之“形散”，教参用了好几个体式动词，也是言体多样的反映。但教参没有看到这些不同的言体在文本结构中所处的地位以及对其功能作出恰当的定位，因此显得散而不合。其实如果从全文结构地位上看，叙述、说介、议论分别与文章“起承转合”各部分是对应的，言体的变化其实反映了结构的形态，因此看来的“形散”，如果从结构形态上看却是严谨有序的。《过秦论》以叙述“起题”，以说介“承题”，以议论“转题”、以议论“合结”，不同的言体分别处于结构上的不同位置，发挥着不同的功能，推进着思路的进展，构成杂议散文的纵向演进的曲体结构。

决定杂议体散文的内在联系的是其所遵循的逻辑基础：杂议体遵循的逻辑基础局限于事理逻辑即形式逻辑或论辩逻辑，而“论证”体的逻辑基础除了必须遵循事理逻辑外，更主要的是辩证逻辑。辩证逻辑要求客观、全面地论述问题，以揭示事物的本质属性和发展变化规律，与以就其一点不及其余、以自圆其说为满足的事理逻辑不同。上述有些历史学家及其研究者，对《过秦论》以仁义断兴亡的结论不赞同，是将《过秦论》以“史论”处置的反应，是以辩证逻辑的要求来衡量实为以事理逻辑为基础的《过秦论》，这是有欠公允的。

事理逻辑是事物的某一属性关系的必然联系，通过这种联系，构成以此理推及它理的认识过程，这种从一种认识推及别一认识的过程，是思维范围的运行过程，与以客观事物为对象，受客观事物所限，从客观事物的属性中取得认识的主客关系范围的思维过程有别。故其往往不考虑事物客观复杂的联系性，而仅以构成事物某种属性的逻辑联系为满足，这就使杂议体文章显示了与论证体文章的不同特征。后者分析论证问题讲求尊重客观，讲求科学、全面、严谨，讲求认识从客观实际中来，而不是观点在先，根据观点去找根据。与此相反，前者以主观表达为标准，只要利于观点表达，可以随意取舍、调用、组合材料，甚至不惜捕风捉影，以满足构成逻辑认识的要求。你说它不合事实吧，却也是有根有据，你说它没有道理吧，却也是逻辑严明。因此它有观点鲜明、集中、单一的特点，以切中要害为目的。金圣叹点评《过秦论》有“通篇只得二句文字：一句只是以秦如此之强，一句只是以陈涉如此之微”。[①] 话虽简洁，却也是悟到了这个特点。

表现在文章中，为了说服汉文帝以仁政治国的目的，文章围绕着事理逻辑做足文章。在所谓的史实部分，复杂的历史被简单化了，即以“实力”这一质性标准取舍，历史也就成为三股力量的“实力”对比，这种对比旨在形成对立的两级：一级为秦，极强，一级为陈涉，极弱。至于“天下”，主要是作为这两级的参照对象出现的：秦参照它则更强，陈涉参照它则更弱、更无胜算。这种简单化，实为构成事理逻辑所需，而其构成的逻辑就是：“天下”不能胜秦，陈涉更无胜之可能。如果你要反驳它，只能从其构成依据上去反驳，而事理逻辑本身却具有无可辩驳的逻辑性。我们看到，为构成这种无可辩驳的逻辑性，贾谊紧扣“实力”这一点，除置秦发展的多面、曲折的真实历史和秦亡的真实原因于不顾，以渲染、夸大和组接史料的手法来写秦强之外，也把这种手法用于“九国”联合抗秦这一环节，以此反衬秦之强大，并以之与陈涉构成强弱分明的两极。如果把苏洵的《六国论》拿来对照，我们可以看到，贾谊和苏洵对于秦胜天下和六国亡败是各说各的，贾谊把“天下”写得足够强大，是为了衬秦之强，苏洵不写“六国”（就是“天下”）强大，而写“贿赂”，这都是为各自主观交际意图的表达而遵循的不同的事理逻辑的表现。

正是叙史部分所构成的事理逻辑，才构成了全文的思路演进，于是我们看到，全文的承展部分是对史事部分本身就存在的围绕着事理逻辑所构成的矛盾的梳理和总结，一方面，根据作者所安排的事理逻辑，陈涉根本不可能胜秦，另一方面，陈涉事实上胜了秦。如果史事部分是事件的具体叙述，那么这一部分的条分缕析，帮助读者作了认识上的梳理，从而让读者认识到历史不合逻辑，形成了心中的疑惑，这就成为下文转到原因分析上的前提。在全文“转”而分析的部分，我们看到，所谓“转”，是把目光从“天下”和陈涉转移到了秦身上，但仍然是在事理逻辑基础上的分析。对秦而言，一方面是其胜了并不弱于己的“天下”，“照理说”（即按事理逻辑）绝无败于陈涉的可能，另一方面其确实败了，这种矛盾（即建立在事理逻辑基础上的矛盾）就再次提出了问题，至此，最后结论的推出可谓水既到、渠自成了！

由此可见，《过秦论》完全是以事理逻辑为基础的议论文，从文面看，似乎是在总结历史经验教训，骨子里却是沿着事理逻辑演进的主观认识的推出过程。其所叙述的“历史”并不是真正的历史，历史只不过是借来发挥的题材，其所论述的也不是什么历史的经验教训和规律，利用人们的逻辑常识，把汉文帝和读者的认识引导到作者的认识上才是作者的目的。思路的推进过程决定了文章纵向的曲体结构，通过起承转合的思维过程，表露了作者一种对于执政理念的认识，以为作者的交际意

① 吴承学《〈过秦论〉：一个文学经典的形成》，《文学评论》2005 年 03 期。

图的实现服务。《过秦论》是否对汉文帝的执政发生什么实际的影响，这不得而知，但汉文帝执政时期不仅自身节俭成为美谈，而且其重视农业、以德化民等仁德治国政策的实施，形成了国力强盛、人民安居的史上有名的“文景之治”倒是确实的，亦与贾谊这篇杂文所表露的政治理念是一致的。

至于选词造句，杂议体散文亦与论证体文章不同，论证体文章选词造句比较严谨，而杂议体文章则有较大的灵活性，可以有形象描绘的词语和幽默形象的比喻，这些都不是论证体文章的风格特征。当然，这已在段落分析中谈到，就不再赘述。

2018年5月完稿

2018年12月改定

卷后语

编后记

以文集成书，本不是老师的意愿，他原来是想写理论专著和与之配套的文本分析文集的。2010 年过后，因健康原因，我们劝他还是暂时搁置专著写作，不妨以整理旧稿的形式，把过去的理论稿和文本分析稿合起来，先出一本文集为好。后来他采纳了这个建议，并把整理和出版的事情委托给我们。以后几年，我们断断续续地做了这些事情，这就有了这本书。

编辑过程并不顺利。那时我们都还在职，时间有限是一个原因，主要还是理论稿的处理上挺费脑筋的。收集起来的这些稿子，体例上很不一致，有文稿，有提纲；文稿里有跟整体系统沾边儿的，也有限于某个方面专题的，还有些没写完的“半稿”；有些稿子，写的时间不同、交际背景不一样，这篇和那篇，内容上有不少重复的。这些稿子，不可能照原样都编进书里去，那样，不仅乱，对读者也是不负责任。

怎么办呢？开始想重写一篇导言，用通俗些的文字和例子，让读者对他的理论有个全面、系统的了解，可写完之后，又觉累赘，只好放弃。后来又想把稿子按内容“关系”编排，可也不行，级次多了，眉目反而不清。几经反复，才定了现在的做法：把稿子归为两类，一是有关本体系统的，择优择全留一篇，作为上编·理论篇的本论；二是应用领域的专题稿，作为附论。照这个做法，本论部分先选 1986 年老师上课用的“讲授纲要”稿，它比较系统、详尽，理论范畴和分析方法都有，且有教学实验的基础，可以作本论的核心部分；再把他在 2000 年后写的、大体完成的专著的“导论”，放在“讲授纲要”前面，作为导论；最后选了他在 20 世纪 80 年代初写的一篇概述性论文作“引子”，放在本论前端，以成“引、导、本”这样的本论构成。至于其他文稿，也就只能割爱了。

理论篇基本是成篇的专题论文，说的多是理论的应用，也舍弃了一些有重复的稿子，其他按“导论”没有完成的原设章节编排，也可补“导论”的“缺损”。但事后一直没成文，他有些遗憾。现把“评介”原文、他的简评和他当时做的对照分析图一起附上，与其说顾及他的心愿，不如说是想引起人们对言语理论与解决“人机对话”关系问题的注意。因为在他看来，没有言语研究及其所提供的规律，不可能真正实现“人机对话”，计算机也不可能正确地分析自然人的言语，也就是说，“人机对话”，不能仅仅依靠语言规律，必须有言语规律的支持。

除理论稿外，下编·实验篇，主体是文本分析文章，有些是老师本人写的，也有不少是老师分析以后由学生起稿的。学生写的稿子，不少已经由老师本人过目，有些还经过他修改，大多都比较成熟，除了对个别的从表述上作了局部修改外，其他的仅是打字、校对和编排。当然也有一些稿子略去不选，因为有的过短，有的没能充分反映言语结构的分析方法，有的有些表述上的问题。另外，我们后期分工补写了几篇文选分析，因为老师希望把这几篇他分析过的有影响的语文教材保留篇目摆进去。编排顺序上，大体按照被分析文本的语言特点排列：古诗文在先，现代文置后；古诗文中，文占先、诗延后，但也有个别因析文体例等原因而例外编排的情况。

比之上编·理论篇，下编·实验篇更具可读性。这等于说，上编·理论篇尚不能使人满意。确实，作为上编·理论篇本体核心部分的“讲授纲要”，其中确有不少地方仅仅是“纲要”，因缺乏必要的阐释和例释，故读起来觉着费劲儿。为了弥补这先天不足，在下编·实验篇几篇新近补写的析文中，有意打了一些“补丁”，例如由陈效方先生起稿的、编入本书下编·实验篇的第五篇《精致微雕 张扬癖性——陶渊明〈五柳先生传〉言语结构新读》是确定出版文集以后写的，其中就加进去不少关于理论的阐释性文字。不过弥补终归是无奈之举。

但这仅仅是表述问题，无涉理论本身。就理论价值和理论意义而言，我们倒觉得，他的理论和方法或许应该引起外界的重视。我们知道，自从科学语言学产生后的一百多年来，言语及其与语言的区分问题就一直为语言学界所关注。在我国，影响较大的专家讨论就有两次：一次是20世纪五六十年代的关于语言和言语问题的讨论，一次是2002年在武汉大学召开的“言语与言语学国际学术研讨会”，其间还有区域性的研讨会和不少单篇论文或著作面世。但总的来说，这些讨论还没有从名词术语或概念内涵的讨论中走出来，即使有尝试走出来的，也因基础概念没搞清，又缺乏实践基础，故也难以为继。与从理论出发去做研究不同，老师走的是另一条路。20世纪50年代在华东师大任教以后，数十年间，他主要从事文选教学和研究工作，他是从实践出发，通过对文本及其以文本为媒介的言语交际过程的研究，并经过理论归纳、推演，然后才与索绪尔的“言语”(parole)概念“对眼儿”的，因此可以说，他的理论方法不是“舶来”的，而是有实践基础的“土生土长”的原创学术，且其有一般相关理论都极少有的一个特点：就是能给实践以卓有成效的指导。如果书的出版，能推进言语研究、推进和完善言语科学建构，推进语文教学的改革，那么对他来说或许是最大的安慰！

在书出版之际，他特别感激吕叔湘、张志公等我国前辈语言学家、语文学家对于他的研究工作的鼓励和支持！特别怀念原上海外国语大学王德春教授，感谢这位我国著名的语言学家、言语研究的倡导者多年来对于他的研究工作的支持！他也非常感激浙江师范大学王尚文教授，除了对他研究工作给予了莫大的鼓励外，还特为本书题诗致贺！他还非常感谢中国社会科学院语言研究所研究员吴宗济先生以及浙江省台州市路桥区诗词学会会长王日新老师多年来所给予他的鼓励和支持！

同时，他也非常感谢他的学生以及关注他的研究工作的教育界同仁们，他们是：沈志敏、陈敏、何毅云、张维汉、胡仁德、周淮、许少明、沈根祥、周燮鹏、王毅进、仲嘉宪、高宏宇、徐志凡、余耀明、汤育新、张秉涓、鲁鸣凤、王元璋、季申生、陆纪正、赵宗仁、李荣安、黄耀明、陈效方、王曙、励立新、杨隽、吴鹤沪、周幸波等。

上海教育出版社韩焕昌编审百忙之中审阅了全书，并提出了若干宝贵的意见，朱介元老师题写了本书书名，中国言实出版社和成都新语文化传播有限公司对于书的出版给予了大力支持，在此也一并表示衷心的感谢！

因水平所限，本书编辑工作尚有不足之处，渴望能得到学者、专家、业内同仁及广大读者的指正。更期待能听到关于本书论题的意见。感谢您的关注！期待您的反馈！

高宏宇

于2019年暑期